U0668357

本研究承蒙以下资助:

南京大学理论经济学博士后流动站　江苏省社会科学基金项目 (21EYB016)

CEO创业认知能力
与企业创新机制研究

钱佳蓉　张少峰　李菲菲 —— 著

辽宁人民出版社

ⓒ钱佳蓉　张少峰　李菲菲　2023

图书在版编目（CIP）数据

CEO 创业认知能力与企业创新机制研究／钱佳蓉，张少峰，李菲菲著. —沈阳：辽宁人民出版社，2023.3

ISBN 978-7-205-10729-1

Ⅰ．①C… Ⅱ．①钱… ②张… ③李… Ⅲ．①企业创新—研究 Ⅳ．①F273.1

中国国家版本馆 CIP 数据核字（2023）第 037472 号

出版发行：辽宁人民出版社
　　　　　地址：沈阳市和平区十一纬路 25 号　邮编：110003
　　　　　电话：024-23284321（邮　购）　024-23284324（发行部）
　　　　　传真：024-23284191（发行部）　024-23284304（办公室）
　　　　　http：//www.lnpph.com.cn
印　　刷：辽宁新华印务有限公司
幅面尺寸：170mm×240mm
印　　张：16.75
字　　数：280 千字
出版时间：2023 年 3 月第 1 版
印刷时间：2023 年 3 月第 1 次印刷
责任编辑：郭　健　张婷婷
封面设计：留白文化
版式设计：■ 新华制版中心
责任校对：吴艳杰
书　　号：ISBN 978-7-205-10729-1

定　　价：78.00 元

序　言

100多年前，奥地利经济学家熊彼特在《经济发展理论》一书中提出了"创新"和"企业家精神"这两个概念。按照熊彼特的观点，经济增长本质上来源于创新和企业家精神，而企业家的贡献在于"创造性破坏"，通过不断创造出新产品、新技术、新市场、新的原材料和新的组织方式带来经济的持续增长。这个理论的提出是熊彼特对经济增长理论的重要贡献，可以解释世界和中国在过去很长一段时间的经济增长。

在我理解的熊彼特构建的经济增长模型中，企业家一直处于中心地位。首先，市场是被发现、创造出来的，企业家的一个重要工作就是发现市场和创造市场。其次，企业家通过组织创新，创造了分工和专业化。此外，在经济增长之后，要把增加的财富变成新的市场，也要靠企业家的创新。因为企业如果持续生产原来的产品就会造成"产能过剩"，不创造新的产品、新的市场，经济不可能持续增长。从20世纪开始到现在逐步形成的全球一体化，市场规模在不断地扩大。现在世界的分工模式已经变成了一个全球价值链分工，每个国家只是全价值链中的一个节点。推动市场规模越来越大、分工越来越细、专业化程度越来越深、创新越来越多的主要就是企业家。

随着现代企业治理体系的发展，公司首席执行官（CEO）制度越来越完善。成功的首席执行官既要利用自己的认知积累向董事会传递企业正确的战略发展方向，又要使公司具有强大的执行力。目前，在世界上比较发达和制度建设较为完善的经济体，CEO对公司的实际影响力比我们认为的更大。作为一个理论经济学的研究者，我曾经计划从经济学的视角研究CEO的认知问题，计划研究作为中国经济比重最大的组成部分——中小企业，其 CEO 的认知能力对企业绩效的实际影响，并试图把优秀的管理经验总结提炼出来呈现给国内的高层管理者。可由于前期忙于大量的教学、科研和管理工作，一直没有时间和精力去做这件事情。有幸的是，钱佳蓉博士在南京大学工商管理专业博士毕业后继续在本校跟随我做理论经济学博士后研究，恰好可以发挥跨学科优势从事该课题的研究。在讨论她的研究计划时，我惊喜地发现，她已经在这个方向精耕细作了数年，积累了厚实的研究基础。

区别于以往高层管理者认知能力影响企业创新绩效的研究，她的研究在开发了全新的前因变量的同时，通过两个实证分析和一个经济学分析框架，运用中国转型情境下中小企业 CEO 的实证与访谈数据，探讨了 CEO 认知能力对企业创新绩效的影响机制，证实了这其中的中介效应和调节效应，深化了创业领域的认知能力研究，并且拓展了高阶理论的外延，充分体现了管理学和经济学的有机融合。

钱佳蓉老师在跟随我从事博士后研究期间，我始终建议她以攻读工商管理博士学位以来的研究工作为基础，再结合经济学研究方法加以创新。今天，我们终于看到她将多年的研究成果奉献给大家，我为她感到骄傲！此成果是在她的博士学位论文《CEO 创业想象力对企业双元创新的影响——管理自主权的调节作用》基础上的经济学深化。在这里，我要特别感谢她的博士生导师、南京大学商学院蒋春燕教授在她攻读博士学位期间对她的精心培养，可以说如果没有蒋春燕教授的悉心指导，就不会有这份成果的问世。作为抛砖引玉，我期盼本书能得到国内经济与管理同行的认可，并激发企业家们的兴趣，从理论和实践上将中国中小企业的优秀管理经验发扬光大。

马野青

2022 年 10 月 20 日于南京大学商学院

目　录

第一章　导　论

第一节　研究背景

　　党的十八大以来，以习近平同志为核心的党中央面向未来，明确提出："科技创新是提高社会生产力和综合国力的战略支撑，必须摆在国家发展全局的核心位置。"做出了"必须把创新作为引领发展的第一动力"的重大战略抉择，强调要坚持走中国特色自主创新道路、实施创新驱动发展战略，提出实施创新驱动发展战略。习近平总书记曾多次强调"创新"对中国全面深化改革和发展的重要作用。2013年10月21日，习近平总书记在欧美同学会成立100周年庆祝大会上明确指出，"创新是一个民族进步的灵魂，是一个国家兴旺发达的不竭动力，也是中华民族最深沉的民族禀赋"。2019年1月，总书记在京津冀协同发展座谈会上提出了聚集和利用高端创新资源，打造我国自主创新重要源头的重要观点。2022年1月24日，在十九届中央政治局第三十六次集体学习时的讲话中总书记进一步指出："要紧紧抓住新一轮科技革命和产业变革的机遇，推动互联网、大数据、人工智能、第五代移动通信（5G）等新兴技术与绿色低碳产业深度融合，要下大气力推动钢铁、有色、石化、化工、建材等传统产业优化升级，加快工业领域低碳工艺革新和数字化转型。"党的二十大报告指出，中国已经进入创新型国家的行列，并提出创新是第一动力；中国将继续深入实施创新驱动发展战略，开辟发展新领域新赛道，不断塑造发展新动能新优势；提升国家创新体系整体效能，形成具有全球竞争力的开放创新生态。这为中国的创新发展画出了重点，指明了方向。2022 年 10 月 16 日，在中国共产党第二十次全国代表大会开幕会上，习近平总书记强调："坚持科技是第一生产力、人才是第一资源、创新是第一动力，深入实施科教兴国战略、人才强国战略、创新驱动发展战略，开辟发展新领域新赛道，不断塑造发展新动能新优势。"

近些年来，随着我国大力主动推行创新驱动发展战略，以及"大众创业、万众创新"战略的持续有力推进，全社会的创新潜能和创业活力得以充分释放。2015 年 3 月，中共中央国务院出台《中共中央国务院关于深化体制机制改革加快实施创新驱动发展战略的若干意见》，指导深化体制机制改革加快实施创新驱动发展战略，包括总体思路和主要目标，营造激励创新的公平竞争环境，建立技术创新市场导向机制，强化金融创新的功能，完善成果转化激励政策，构建更加高效的科研体系，创新培养、用好和吸引人才机制，推动形成深度融合的开放创新局面，加强创新政策统筹协调。

2017 年，国务院出台了《关于营造企业家健康成长环境弘扬优秀企业家精神更好发挥企业家作用的意见》，旨在营造尊重和激励企业家干事创业的社会氛围，打造良好的政策环境，引导企业家爱国敬业、遵纪守法、创业创新、服务社会，为实现经济持续健康发展和维护社会和谐稳定做出更大的贡献。从经济发展的大趋势看，中国必须要维持比较高的创新水平，把技术进步放在第一位，才能继续维持经济增长，跻身发达经济体行列。

伴随着国家战略层面对企业创新发展的不断促进，各项制度和政策陆续出台，企业的生存环境在不断优化。在此背景下，中国的中小企业数量实现了迅速增长，如雨后春笋般涌现。中小企业（SMEs），是指人员规模、经营规模相对比较小的企业，具体包括中型企业、小型企业以及微型企业。作为我国大众创业、万众创新的重要载体，中小企业是我国经济发展和社会稳定的重要支撑，同样也是实现中国经济高质量发展的重要微观基础，在增加就业、促进经济增长、推进科技创新与保持社会和谐稳定等方面具有不可替代的作用，对推动国民经济和社会发展具有关键的战略意义。近几年来，在创新驱动发展战略的扶持下，中小企业的创业活力得到了进一步激发与释放；在持续优化创业环境，出台配套扶持政策的驱动下，中小企业的创新进程进一步加速。根据《2021 双创白皮书》的数据显示，2021 年上半年，全国新设市场主体 1394.5 万户，基本恢复到疫情前水平。全国新设个体工商户 945.9 万户，同比增长 28.1%，两年年均增速 10.8%，为稳定就业提供了有力支撑。《2022·中国企业家成长与发展专题调查报告》则显示，虽然当前疫情下企业面临较大的短期困难，但多数企业家认识到企业数字化转型的必要性和紧迫性，并加大了数字化投入，以期有效应对疫情挑战，凸显了企业家的创新精神。全球创业观察（GEM）2021/2022 中国报告的数据同样充分显示了创新在中小企业中的普及：中国创业活动的创新能力和国际化程度在不断提高，而高成长企业的比例在两成左右波动。具体来说，2009 年顾客认为创业企业提供的产品/服务是新颖的且企业在市场上没有或只有较少竞争对手的比例为 20.2%，2018 年这一比例增长到 33.6%。同时，中国创业企业的销售收入中超过 25% 来自海外市场的企业比例从 2009 年的 1.4% 增长到 2018 年的 11.3%。以上数据已经充分印证了一个观点：在中国，中小企业的数量逐渐庞大，其创新活动正在蓬勃发展。当前，这些占据重要比例的中小企业就像一个个毛细血管，不仅支撑着中国经济的发展，更是推动了社会的发展，也是中国稳定就业的主力军。从更宏观的层面看，中国经济正在崛起，经济的发展态势正从高速发展向高质量发展转变，且已经在纺织服装业、制造业、互联网消费等多个领域达到了世界领先水平。下一个阶段要实现"中国制造"或"中国智造"向"中国创造"的转变，实现从"跟跑""并跑"到"领跑"的跨越式发展，企业的创新能力将继续是第一要素。作为国内经济微观层面的重要基础，中小企业的创新能力不仅直接决定了未来国家经济发展的走向，更是其提升自身软实力，保持全面竞争力的必然选择。因此，促进正在蓬勃发展中的中小企业创新问题已成为政府、企业经营界和学术界共同关注的重点和焦点问题。

创新是指引进新的产品、新的生产方式，建立新的市场或新的供给形式，对促进经济增长起着关键作用（Aghion 等，2013）。随着"大众创业、万众创新"战略实施的不断深入，尽管中小企业纷纷涌现，创新活力无处不在，但是，创新活动的本质属性在于不确定性，具有极大的风险性。2022 年，全球进入后疫情时代，由于经济逆全球化趋势日渐明朗，经济发展放缓，以及地缘政治、文明冲突，中国的中小企业运营所面临的经济社会环境已经越发错综复杂。对于特定的企业群体而言，创新的"失败陷阱"或"成功陷阱"普遍存在（蒋春燕，2011）。"创新困境"仍然是中小企业面临的最严峻的问题之一。《全球创业观察2021/2022 报告》中也指出：从创业活动的类型来看，中国技术创业的比例较低，为 2.66%，这一比例与排名靠前的澳大利亚（13.1%）、英国（11.27%）和日本（10.58%）等经济体仍有较大差距。从员工内部创业的情况来看，中国有1%的创业活动为员工内部创业，加拿大（8.59%）、美国（7.96%）和澳大利亚（7.81%）的员工内部创业更为活跃。中国超过 92%的家庭创业都是家庭成员之间的合伙创业，家庭成员作为员工打工的比例相对较低。从总体情况来看，中国创业活动终止的主要原因是企业不盈利。高质量创业活动终止的主要原因是有机会出售企业或发现了其他商业机会。由此可见，虽然我国创业企业的创业能力确实有所提升，但从创新能力和高技术创业比例角度来看，与发达国家相比仍处于落后阶段，明显低于 G20 国家的平均水平。

不确定性代表环境变化的方向、趋势、速度与结果难以预料和把握的程度，通常与环境复杂性和动态性提高有关。复杂性代表经营环境中影响企业行为的维度与要素数目更多，在中国经济转型多因素、多情境和多阶段演化、叠加的作用下，关系更加复杂；动态性意味着经营环境变化的速度、幅度和广度，企业之间竞争互动的速度、范围和水平都在日益提高。由于企业持续面临着愈发激烈的外部竞争环境以及普遍面临的获取资源困难和融资难题，中小企业要尝试建立自身可持续的竞争优势，进一步提升企业绩效，唯有依靠采取多样化、互补性的创新模式来实现。放眼中国企业现有的创新模式，一方面有为了应对复杂多变的环境而进行的小幅度、改良式的创新活动，即利用性创新（Exploitative Innovation），以此来提升组织效率、改善组织现状；又有为组织寻求新的机会而进行的跨越式、根本性的创新活动，即探索性创新（Exploration Innovation）；也有两种创新模式兼而有之，采取两种模式相平衡的创新战略。由于中小企业本身存在诸多劣势：如资金储备不足、融资难、人才储备短缺、数字化转型能力不足等多重资源限制，同时面临生存能力弱、发展空间有限、管理能力不足等问题。与成熟企业相比，中小企业往往具有资源获取困难、进入壁垒及组织结构松散等问题（Suz等，2011）。Port 教授认为，持续竞争优势只能来自创新。因此，此类企业为避免被激烈的市场竞争淘汰，需要在审视自己长期发展战略与路径的前提下，选择出与之相契合的创新战略。这对本来就存在创新认知与创新资源限制的中小企业来说，取得两种创新之间的平衡、获得协调发展就是一个很大的压力。因此，如何减少中小企业创新模式选择错误的概率，关注双元创新的综合影响因素和作用机理是一个非常重要的研究课题。讨论不同的创新选择是如何形成的，才能从管理实践上给予激发创新活力更精准的政策和制度环境优化建议。

自从 March（1991）提出双元理论以来，创新领域开始引入双元思想。此后，Danneels（2002）提出了双元即探索性创新和利用性创新的平衡。从此之后，双元概念正式进入了创新领域。国内外学者从不同的视角对企业如何成功实现双元创新进行了大量的研究。现有对双元创新前因变量的研究聚焦在领导风格、组织行为、高管团队特征、组织学习和知识管理、感知等视角。学者们探究双元创新的影响因素、构建模型，并以此解释双元创新选择与产生的过程。然而，熊彼特指明创新是企业家的本质。双元创新作为一种特殊的动态能力已成为企业转型变革的直接动力（Helfat 等，2009），它被认为是同时对探索性创新和应用性创新的追求（李桦等，2011），更可能受到来自公司高层管理者的影响（Makri，Lane 和 Gomez-Mejia，2006；Miller 和 Toulouse，1986；Yadav，Prabhu 和 Chandy，2007；Young，Charns 和 Hortell，2001）。随着学者们对创新的关注与深入研究，依据不同的分类标准和内涵，学者们对企业创新进行了种类繁多的分类，关于创新模式提出了诸多新的概念，但从其具体内涵来看，很多创新模式之间还存在着交集，也有一些创新虽然名称不同，但其实描述的是同一种创新行为。例如有学者将利用性创新称为可持续创新、演化性创新；称探索性创新为激进型创新、破坏性创新、革命性创新（Henderson 等，1990；刘兰剑，2010）。

本研究重点关注依据企业创新强度的大小不同划分的两种创新模式：利用性创新与探索性创新，这种分类方式在企业管理研究领域也被较多学者认同和使用

（陈琳等，2019；Nguyen 等，2019；Christine 等，2003）。利用性创新是指企业利用现有资源开展进一步的创新活动，是在企业现有的技术能力与产品服务基础上，通过局部的改良或完善、改进产品性能，提升服务和管理水平等方式，更深层次地满足现有顾客和市场的需求（Christine 等，2003）的一种创新模式。利用性创新是一种连续的低层次的创新，具有成本低、风险低、周期短等特征，且利用性创新的结果具有可预测性。探索性创新是指企业运用前所未有的知识、技术或商业模式，从根本上对企业现有的技术、产品、架构或服务进行深层次的变革，挖掘顾客市场上的潜在需求，创造出全新的技术或产品，开辟出新市场（陈国权等，2017）的一种创新模式。探索性创新一般需要很长一段时间的规划和摸索，企业为完成探索性创新，需要投入较高的成本，并且面临的风险也较高。因为探索性创新开创的是一种全新的产品，因此创新的结果能否成功以及新产品能否受到顾客的青睐都具有一定的不确定性及不可预测性。鉴于利用性创新与探索性创新在创新周期、创新幅度、创新成本以及风险特征等各方面均具有较大的差异，企业选择不同类型的创新模式需要进行的资源投入以及可能获取的创新产出也会有较大不同，因此在企业进行创新活动之前，领导者需要对不同类型的创新模式进行详细的认知和选择，谨慎地思考在当前情境下企业应该选择何种模式开展创新活动，这对企业的创新和发展都具有重要意义。

中小企业的不断出现既是国家经济繁荣的重要体现，也是社会经济持续发展的重要动力。然而，当前科技与互联网的快速发展不仅为中小企业提供了大量的机遇，也带来了极大的挑战。中小企业小而新的特点使得其难以承受较大的风险，且其固有的资源和产品等的局限性条件，也使任何对组织系统贸然的改变都可能导致创业企业面临较高的失败风险。环境是企业生存和发展的场所，对企业的经营和创新都会产生直接的影响。随着经济全球化的深入推进和科学技术的快速发展，企业面临的经营环境也变得越来越复杂多变，不确定性成为当前企业经营环境的重要特征（Garcia Martinez 等，2017）。已有研究表明，随着环境不确定性的增强，企业从事创新活动的可能性也越大（Miller 等，1983），但纷乱复杂的现状让企业组织很难再用简单化的范式来处理一系列重大问题，企业面对的竞争日趋激烈，企业创新变得更加困难但也更为重要。由于不同类型的创新所需要投入的资源、开发流程，以及开发方式都存在着一定的差异，不同的选择结果不仅会对企业的创新成本与创新绩效产生差异化的结果（Richard 等，2011），在企业既定资源有限的情况下如何在不同创新模式之间进行资源的配置是企业面临的重要问题（陈琳等，2019）。企业战略决策中的一个核心问题就是如何在不同类型的活动投资中做出选择（He 等，2004），因此企业创新模式的选择就是企业创新过程中尤其是面对不确定性的环境特征背景下需要首先面临的重要决策。

人是企业的灵魂，也是管理的第一要素。人力资源管理就是企业管理者通过建立合理、富有竞争性和激励性的管理制度，实现企业吸引人才、选用人才、培养人才、留住人才的目标。学者们发现人才员工是中小企业发展和存活的重要因素。在"双因素激励理论"理论下，员工的人力管理分为"激励因素"和"保健因素"。激励因素是指能让员工感到满意的因素。激励因素的改善使员工感到满意的结果，能够极大地激发员工工作的热情，提高劳动生产效率。激励因素包含工作表现机会、工作成就感、因良好的工作成绩而得到的奖励、对未来发展的期望、工作责任感、工作挑战性。保健因素是指造成员工不满的因素。保健因素不能得到满足，则易使员工产生不满情绪、消极怠工甚至引起罢工等对抗行为。保健因素包含公司的政策与管理、同事关系、工作环境条件、薪水、安全。只有激励因素才能够给人们带来满意感，而保健因素只能消除人们的不满，不会带来满意感。在创新创业背景之下，中小企业在拉动区域经济发展和促进就业的同时，激发相关市场领域创新意识的形成，为区域经济发展和人民生活水平的提高注入新鲜的活力。不容忽视的是，许多中小企业目前尚未形成完善的激励制度，致使优秀人才流失严重，员工的管理工作还存在漏洞，制约着中小企业健康平稳地发展（潘丽霞，2017）。

CEO 作为企业发展过程中的领路人，在企业中往往拥有更多的地位、合法性和影响力（Christopher 等，2019），因此在企业创新决策过程中扮演着重要的角色。虽然环境对企业创新的影响已经成为管理研究者的共识，但是行为主义学派认为，对企业环境的评价往往来自企业决策者对环境的主观感知，企业管理者对环境信息的收集、处理和判断严重受制于其自身的认知，环境不确定性程度的高低并不是客观反映的环境，而是决策者认识的环境。根据高阶理论的观点，CEO的价值观、认知、技能和知识基础是企业制定战略决策的内在依据（Hambrick等，1984），企业面临的环境不确定性主要来源于 CEO 及其他企业领导者对企业经营环境的感知，个体环境感知在决定 CEO 如何响应外部环境变化时起到了关键性的作用（Duncan，1972；谭乐等，2016）。环境不确定性在决策过程中的表现体现在：首先，在于做出决策时缺乏对于相关环境信息的了解；其次，无法判断环境会对所做决策产生何种影响；最后，无法事先得知所做出的决策会导致的结果如何。虽然对环境不确定性的判断包含着一些客观因素，但是研究中已经逐渐体现出从管理者主观视角感受不确定性的研究特点。

管理者的认知对于企业的发展速度、方向和人员配置等具有重要影响，已有研究也发现领导者主观感知到的环境不确定性比外部客观环境不确定性对企业创新活动具有更加直接的影响（Leug 等，2014）。只有管理者可以认识到的环境因素才被作为影响因子纳入他们的决策体系中，环境本身是什么样的并不重要，管理者如何去感知环境并且形成对环境的判断才是更加重要的事情，从而出现了一批学者以"环境不确定性感知"来衡量环境的不确定性。尽管学者从不同视角、多个层面对如何提高企业创新做了大量的研究（Anderson 等，2014；Garud 等，2013），但是 CEO 的环境不确定性感知会如何影响企业的创新模式选择尚处于研究的起步阶段，企业创新模式选择的内在过程还需进一步探索。同时，对于企业可能面临的不同方式的创新（探索式创新和利用式创新），CEO 对于环境不确定性的感知是否对不同类型创新有差异化影响，还待进一步探讨。

同时，随着研究的不断深入，学者们发现创新模式的选择离不开组织领导者的思维模式与关注点，并在组织内部由高层领导开始，自上而下地推行。基于对企业家微观层面的认知因素对公司创新绩效有重要影响的考虑，已有学者构建了新的解释模型，着重指出了企业家认知因素是企业的双元创新选择的重要解释变量，能够从认知视角构建提升组织创新绩效的基本策略，探究企业家认知体系对双元创新影响的内在机理，无疑为双元创新领域提供了又一独特的分析视角（张敏等，2016）。在国外的最新研究中，想象力的概念被研究者们捕捉和关注。2017 年，Kier 和 McMullen 在研究想象力的基础上开创性地提出了创业想象力的概念。创业想象力作为一种认知技能，是指一种将想象能力与在精神上模拟创业中各种任务相关情景所需的知识结合起来的技能。他们将创业想象力进一步细分为创造性想象力（Creative Imaginativeness）、社会性想象力（Social Imaginativeness）和实用性想象力（Practical Imaginativeness）。在 Seelig（2015）看来，创业源于想象。对于新兴企业而言，创新的过程本质就是"CEO 想象创业机遇的过程"（Cornelissen 和 Clarke，2010）。因此，现有的研究认为企业家的创业想象力在很大程度上能够区别于以往的认识体系的动机（McMullen 和 Shepherd，2006）、知识（Shane，2000）、经验（Barker 和 Mueller，2002；Davidsson 和 Honig，2003）等变量，能够更好地从高阶理论的视角解释个体的认知能力如何进一步促成组织双元创新行为产生的事实。

在中国，首席执行官（CEO）由董事会聘用，是代表董事会处理组织运营的最高领导者。在企业的实践中，CEO 起决定性作用，他们扮演着企业领头羊和掌舵者的角色。事实上，近几十年来，理论界关于 CEO 对公司业绩影响的研究兴趣与日俱增（Burgelman，Floyd，Laamanen，Mantere，Vaara 和 Whittington，2018）。从以往研究结论看，先前的研究一致认为 CEO 是影响组织绩效的重要主体之一。来自不同领域的学者也在尝试基于不同的理论视角和研究方法，解释 CEO 个体特征对于组织绩效的影响作用与影响程度。虽然首席执行官（CEO）作为天生掌舵人和经营者（Alvarez 和 Busenitz，2001），对把控企业的发展方向，促进企业的创新绩效等管理实践上产生直接而深刻的影响。但 CEO 的选择有时也会受到一定的限制（Hambrick 和 Finkelstein，1987）。1994 年，Hambrick 指出，尽管 CEO 在组织所有的要素中起着中心作用，但这种影响也有很大的情境因素，会受到其自身权力大小的影响，即取决于管理自主权。当高层管理人员拥有更多管理自主权时，其对公司决策和结果的影响也会随之变得更大（Finkelstein 和 Boyd，1998；Finkelstein 和 Hambrick，1990）。然而，中国目前处于两个大局，即中华民族伟大复兴的战略全局和世界百年未有之大变局。在此情境下，中小企业已处于一个变化莫测的 VUCA（Volatility、Uncertainty、Complexity、Ambiguity）时代。波动性（Volatility）、不确定性（Uncertainty）、复杂性（Complexity）和模糊性（Ambiguity）正在不断挑战企业家赖以生存的理性和智慧，正在时刻冲击着他们对事物内在逻辑理解的思维模式和认知体系。事实上，CEO 的认知既对企业产生深远影响，也每时每刻都在被外在环境所影响。而作为特定的组织因素，逐渐成熟的现代公司治理体系开始限制高管的组织管理自主权（Finkelstein 和 Hambrick，1990；Haleblian 和 Finkelstein，1993；Hambrick，2007）。在管理自主权有限的情境下，CEO 必须把注意力集中放在他们最关注的领域。正所谓"无创新不发展"（Finkelstein 和 Hambrick，1990；Haleblian 和 Finkelstein，1993；Hambrick，2007），创新即 CEO 为了企业长足发展所必须关注的核心领域。因此，在研究企业家创业想象力如何影响企业创新绩效的系列研究中，受具体环境因素、组织因素影响的管理自主权也是需要重点考虑的因素。

根据麦肯锡（McKinsey）对中国数位 CEO 的访谈，发现随着中国的改革步入深水区，比如面临去杠杆、国企改革、经济软着陆等挑战，他们比以往有了更多的危机感和焦虑感；因为在中国市场，他们需要面对的是全世界最残酷的竞争环境，每一天都是新的起点。普华永道咨询公司的调研也发现，参与问卷调查的全球 246 名 CEO 均认为创新是他们组织的首要任务和优先考虑的事情（Davies，2013）。如同意大利物理学家卡洛·罗伟利认为的，"在寻找广义相对论的数学表达式时，因为爱因斯坦具备独特的能力，能想象世界如何被构造，在自己脑中'看到'它，所以他的假设和预测得到了证实"。在中国环境高度复杂不确定的背景下，CEO 更需要用想象力来突破被限制的视野和格局，思考企业如何转型变革，重新定义新的可能，为成功变革而构想出更加宏大、更有意义的东西，实现更大的发展潜力。由于创业想象力的相关研究在国外刚刚起步，自 Kier 和 McMullen 开发创业想象力概念以来，鲜有突破性研究进展。现有的研究还停留在理论探讨阶段，相关的实证研究尚为空白。学术界目前需要对创业想象力进行广泛而深入的系统研究。在中国，中小企业体量庞大，是国家鼓励且从政策上支持发展的重点。中小企业 CEO 的想象力和对外部环境的感知到底会转化为何种组织结果？会如何影响企业的创新模式选择？这些认知特征会对创新活动产生怎么样的影响？如何对外部环境感知能力和不同类型的创业想象力采取有效的激发模式？如何合理地安排 CEO 的管理自主权？这些都是组织行为学者、人力资源管理者或者是政府管理者需要思考的问题。

第二节　研究问题

本研究以中小企业为研究对象，在以往研究的理论基础上，聚焦以下几个关键问题：

第一，具体探讨 CEO 环境不确定性感知以及 CEO 特质与企业创新模式选择的关系，深刻理解企业创新模式选择的内在决策过程与 CEO 在此过程中扮演的角色，旨在为我国企业的创新模式选择提供指导。

第二，研究中国情境中的中小企业 CEO 不同类型的创业想象力对企业双元创新的影响。CEO 的特征和认知等对中小企业的战略选择和发展至关重要，但是本土研究中却忽略了对 CEO 创业想象力的深入研究，为了弥补此研究不足，本研究将结合本土中小企业样本开展深入讨论。

第三，探讨管理自主权在链接创业想象力与双元创新关系中的调节作用，力求揭开创业想象力影响企业双元创新作用机理的"黑箱"，并据此通过辨别并强化 CEO 的创业想象力，提出有效提升管理绩效的优化措施，以期实现提升企业创新绩效的作用。

第四，链接微观与宏观，借鉴经济学的相关理论，从经济学的角度分析 CEO 认知能力对企业创新的影响。这对拓展 CEO 认知能力以及中小企业创新发展的理论解释，提升中小企业的管理实践，促进企业的创新活动发展，均具有重要的理论和现实意义。

第三节　研究目标

本研究在梳理和总结相关研究文献的基础上，以企业 CEO 对环境的感知能力、CEO 创业想象力、管理自主权与企业双元创新等变量为研究对象，探讨这些变量之间的内在关系。其中，重点探讨了 CEO 的环境不确定性感知会如何影响企业的创新模式选择，以及三种不同类型的创业想象力对两种类型的组织创新的影响机制。通过两种预先设计的实证研究，本文旨在找到 CEO 认知特质对双元创新的作用路径和机制，同时通过经济学分析，着重从环境识别和创业机会识别的视角丰富和发展了创业理论，并基于高阶理论的认知层面探讨管理中小企业 CEO 不同认知能力的管理措施，进而有效地促进组织双元创新的管理实践。具体研究目的如下：

第一，确定 CEO 创业想象力对企业双元创新的作用机制。以往关于创业认知的研究，主要的关注点集中在动机、知识、经验这三个变量上。但是，创业想象力作为个体认知体系的一部分，在创业认知中同样发挥着重要作用，却很少有研究涉及，没有得到应有的重视。而在现有的创业者"认知—行为"模型中，通常假定创业想象力是普遍存在的，且在研究样本中均匀分布。事实上，最新的研究已指出：创业想象力能够通过不同类型的想象力，借助于复杂的知识图谱转化成各种观点、想法的组合，进而影响个体的决策行为。为拓展这一观点，本研究首先对创业想象力的各个维度进行全面考察，通过分析三种类型的创业想象力如何影响双元创新，开展相应的实证分析，发现中小企业 CEO 的创业想象力对双元创新选择影响的内在规律，为我国中小企业的创新管理提供强有力的理论解释和理论支持。

第二，构建以创业想象力为前因变量，管理自主权为调节变量的企业创新"双轮驱动"模型。近三十多年来，国内外学者对双元创新的前因变量进行了广泛探讨，构建了较为系统的理论模型，进行了大量的实证检验。本文旨在进一步丰富这一理论模型。借鉴高阶理论的观点，通过引入创业想象力，从 CEO 认知层面出发，探究其对企业双元创新的内在影响，并引入管理自主权作为重要的情境因素，是对企业双元创新前因变量和调节因素研究的拓展与丰富。通过全面考察和验证创业想象力、管理自主权与企业双元创新之间的关系，本研究据此构建了基于 CEO 创业认知的中小企业创新行为选择的双轮驱动模型。

第三，基于创新的过程视角和"环境—个体—过程"的研究范式，重点探讨企业 CEO 对外界环境的不确定性感知如何影响企业创新模式选择的内在过程。本文从高阶理论出发，将具体探讨 CEO 环境不确定性感知以及 CEO 特质与企业创新模式选择的关系。通过引入 CEO 特质调节焦点作为边界条件，帮助深刻理解企业创新模式选择的内在决策过程与 CEO 在此过程中扮演的角色，旨在为我国中小企业的创新模式选择提供指导。

第四，借鉴经济学的相关理论，主要从供给和需求两个方向从经济学的角度分析 CEO 创业认知能力对企业创新的影响以及管理自主权对 CEO 创业认知能力与企业创新之间关系的调节作用。融合管理学与经济学的观点，以期更加深刻地理解 CEO 认知对企业创新绩效的影响力度。

第四节　研究框架

本研究的技术路线分为四步：

第一步，确定研究问题。研究基于长时间的管理实践现象观察，并结合国内外相关文献，确定并提炼本文的核心研究问题，确保研究问题符合文献研究和实践需求。

第二步，进行文献综述，确定理论基础以及研究模型。在提炼研究问题的基础上，通过国内外相关的文献述评，借助相应理论，提出本研究的研究假设与理论模型。

第三步，实地调研收集的数据，严格遵循实证研究的各项要求，严谨、科学地收集数据，从确定调研对象、数据发放与收集等多个关键流程确保问卷收集的有效性和可信性。

第四步，进行假设验证分析，得出研究结论。

具体技术路线如图 1-4-1 所示。

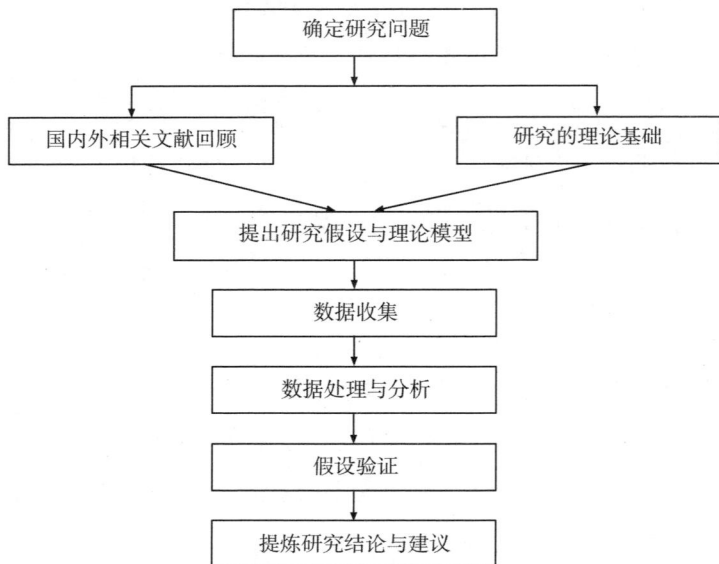

图 1-4-1　研究的技术路线图

第五节　研究创新与意义

一、研究创新

（一）本研究的研究对象是特定的企业群体

对创业想象力的研究起源于 2017 年，该概念的起源地和研究情境为西方国家的企业。目前来看，国内尚未开始研究该变量。并且，国外相关研究尚未针对某些特殊的企业群体开展，更多针对一般研究对象或特定的年龄群体开展研究。

结合以上两点不足，本文立足于中国本土情境的中小企业研究对象，在极具中国特色的时代背景下进行深入探讨，拓展了创业想象力与双元创新的研究范围。因此，本文聚焦在中小企业情境下研究 CEO 创业想象力与双元创新的关系，是本文可能的一个创新之处。研究结论可为将来不同类型的企业 CEO 创业想象力与双元创新关系的研究结论作横向比较，提供有价值的研究资料。

（二）从认知的视角探讨 CEO 个体特征影响双元创新的新前因变量

高阶理论指出，TMT 团队，尤其是 CEO 个体对组织绩效的长远影响显著。研究引入企业家创业想象力这一概念，从 CEO 认知特征层面上拓展影响组织双元创新的前因变量。研究将 CEO 创业想象力划分为三个类型，分别探讨了 CEO 创业想象力的子维度与组织创新之间的关系。通过详细探讨 CEO 创业想象力不同维度对双元创新的影响，研究有利于拓展关于双元创新的前因变量研究，丰富双元创新的理论体系，也从实践上为中小企业的创新管理实践提供了更具价值的参考。

（三）探讨 CEO 环境不确定性感知会如何影响企业的创新模式选择

由于企业处于不断变化的环境当中，如何能在变化的环境当中保持稳定的生存并进行长足的发展这一问题一直是实践与理论在不断探索的问题。企业的生存和发展离不开创新的影响，现有的实践和理论已经证明了探索型创新能够为企业的长足发展提供动力，利用型创新则会给企业带来短期的绩效提升。但是中小型企业自身所能支配的资源通常较为有限，所以企业需要根据环境和自身的条件进行创新战略的调整。学者从不同视角、多个层面对如何提高企业创新做了大量的研究（Anderson 等，2014；Garud 等，2013），但是 CEO 的环境不确定性感知会如何影响企业的创新模式选择尚处于研究的起步阶段，企业创新模式选择的内在过程还需进一步的探索。本文将具体探讨 CEO 环境不确定性感知以及 CEO 特质与企业创新模式选择的关系，深刻理解企业创新模式选择的内在决策过程与 CEO 在此过程中扮演的角色，旨在为我国企业的创新模式选择提供指导。

（四）揭示了管理自主权对双元创新的作用机制

本研究基于高阶理论，聚焦于 CEO 创业想象力对双元创新产生的影响，并结合中小企业的情境，引入管理自主权这一概念，为创业想象力和双元创新之间关系的研究提供了新思路。本文构建了创业想象力、管理自主权和双元创新这三个变量间的关系模型，丰富了创业认知理论的研究。研究还发现管理自主权在创业想象力对双元创新的关系发挥了调节作用，这为企业家自身对想象力和管理自主权进行有效的干预和积累提供了理论基础和实证支持，从外部环境和组织环境两个层面为构建创业想象力对双元创新关系找到了相应的理论边界条件，具有重要的理论与实践意义。

二、研究意义

创新驱动发展战略强调必须把发展基点放在创新上，双元创新是中小企业提升自身核心竞争力、在愈发激烈的竞争环境中实现"弯道超车"或"换道超速"的重要路径。如何推动中小企业成功进行有效的双元创新，成为近年来组织理论领域的热点研究问题。本研究从高阶理论的认知视角出发，研究 CEO 创业想象力、环境不确定性感知对企业双元创新行为的影响机制。主要有以下这四方面理论意义：

第一，拓展了创业想象力的相关研究。本文将 CEO 创业想象力引入到双元创新的研究中来，并将 CEO 的想象力细化为三种类型，分维度探讨不同类型的 CEO 创业想象力对企业探索性创新和利用性创新两种创新形式的影响，试图厘清 CEO 创业想象力对企业双元创新的影响过程，并在此基础上引入管理自主权作为重要的情境因素。本研究既丰富了双元创新的前因变量以及情境变量研究，又通过开发创业想象力概念，完善了"企业家个人认知影响创新"整个系统的综合研究。本研究有利于丰富双元创新的前因变量研究。在高阶理论看来，中小企业要想在创新方面取得成功，首先要做好企业的双元创新战略选择，这不得不依赖于企业的最高领导者，即 CEO 个体。因此，在制定双元创新过程中，必然要考虑

CEO个体特征和认知因素。尤其是中小企业，当公司的制度、流程、规范和管理措施还未完善时，更多时候依靠CEO"拍脑门"式的决定。此外，国外已有研究指出，CEO认知能力对企业创业成功具有关键性影响，但是鲜有学者探索不同类型的认知能力对中小企业双元创新的影响机制。

第二，本研究扩展了高阶理论的相关研究。高阶梯队理论表明了高层管理者的特质、团队内部的互动（行为整合）影响着企业的战略选择，而高层管理者对于外界环境只能进行选择性的观察，所以本文认为环境不确定性作用于企业双元创新的一个路径是高管团队的感知。现代企业的经营管理离不开高层管理团队，他们承担着保证企业生存与发展的重任，高管团队对于外界环境的认知与解释影响着他们所做出的决策，高管团队是企业战略的制定者和实施者，而高管团队做出的战略决策都是建立在对企业内外部环境信息的全面综合分析之上的。本研究对于高阶理论的意义体现在：一方面拓展了CEO个体认知特征的相关研究。Hambrick和Mason（1984）提出的高阶理论认为，CEO和TMT团队能够将自己的认知、价值观和信念等因素注入到企业经营战略的选择、实施以及执行过程，进而对企业绩效产生深刻影响。自此之后，研究CEO个体特征对企业绩效影响的学派开始成立，研究成果也是汗牛充栋。基于此，本研究从CEO微观个体视角，探索CEO创业想象力如何影响中小企业的双元创新行为，试图探讨作为CEO认知一部分的创业想象力对企业双元创新行为的影响机制，为"CEO个体—组织双元创新"影响结果的研究提供理论和实证支持。另一方面，拓展了管理自主权的相关研究。研究在CEO个体认知能力的基础上，引入管理自主权这一概念，从外部环境和组织内部两个层面，系统探讨管理自主权对CEO个体认知能力与双元创新的影响研究。由此构建了基于高阶理论的CEO个体认知能力和管理自主权双因素驱动的企业创新影响因素的理论模型。

第三，本研究丰富了创业领域中创业认知相关研究，特别是拓展了CEO环境不确定性感知的相关研究。虽然近十年来，创业认知在创业领域中已然成为一个广受关注话题，但是以往的研究聚焦于认知领域关于态度、知识和动机的研究，对于企业经营环境的认知影响考虑较少。企业面临的环境不确定性主要来源于 CEO 及其他企业领导者对企业经营环境的感知，个体环境感知在决定 CEO 如何响应外部环境变化时起到了关键性的作用，也是中小企业发展关键能力和商业模式双元演化的重要驱动因素。本研究对 CEO 环境不确定感知的影响研究拓展了对企业创新模式选择的理解，有利于构建具有中国特色、符合实践需要的本土化创新管理理论，为创业认知领域的研究提供更加全面和系统的观点，也为创业企业在不断变化环境下的经营实践和长远发展提供新思路和指导。

第四，本研究为众多中小企业家的发展进行了总结升华。自改革开放以来，我国的中小企业经历了粗放式发展的历程，产业结构、技术设备、管理模式等都存在问题。同时在中国扩大开放不止步的背景下，我国的中小企业不仅面临着国内同类型企业的竞争，而且面临着国外企业的竞争，所以在这样的背景下，国内中小企业就必须建立合适的创新发展战略。本研究从创新发展角度提出未来中小企业持续发展的对策建议。

第二章　文献综述

第一节　相关概念界定

一、管理自主权

管理自主权（Managerial Discretion）在中国常常还被翻译为管理者自由度、管理者决断权或者管理者自由裁量权。在国外关于管理自主权的研究中，大多是从行业特征或是组织特征的角度研究管理自主权，比如用管制程度、资本密集度、战略态势、研发强度、广告强度对管理自主权进行衡量。在中国情境下，国有企业特殊的制度环境也是决定管理自主权的重要因素（董静和邓浩然，2021）。学者们从经理主义理论、代理理论、契约理论、战略管理理论、感知理论、现代企业理论等不同的理论视角对管理自主权进行了相关研究。每一个理论视角下对于管理自主权定义的侧重点都不同，由此可见，公认的权威的定义还没有形成。

通过归类、合并等方式，发现当前对管理自主权的定义基本可分为两条路径：第一条是战略观路径，从战略的角度明确提出了经理自主权的概念。Hambrick 和 Finkelstein（1987）正式引入并系统阐述了管理自主权这个概念，他们将管理自主权定义为高管决策行为的范围，管理自主权反映了经理对公司经营决策活动的实际影响程度，体现着经理的权力及其自主行为空间的大小。此外，高管人员的管理自主权并不是偶然产生的，它受到环境因素、组织因素和个人特征三个方面的影响。进一步地，企业绩效在多大程度上会受到高管团队战略领导行为的影响并不完全取决于高管团队的战略能力，还依赖于他们享有的制定和实施战略决策的自由度（安玉红，2016）。

另一个是治理观路径，基于交易成本理论、契约理论、代理理论等视角来审视经理自主权。李有根和赵锡斌（2004）在研究中指出，在战略管理理论和现代企业理论中，管理自主权的定义各不相同。而在战略管理理论的概念中，管理自主权被描述为 latitude of actions，是指管理人员在进行战略选择时采取行动方案的范围或行为自由度，即在特定情况下经理的行动空间（Hambrick 和 Finkelstein，1987；Hambrick 和 Abrahamson，1995；Finkelstein 和 Peteraf，2007）。同时，他们提出，自主权存在于没有约束的情况下，存在于有多种选择的可能性，且认为具有高管理自主权的高管对企业战略布局和决策会有更高自由度，管理自主权会直接影响高管决策行为，这也使得管理自主权对于高管团队异质性与企业创新绩效的影响不言而喻。而现代企业理论则认为，经理的行为，因为受到环境不确定性、契约不完全性和信息不对称的影响，难免具有机会主义的特征。由于经理是公司治理和管理系统的核心所在，管理自主权可能会受到四种因素的共同影响，即外部治理环境、内部治理结构、管理结构和经理个人特征。从治理观的角度看，管理自主权的产生过程是非常复杂的。管理自主权不可避免地会产生诸多问题，比如资产侵蚀或者利润转移等问题，并非只对增加股东财富具有积极影响，也有可能具有负面效应。

无论是战略观还是治理观的支持者，学者们都认同管理自主权对高管团队的战略决策具有重要的影响。截至当前，管理自主权的影响因素是学者们的研究热点之一，经归纳整理，学者们主要从以下三个层次进行了相关研究：第一，行业环境层次的影响因素研究。主要从产品市场竞争、控制权市场威胁、行业成长性、产品差异化程度、行业产品需求、行业管制、行业资本密集度、行业供应商议价能力等方面进行研究。第二，组织层次的影响因素。主要从企业规模、企业年龄、组织文化、资本密度、董事会特征、组织资源、管理机制、股权结构、CEO 两职兼任等组织内部因素进行研究。第三，CEO 个人特征的影响因素研究。

主要从高层管理者个人的人口统计学特征、认知特征、心理特征等因素进行研究。

通过对比战略管理理论与现代企业理论对管理自主权的界定，不难发现，战略管理理论的概念侧重于管理者决策行为的范围，而现代企业理论则更加侧重于管理自主权对决策行为的影响结果。虽然从不同的视角对于管理自主权的定义不尽相同，但其共同点是都与决策、行为有关。对于管理自主权的概念，本研究选取管理角度的定义。1987 年，Hambrick 和 Finkelstein 正式提出了这一概念，并进行了系统的阐述：企业的本质其实是管理者的行为，管理自主权是指高层管理者影响组织结果的能力。进一步说，组织的绩效受管理者个人在特定情况下做出决策的行动自由度的影响。此概念可以用来解释高层管理者或高管团队在何种条件下，以及怎样对组织影响巨大。这对于了解什么约束了管理者，或者了解什么使他们能够最大程度影响组织的结果具有很大的意义。另有学者探究了不同角度对管理自主权的影响因素，主要集中在环境层面的资本密集度、组织层面的企业规模、企业所有制性质以及个人层面的两职兼任（郑鹏等，2022）。

如果说高阶理论是强调了高层管理者对战略选择及企业绩效的作用，管理自主权则是进一步反映了高层管理者管理行为的自由度，用以诠释高管对企业经营绩效的实际影响程度。相较于低程度的管理自主权，高程度的管理自主权使决策更加有效，因为参与者在很大程度上有机会控制实施过程（Frederickson，1999）。从这个角度来看，这可以解释为什么高层管理人员在某些情况下比在其他情况下更重要（Hambrick，2007；Hambrick 和 Finkelstein，1987）。Hambrick 和 Finkelstein 认为，管理自主权存在于一个高层管理者拥有一系列备选行动，所有的行动都在"强权接受"的范围内（1987）。Hambrick 在 2007 年对高阶理论更新的文献中进一步阐明管理自主权对高阶理论的影响直接而深刻。

二、创业想象力

创业活动对社会经济的发展具有重要影响，可以创造出巨大的经济价值。熊彼特 1934 年就很有前瞻性地指出：新企业的创立及新企业的创业者将会成为现代经济发展的重要推动力量。近年来，创业研究已经成为一门新兴学科，而创业研究的一个重要核心就是创业机会的识别，因此深入研究创业机会是如何识别的，以及哪些因素会影响创业机会的识别就显得至关重要（钱佳蓉和蒋春燕，2020）。

新兴企业的创立是创业者想象新企业的机会、完善他们的想法，并获得资源的过程（如 Alvarez 和 Barney，2007；McMullen 和 Shepherd，2006）。创业者根据特定的新兴或成熟市场和行业进行想象和合理化（Cornelissen 和 Clarke，2010）。尽管想象是创业开始的前提，但在很长时间内，学界对创业想象力的测量方法并不完善。直到 Kier 和 McMullen（2018）发现，当创业者想象的认知能力与心理模拟不同相关任务场景（比如，创新、沟通、管理）所需的知识相混合的时候，想象力就变得可以测量，并根据任务场景的不同对应着三种不同的想象力，即创造性想象力、社交性想象力和实用性想象力。创业者可以利用这三种想象力来进行产生并筛选企业创意。

以上观点与熊彼特（1942）提出的创造性破坏理论观点一致。创造性破坏理论认为，企业家作为创新的主体，会对现有的市场均衡发挥创造性地破坏作用，从而实现各类生产要素的重新组合。而以往研究表明，想象力正是通过允许创业者想象，从而促进这种破坏性创新。以往实证研究结论表明，企业家通过创业想象力，能够促进企业的创造力（LeBoutillier 和 Marks，2003）、创新（Liedtka，2014；Van den Ende 等，2015）、新产品和新服务开发（Dahl 等，1999，2001）、新产品和新服务的市场推广（De Bono，1992）。

创业也被学界视为一种沟通和合作行为（Chiles 等，2010；McMullen，2010 和 2015）。在创业的阶段性过程中，创业者必须要学会理解其他人的想法与需求，才能够有效地发现市场需求（Hayek，1945；Kirzner，1973），从而教育、推销或说服他人尝试创业者提供的新的产品和服务（Sarasvathy，2001）。因此，创业者创业的前提条件是要事先想象他们预想的创新可能会对谁、如何以及什么产生影响（McMullen，2010）。但是，人们往往不能直接体察到他人背后的行为动机，必须使用自己的想象力对他人的信仰、欲望或意图做出社会推断（Bagozzi 等，2013；Frith & Frith，2006，2008）。因此，识别这种未来并在此过程中劝诱他人共同创造需要社会性想象力来解释和理解与各种利益相关者正在发生或可能发生的事情。

创业也被视为一种管理行为（Lazear，2004；Lechmann 和 Schnabel，2014；Wagner，2003）和判断行为（Klein，2008；Knight，1921；McMullen 和 Shepherd，2006）。创业管理者或者负责人，是经济资源的组织者和协调者，是生产要素的雇佣者（Carland 等，1984；Hebert 和 Link，1989）。而要想将想象力转变和实现为最终的产品和服务，就需要创业者从实际意义上预测和规划未来可能发生的事情。换句话说，这是想象力的一种形式，其与日常选择推理相关联（Johnson，1987；Shackle，1979）。

综上所述，创业想象力（Entrepreneurial Imaginativeness）定义为：将想象能力与在心智上模拟创业中各种任务相关情景所需的知识结合起来一种认知能力（Kier 和 McMullen，2018）。无论是创新、沟通交流，还是管理行为，他们共同指向了创业想象力（Entrepreneurial Imaginativeness）的三个维度，即：创造性想象力（Creative Imaginativeness）、社会性想象力（Social Imaginativeness）以及实用性想象力（Practical Imaginativeness）；它们在结构上类似于 Sternberg（1985）的智力三元理论，该理论概述了人类智慧的三个组成部分：构成性智慧、经验性智慧和情境性智慧；斯滕伯格在此基础上提出"成功智力"这一概念，斯滕伯格认为成功智力包括创造性智力（Creative Intelligence）、分析性智力（Analytical Intelligence）以及实用性智力（Practical Intelligence）。创造性智力可以帮助我们从一开始就形成好的问题和想法；分析性智力用来解决问题和判断思维成果的质量；实用性智力则可将思想及其分析结果以一种行之有效的方法加以实施。虽然还可能存在其他与创业行为有关的想象力，但是这三个维度的创业想象力通常被认为是创造价值的必要条件（Kier 和 McMullen，2018）。以往研究表明，创造性想象力帮助创业者预测新产品或服务引入新知识所产生的效果，从而促进产品创新（McMullen 和 Dimov，2013）。社会性想象力有助于创业者预测在价格体系中引入新交易的影响，从而促进对市场的响应（Chiles 等，2010）。最后，实用性想象力帮助创业者预测组织和项目管理中引入新生产结构的可行性，从而促进管理（Gartner，2016）。

CEO 创业想象力是高层领导者认知能力方向研究的新主题，创新是引领企业发展的第一动力，既是企业应对突发事件、保持企业韧性和获得可持续发展核心能力的关键所在，更是激发企业内在潜力、推动组织转型升级的重要方式。创造力学派指出，无想象不创新。但是，涉及 CEO 创业想象力的研究在国外刚刚起步，国内的研究几乎空白，这大大影响了人们对个体创业想象力作用的认知，也不利于指导个人认知能力的拓展和企业管理实践的发展。现有的研究认为创业想象力划分为创造性想象力、社会性想象力、实用性想象力三个子维度，并证实了初创企业的管理者可以利用这三种类型的想象力来产生并筛选企业的创意。企业创新能力的重要来源之一即作为公司最高层管理者 CEO 的创造力和想象力。而作为 CEO 认知的一个重要部分，创业想象力对企业两种关键性的创新行为，即探索性创新和利用性创新。二者将会对企业发展分别产生怎样的影响，亟待战略学派的学者们关注和研究。高阶理论提出，高层管理者的个体特征会对企业战略决策和行为选择产生深刻的影响。作为企业的掌舵者，CEO 的思维模式和认知体系潜移默化地影响着公司未来的创新定位和创新战略的选择，对企业创新行为产生重大影响（钱佳蓉和栾贞增，2022）。

三、环境不确定性

环境是企业生存和发展的场所，对企业绩效可能产生影响的外部力量皆属于组织的环境要素（杜朕安，2018）。Daft 和 Weick（1984）将环境定义为存在于企业边界之外，在企业经营过程中可能对生产经营、组织绩效等产生影响的一系列因素的组合。企业进行创新活动所面临的环境结构比较复杂，根据不同的标准可以划分为不同的环境类别。最常见的划分标准包括以下两类：一是根据环境的来源或内涵将企业环境分为政治环境、经济环境、文化环境、技术环境等（Wang，Yeung & Zhang，2011）；二是根据环境的特征与性质将企业环境分为丰富性环境、稀缺性环境、不确定性环境、动态性环境、敌对性环境、复杂性环境、差异性环境、稳定性环境等（Child，1972；Sharfman，1991；Tan & Litsschert，1994；Tan & Tan，2005；何一清，孙颖，2018；徐广平，张金山，杜运周，2020）。不确定性是组织环境的重要特征，Thompson（1967）将不确定性问题认为是企业高层管理者必须应对的一个基本问题（王益谊，席酉民，毕鹏程，2005），同时也是组织理论研究领域的一个重要问题。经济学家较早地对不确定性的概念进行了界定，认为不确定性指个体因信息缺乏等原因而导致的不能对事件准确地认知，也不能准确判断事件发生的后果，因此对事件未来发展态势无法精准预测和分析的一种不稳定状态（王益谊，席酉民，毕鹏程，2005；周功元，2017）。不确定性是从未来视角说明事件状态的，从当下事件发展状况来看，人们无法对其未来的发展态势做出准确预判，事件的未来状态是不稳定和不能被明确的，因此它是一个动态描述的概念。当不确定性被用来描述组织面临的环境时，学者们便将影响组织绩效的环境或组织要素的不可预测性定义为组织的环境不确定性（Miles，Snow，Meyer & Coleman，1978）。

现有关于环境不确定性的内涵定义较为繁杂，尚未形成统一的认识。Duncan（1972）从个体主观感知的视角出发，认为环境不确定性描述的是企业管理者在进行管理决策时所需要的相关信息相对匮乏，外部环境对某项决策可能会产生怎样的影响不能够做出准确的判断，并且对于某项决策可能导致的结果也无法事先预测而产生的难以决策的情形。Tung（1979）将环境不确定性定义为企业所处的外部环境要素变化程度的大小与变化速度的快慢。Milliken（1987）通过对以往学者的研究成果进行梳理，总结出较为普遍的三种环境不确定性的内涵：一是对某事件在未来可能发生的可能性无法进行准确的判断；二是对外部客观环境的相关信息缺少足够的了解，无法完整判断外部的整体环境情况；三是不能准确预判组织管理者做出某项决策可能产生的结果。在总结以往研究成果的基础上，Milliken（1987）从个体感知的视角出发，将环境不确定性定义为由于对相关信息缺乏了解，企业高层管理者感知到不能对企业所处环境的具体情况以及未来发展态势做出准确判断的状态，这是目前获得较多认可的一种定义。Milliken（1987）还将环境不确定性进一步划分为状态不确定性、影响不确定性、反应不确定性三种类型。具体来说，状态不确定性是指对组织面临的客观环境的具体情况无法确定；影响不确定性是指个体对组织外部环境可能对组织带来的影响无法准确判断；反应不确定性是指对于组织外部环境的变化，组织会采取怎样相应的应对措施无法准确预测。

随着学者们对环境不确定性的关注，其内涵也在不断地丰富和发展。Uzkurt 等人（2012）认为环境不确定性是企业对面临不断变化的外部力量复杂性与动态性的一种测量，是企业缺乏决策所需的信息而导致的，对企业为保持竞争优势而做出的相应决策有着至关重要的影响。李大元（2010）将环境不确定性定义为由于缺乏相关环境因素的信息，管理者无法准确感知决策结果、评估环境对决策的影响以及无法预测其发展趋势的环境状态。汪丽等（2012）将环境不确定性定义为企业所在行业的技术和市场变化的速度以及反复无常的程度。施丽芳等人（2017）将环境不确定性定义为一种个体主观的心理感受，反映了个体在对未来发展态势进行精准预测时，感觉个人能力的欠缺程度。李召敏和赵曙明（2016）将环境不确定性定义为企业因无法获取外界环境的相关信息和数据特征等内容而感知到的不可预测性。杜朕安（2018）将环境不确定性定义为由于没有获得足够优质且稳定的外部信息和资源条件，进而影响到企业战略管理及日常运营的环境属性。通过已有关于环境不确定性的定义可以看出，环境不确定性既是一种心理状态、个体感受，也是一种环境属性、环境状态，这些定义之间既有一定的相似性，也存在着细微的差别，环境不确定性的内涵不断被修改和发展，推动了人们对组织环境不确定性的内涵进一步思考并逐渐走向成熟。

环境不确定性描述的是企业对所在环境中技术与市场频繁变动的未来趋势无法准确做出预测的一种状态（Miles 等，1978）。由于在研究中，客观的环境不确定性程度较难测量，并且能够影响企业创新决策的环境不确定性需要通过企业决策者的个人感知才能具体在企业中发生作用，因此本研究从 CEO 个体感知的视角出发，将环境不确定性描述为由于缺乏企业生存环境中相关因素的信息，使得企业高层管理者感知到的无法准确预测采取某项决策后可能对企业未来经营带来的影响以及企业未来发展态势的状态。

当公司面临的环境不确定性程度较高时，企业现有的技术、经验和知识的过时速度将会加快，这就意味着企业要想获得长期的持续性的竞争优势，仅仅依靠在原有的技术经验知识的基础上进行的开发与利用是不够的，因为在现有技术基础上的创新也将会被快速淘汰，企业还必须加强技术研发创新，探索新的技术，获取新的经验，学习新的知识，否则在高的技术不确定性的环境中，将会被外界不断的技术创新与革命所淘汰，原有的优势也将成为劣势。由此可见，现代企业与外部环境的联系愈加紧密，变化多端的市场环境往往会影响企业经济活动，当下正处于"双循环"发展新格局，企业无疑会受到诸多无法预计的不确定性风险的影响，成为实务界的热议话题。然而，学术界对环境不确定性与创新绩效的结论不尽一致，主要表现为环境不确定性对企业投资决策的影响，可能表现为过度投资，也可能是投资不足。一方面，高度不确定性的环境成为管理层谋取私利的便捷场所，使管理者更倾向于将投资失误所造成的损失归咎于外部环境的不确定性，易造成过度投资的现象；另一方面，环境的不确定性对管理层的评价增加了一定难度，迫使管理层放弃高风险的项目，减少投资动机（蔡雪玲和杨瑚，2022）。很多研究指出，在面临市场的不确定性时，企业所采取的行为更加偏向非探索性的方向，比如增强和其他企业的关系，选择更加熟悉的企业进行合作。环境不确定性究竟是"机会导向效应"还是"风险规避效应"，也是目前学界还未定论的一个研究主题。根据投资信息观，环境不确定性会提高市场新消息的价值，只有在延迟投资所耗费的成本大于等待消息所带来的收益时，企业家才会进行投资（邢霖和陈东，2022）。

四、双元创新

国外学者 Freeman（1991）首先提出创新网络概念，并认为创新网络是连接企业间协同创新关系的一种基本原则。之后，学者分别通过不同的协同模型对其网络结构发展过程进行研究。生产要素碰撞组合过程中，创新主体间产生相互依赖、有序互动的良好关系，进而逐步发展形成现在的创新网络。国内目前对于创新网络的研究可以大体上归纳为网络结构分类、网络特征分类、网络形态、网络形成机制、治理机制、演化机制等几部分。

创新模式的选择对企业创新产出和可持续发展至关重要。创新绩效是企业生产活动的主要内容，也是众多领域学者的重点研究对象。正是因为其重要性，国内外学者针对创新绩效进行了多角度、多层次的研究和讨论。创新绩效概念是熊彼特（1912）正式提出，并在《经济发展理论》中将这个概念首先进行了科学、系统的阐释。March（1991）在此概念的基础上从组织学习视角出发对"双元式"进行拓展。二元理论是组织演化理论形成的一个分支。在其不断丰富和演进中，学习、动态能力和社会网络等多个理论融入其中，拓宽和完善了二元理论的含义。双元性理论是一种新兴的管理学理论，该理论渊源可追溯到组织进化论。组织进化论认为，为有效应对外部环境的渐进式和突变式变化，组织必须有机地进行结构调整，在需求不同的发展模式之间进行灵活转化，进而提升自身适应能力。

Duncan 在 1976 年的时候提出了双元组织这一名词，即创新组织能够同时进行两类不同的创新活动。为能减少"组织生产力悖论"对绩效的作用，March（1991）以结构角度解释了双元性。并说明若从内部进行划分，其中一部分组织完成标准化，另一部分组织完善灵活性，因此才能同时满足标准化和灵活性两个要求。Danneels（2002）认为组织可以利用其中存在的双元性来协调组织内部矛盾，从而达到权衡管理的效果，因此，将二元论与矛盾论整合可以看作是运用辩证法的思考方式去理解和解决创新组织中的二元问题。为了能够妥善处理两者间的权衡问题，"二元结构"的模式得到人们的普遍认可。双元模式中，不同组织部门进行不同的工作，确保改进和研发双重目标的实现。March（1991）在前面学者的基础上从组织学习视角出发对"双元式"进行拓展。Danneels（2002）在研究中发现双元性的存在，并提出了组织可以利用其中存在的双元性来协调组织内部矛盾，从而达到权衡管理的效果。因此，Danneels 是第一位将双元概念结合在创新管理理念，并根据企业掌握的知识基础和创新程度的学者（唐柳，2022）。而本文引用的双元创新是指组织所具有的既可以进行渐进性改变，又能开展突破性变革的特征，是企业同时追求的探索性和利用性创新的能力（Lin 和 Chen，2015；Güttel 等，2015）。基于创新模式和新颖程度，组织创新可细分为利用式创新和探索式创新，即双元创新。探索性创新（Exploratory Innovation）意味着探寻组织新的惯例和研究发现新方法、新技术、新业务、新流程和新产品等结果的创新能力（Lin 和 McDonough，2014）。而利用性创新（Exploitative Innovation）则是指基于原有技术、业务和市场知识，改进增强现有技术、流程等（March，1991；Lin 和 Chang，2015；Kortmann，2015）。其创新的目的是通过建立完善的设计，扩展现有产品品类，开拓服务市场，提升现有销售渠道效率，以此满足现有客户需求（Kortmann，2015）。利用式创新本质是一种持续积累的、小幅度的创新活动，强调企业对现有产品、服务、技术等进行适当的改良、调整或者延伸，具有风险小、见效快但收益小的特征。探索式创新本质上是一种变革性的、大幅度的创新活动，强调企业对产品、服务、工艺等进行彻底的改造或开发，具有风险大、见效慢但收益大的特征。

随着我国经济进入工业 4.0 时代，复杂多变的外部环境对企业创新提出了更高层次的要求，这两种创新模式对企业而言都不可或缺。这是因为若过度强调前者，则可能导致企业过度依赖自有技术和资源，易陷入"路径依赖"的窘境，最终导致自身创新能力下降；若过度强调后者，则可能导致企业一味地研发新产品与开拓新市场，易陷入"创新—失败—再创新"的创新陷阱，最终导致创新失败、风险骤增。这意味着企业若要获取持久竞争优势，需要平衡利用式创新和探索式创新的矛盾，促进二者协同共进、平衡发展，做到"两手都抓、两手都硬"（潘子成和易志高，2022）。

组织同时进行探索性创新及利用性创新的能力称为双元创新能力，探索性创新活动是组织为匹配新兴顾客及市场而广泛搜索获得新知识和开发新产品的能力；利用性创新活动则是组织为满足现有市场及顾客而利用现有知识和提高效率以改善现有产品的能力（He 和 Wong，2004）。通过并行结构实现双元创新能力关键在于形成具有不同规则、过程及文化的结构单元，满足企业同时进行探索性和利用性创新的竞争性需求（Gibson 和 Birkinshaw，2004）。双元创新能力是指通过利用各种有效的资源，提升包括研发、运营等各种职能在内的能力，企业在应对和权衡复杂环境时，同时具备并应用两种相互冲突行为的能力。伴随着创新的深入，企业的创新能力也开始双元化，逐渐形成利用式创新能力和探索式创新能力两大形式，这两种形式形成互补，共同构成了企业的双元创新能力。国内外学者对影响双元创新能力的因素也进行了大量探讨。总体来看，可概括为结构因素、情境因素和领导因素，分别是通过结构分离、情境设计以及领导行为三种机制实现探索式创新与利用式创新的兼顾。研究大多侧重从单一层次、静态视角研究组织双元能力的构建路径，多认为结构因素、情境因素以及领导因素是组织实现双元创新能力的独立的、相互替代的影响因素。尽管有学者提出管理者行为很可能是组织双元创新能力的独立前因，有效的组织管理者能够担当多元甚至矛盾角色，并能在矛盾环境中创造价值，是开发组织双元创新能力的关键要素，但是高层管理者的中心作用未得到学界共识。现有对于领导前因影响组织双元创新能力的研究依然较为薄弱。

也有学者认为双元创新包括渐进式创新（Incremental Innovation，II）和突破式创新（Radical Innovation，RI）两种形式，其中，渐进式创新是指组织使用现有技术对现有产品或服务进行微小改进，是一种完善式的稳步创新。突破式创新是指组织使用变革性技术研发全新产品或服务，是一种颠覆式的彻底创新。双元创新平衡（Dual Innovation Ambidexterity，DIA）是指企业同时重视渐进式创新和突破式创新的平衡策略（Alpkanl 和 Gemici，2016；Lennerts 等，2020）。有关渐进式创新和激进式创新的前因研究以及两者的差别性研究也已经取得了部分成果。从个人、领导者和组织角度，现有研究主要集中在个体特征、知识共享、团队支持、组织认同等对渐进式和激进式创新的影响。从员工个人角度，内在、外在动机对渐进式和激进式创新具有差异化作用，当员工想法是由问题驱动而非解决方案所驱动时，其与激进式创新的联系更紧密。从领导者角度，有研究认为员工直接领导的社交网络关系对员工培养自己的社交网络关系具有核心作用，提供了超出员工自身内部和外部联系的创造性利益，更能促进员工的激进式创新。通过比较研究员工对不同对象的认同感和被支持感，员工的渐进式创新和激进式创新能被各种形式，特别是来自团队和领导的支持感和认同感所激发。从组织角度，员工与具有相似和不同知识背景的组织成员进行知识共享，能有效加深专业知识理解和扩展知识领域。以激发创新所需的知识为核心，知识多样性、团队知识网络和知识积累，对渐进式创新和激进式创新均有促进作用。

第二节　相关理论基础

一、高阶理论

（一）高阶理论的来源

高层管理者的特质在很大程度上决定了企业的发展和追求，尤其是高层管理者的认知基础、洞察力、综合能力和价值观等。企业一般都具有"高管特征—战略选择—企业行为"这样的传导机制，管理者在这个过程中起到了承上启下的关键作用，这使得企业在发展过程中存在很大的安全隐患。为解决管理者不能全面识别内外部环境的动态变化以及个人特质限制的问题，高层梯队理论首先明确地指出了高管团队的重要性和可靠性，即通过团队的集体判断和决策，能够尽可能地避免单个管理者所产生的片面性决策结果。

传统的战略管理理论较多地考察了组织外部环境、企业自身能力等因素对企业绩效的影响，这些理论应用的前提是假定企业的战略决策者是同质的并且完全理性的，对组织变动的解释也主要集中在技术经济因素上，即使部分研究对企业战略的形成过程进行了研究，也通常将它看作是信息的流动，而忽略了企业中高层管理者作为行为主体对企业战略决策的作用。而事实上，在一个组织里，高层管理者或高管团队是决策的主体和实施者，发挥着计划、组织和协调等重要管理作用。然而，在 20 世纪 70 年代以前，高阶理论尚未被提出时，在组织管理领域和战略管理领域的相关文献都忽视了企业 CEO 或高层管理团队（下称 TMT）的异质性。此前的文献假设，所有的 CEO 或 TMT 在企业中发挥的作用都是完全相同的。尤其在战略管理领域中，当时普遍认为组织行为是完全由企业技术或经济因素所决定的（Hambrick，MacMillan 和 Day，1982；Harrigan，1980；Porter，1980）。当时文献中有关于战略制定过程的相关研究，高度认同战略的制定是企业信息与决策流动的过程，与特定角色或个体的关系并不大（Aguilar，1967；Allen，1979；Bourgeo，1980；Mintzberg，Raisinghani 和 Theoret，1976）。

高阶理论的最初观点产生于 1975 年，Hambrick 受当时《财富》杂志的一篇文章启发，该文章列举了世界财富 500 强企业 CEO 的列表和统计资料，并提供了他们的年龄、工作年限、职业背景、教育背景、宗教信仰和家乡信息。据此，Hambrick 充分意识到高层管理人员特征的重要性。经过一系列的实证分析后，高阶理论（Upper Echelon Theory）由 Hambrick 和 Mason 在 1984 年正式提出。该理论起源于他们发表的论文《高阶理论：组织是其高层管理者的反映》。在此之后，关于高层管理者和高管团队相关研究才得以迅速发展，大量的拓展研究陆续涌现。此研究迄今已经被引用上万次。高阶理论的主要观点是，企业的 CEO 或者 TMT 团队是组织绩效的重要决定因素之一。由于他们自身特征的异质性，会对企业战略决策的选择、制定和实施产生作用，进而影响企业绩效。而 CEO 或 TMT 团队的特征包括性别、年龄、学历、职业背景、价值观等诸多因素。

1984 年，Hambrick 和 Mason 在论文中从宏观角度提出 CEO 或 TMT 团队成员的价值观、个人偏好和认知基础等特征在一定程度上决定了他们如何解读和诠释组织面临的环境，并根据自身已有的知识、经验和技能，对未来事件、备选方案以及相应的组织结果产生不同的认知和选择行为。在 Hambrick 和 Mason 的研究中，CEO 或 TMT 团队成员的性别、年龄、学历、工作年限、职业背景等人口统计学特征，都能够显著影响他们的个体认知、价值观、偏好以及具体行为表现。自此，他们发现使用人口统计学特征进行学术研究的好处在于其简单和客观，这不仅克服了高层管理者或高管团队研究在数据可得性方面的局限性，比较容易理解，易于测量，并且具有很好的预测作用（张建君和李宏伟，2007）。Hambrick 和 Mason（1984）将该战略选择的过程具体描绘如图 2-2-1 所示，展示了以认知基础、价值观为代表的高阶因素如何通过企业高层管理者的一系列信息处理过程进而影响企业的战略行为结果。因此，由于不同的高层管理者个体存在着异质性，即使面对相同的组织环境，不同的高层管理者也有可能会有不同的环境感知，进而做出不一样的企业战略决策行为（杨大鹏，2017）。

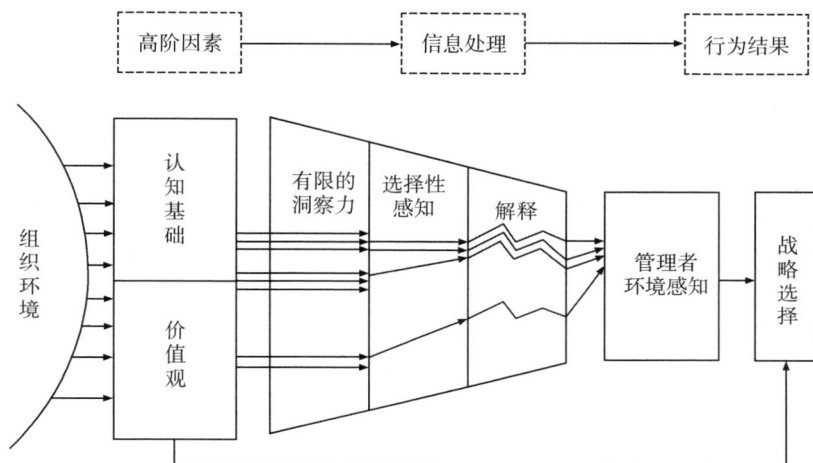

图 2-2-1　有限理性条件下的战略选择

资料来源：Hambrick D C ，Mason P A. Upper Echelons：The Organization as a Reflection of Its Top Managers ［J］. Academy of Management Review，1984，9（2）：193-206.

自此之后，学术界开展了一系列的探讨，Hambrick 和 Mason 分别在 1987 年和 1997 年，又对高阶理论进行了两方面的改进，提出了两个适用条件，即管理自主权和行为整合度。研究认为：第一，高层管理人员的管理自主权会影响其对公司决策和组织结果的作用，如果高层管理人员拥有越大的管理自主权，其对组织的影响效应就越强；反之，管理自主权越小，其对组织结果的影响越微弱。已有研究也证实了这一观点。比如，Li 和 Tang（2010）在高阶理论的基础上，提出企业 CEO 的过度自信人格特质对企业的风险行为产生正向影响。如果企业CEO 的过度自信人格越强烈，在他/她解读企业运营环境时，越可能将风险解读得比企业真实面对的风险要小，越可能制定与自身偏好一致的风险承担行为。但是，二者之间的关系受管理自主权这一变量的影响。研究发现，相比于不兼任董事会主席职位的 CEO 来说，两职合一的 CEO 对企业环境的过度自信更可能制定企业采取风险承担的战略决策。

第二，行为整合度是高层管理团队协同工作的核心要素。高行为整合度的 TMT 团队内部会进行信息、资源和决策共享，进而共同完成战略制定，最终影响了组织绩效。自从 Hambrick 和 Mason（1984）正式引入高阶理论后，研究者对 CEO 和 TMT 个体特征因素对企业绩效影响的研究兴趣激增（Burgelman，Floyd，Laamanen，Mantere，Vaara 和 Whittington，2018），研究成果不胜枚举，这也进一步推动了高阶理论的发展。

理论研究表明，战略管理学派的高阶理论区别于组织行为学派的其他领导力量，它是专门适用于战略领导力的理论，战略领导力理论的关注点在于 CEO 或 TMT 团队的特征，包括人口统计学特征、心理特征、认知特征等因素，研究高层管理者对企业战略选择、制定和实施的影响过程，以及最终影响企业绩效的作用机制。这一流派的观点显著区别于其他类型的领导力理论，绝大多数领导力理论属于领导的监督理论（Supervisory Theories of Leadership），如路径—目标理论（Pathgoal Theory）、权变理论（Contingency Theory）、领导成员交换理论（Leader-member Exchange），等等。其中，监督理论强调的是任务导向或人员导向的行为，重点关注领导者如何给予下属指导、支持和反馈，这些领导力理论一般只侧重领导行为特征对员工、团队的影响。除此之外，组织愿景型领导行为（Visionary Leadership）这一概念更强调组织层次，但是没有深层次地考察是否以及怎样影响组织绩效。相比之下，高阶理论作为战略领导力理论的代表，强调了高管的个体特征对组织绩效的影响。

（二）高阶理论的基本观点

综合以往研究，最早关于高阶理论的基本观点可概括三个方面内容：第一，从外部环境感知和诠释的角度，面对复杂的外部环境和事件，高层管理者倾向于将自身个体特征因素，包括认知特征、人口统计学特征、知识、经历等因素，注入到对外界环境的感知和事件的诠释之中，影响到企业决策与战略选择，进而对企业短期、长期绩效产生影响。其中，高层管理者的特征大致可分为两类：第一类是心理特征，包括认知基础、自身经验、价值观、偏好等特征因素。另一类是可观测的人口统计学特征，包括年龄、教育背景、专业、职业背景、经济地位、团队特征等特征因素。从认知角度来说，决策者的认知基础主要有三个方面内容：一是决策者对于未来事件的知识或假设；二是有关备选方案的知识；三是对于替代方案结果的了解。高层管理者的认知基础在某种意义上决定了他们如何思考问题，使他们对未来事件、备选方案以及方案的结果产生不同的认知，做出不同的选择。第二，高层管理团队，即 TMT 的团队特征，包括团队多样性、价值观异质性等因素，对组织绩效的预测效应要比高层管理者个体特征对组织绩效的预测效应强。第三，心理特征比人口统计学指标的解释效应可能更强。当时的研究也指出，尽管人口统计学指标是有意义的，但未来可以继续探究更多的心理学变量。高阶理论的核心观点表明，高层管理者的行为是其认知、价值观和经验等特征的反映，高管依据所面临的特定的组织内外部环境，产生差异化认知并进行选择（Hambrick 和 Mason，1984）。组织的高层管理者是组织进行战略决策制定的主体，他们根据自身的特质进行有限理性的战略决策。不同的高层管理者会有不同的组织战略选择，最终形成不同的组织绩效。

（三）高阶理论的理论框架

Hambrick 和 Mason（1984）从一个更为宏观的角度指出，某些客观的组织环境因素和高层管理者个人特征的共同作用，将影响高层管理者对于战略的选择，而环境因素、高层管理者特征和战略选择三者之间相互作用，共同决定组织绩效水平。同时，Hambrick 和 Mason（1984）认为组织的战略选择其实是高阶理论的主要成果。他们将战略选择定义为一个相当全面的选择集合，包括组织正式的战略选择和非正式的战略选择，无力决断的和当机立断的决定，重大的行政选择（如奖励制度和组织架构）以及更普遍的与战略一词相关联的主要和竞争性选择。

基于此，这些学者从宏观的视角构建了以"客观环境（内、外部环境）—高层管理者特征（心理特征、可观测的特征等）—战略选择（产品创新、资本密集度、回应时间等）—组织绩效水平（企业的盈利能力、增长能力等）"为框架的解释模型，并建立了高阶理论，此模型被称为初代高阶理论模型，详见图2-2-2。

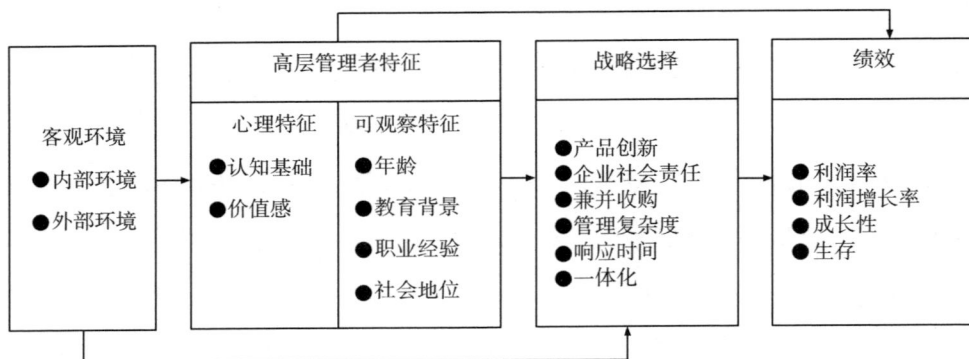

图 2-2-2　初代高阶理论模型

资料来源：根据王琳琳（2018）整理得出。

　　经过二十年的发展，Carpenter 等（2004）在第一代高阶理论的基础上进行了全面梳理、总结和发展，从而形成了二代高阶理论模型。相较于一代高阶理论模型，二代高阶理论模型不仅在主效应上做了拓展，而且对情境因素的中介和调节效应也进行了深化。从主效应上看，二代高阶理论模型将高阶理论的整体框架扩展为"高层管理者个体特征的影响因素—高层管理者可观察的个体特征—组织结果"。从研究变量的变化方面归纳，主要有以下几点变化：首先，二代高阶理论模型将高层管理者个体特征的影响因素（包括外部环境、组织内部特征）纳入模型；其次，二代高阶理论模型证实了影响高层管理者可观测特征和企业绩效之间关系的中介和调节因素，包括高管团队的权力分配、高层管理者的自主性工作需求、激励因素、团队内部流程以及团队行为一致性等；第三，二代高阶理论模型将企业绩效的结果变量进行了拓展，在一代模型提出的财务绩效、市场绩效的基础上增加了社会绩效和创新绩效。Hambrick（2007）又对高阶理论进一步做了回顾、思考和更新，他认为管理自由权和高管工作要求对高阶理论的影响直接而深刻，可作为高阶理论的基本调节变量；行为整合度对组织绩效也具有直接作用，可影响 TMT 整合的决策过程，同时也指出，不同的国家制度环境对高层管理者也会产生不同的作用，第二代高阶理论模型详见图 2-2-3。

前因变量　　　　　　高管代理变量　　中介/调节变量　　　　　　　组织结果

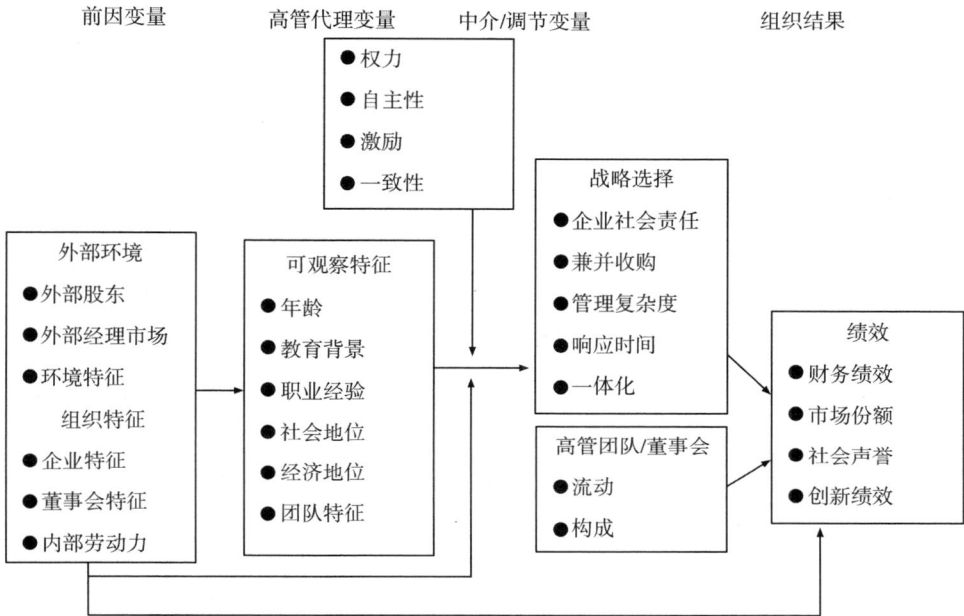

图 2-2-3　第二代高阶理论模型

资料来源：根据王琳琳（2018）整理得出。

最新关于对高阶理论模型的改良是 Liu 等学者（2018）提出的。该研究以高阶理论的视角，对于以往关于 CEO 个体特征对企业绩效影响的作用机制研究进行了重点回顾梳理，在此基础上，指出以往研究都是零星的、碎片化的，忽视了一些重要的作用机制，包括调节作用机制和中介作用机制，认为以往研究缺乏系统性、整合性的理论视角。在对以往研究进行系统回顾的基础上，Liu 等学者（2018）采取了过程的视角，从"CEO 个体特征—CEO 情绪和认知—战略决策—战略执行—企业绩效"进行系统分析，并重点增加了三方面的因素，即 CEO 认知和情感的微观机制、组织事件产生的情境因素以及 TMT 战略决策过程的宏观调节作用。通过整合关于高管职能的不同理论视角，在原有高阶理论模型主效应的基础上开创性地建立了一个更全面的链式中介模型，对 CEO 个体特征与企业绩效的关系做了更加全面而系统的展示。

　　具体而言，该模型主要增加了以下三方面内容：（1）情境性偶发因素。基于外部的重要事件、静态或动态的重大事件会吸引首席执行官的注意力，使他们的工作更具挑战性，同时促使关于 CEO 特征与组织绩效关系的相关考虑的改变，特别以事件系统理论的视角，探索了新奇的、具有破坏性的或关键性的事件对 CEO 特征与企业绩效关系的调节作用，试图从动态视角考察突发事件对 CEO 个体的情绪和认知的影响，解释 CEO 个体如何感知和诠释外部环境因素。（2）微观机制：CEO 的情感与认知。把 CEO 个体的认知和情感作为 CEO 个体特征和 TMT 战略决策过程之间的联系，在建模时明确地考虑 CEO 个体的认知和情感的微观作用机制。（3）宏观机制：组织过程。CEO 将他们的特征（如认知、态度和价值观）刻画在组织过程（如组织设计和道德氛围）中，使得组织过程成为 CEO 属性的反映。改良版的模型对 CEO 特性包含了什么、怎样和何时影响公司绩效提供了更全面的视角，该研究深化了高阶理论的研究，与此同时，为日后高阶理论的研究提供了一个崭新的视角，对 CEO 特征影响企业绩效的作用机制和边界条件做出了更加深刻的解释。Liu 等学者提出的改良版高阶理论模型详见图 2-2-4。

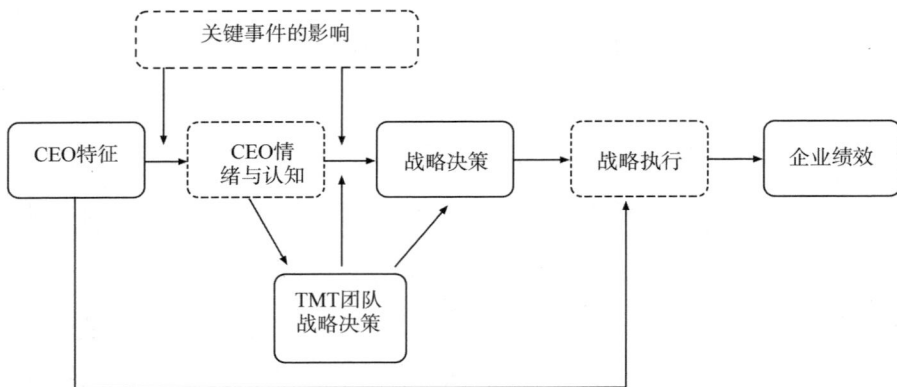

图 2-2-4　改良版高阶理论模型

资料来源：根据王琳琳（2018）整理得出。

（四）高阶理论的研究动态

自高阶理论提出之后，以此为基础的拓展研究陆续开展，各类创新研究方法不断涌现，比如质性研究、实证研究、元分析等不同的技术分析手段相继开展并得到了迅速的发展。越来越多学者进行研究，研究结果也证实了高阶理论基本观点的合理性，即高管的个体特征或高管团队特征对企业的战略选择与组织绩效产生深刻而巨大的影响。

首先，高层管理者个人特征研究。早期，由于研究刚刚起步，测量心理特征的因素相对困难。关于高阶理论的研究主要利用可观测的人口统计学特征作为自变量，比如年龄、高层管理者的任期、受教育水平、TMT 团队规模，等等。研究发现，这些人口统计学特征对战略决策、组织绩效、组织战略、组织创新等方面均产生影响（Agnihoti 和 Batacaya，2015；Finkelstein 和 Hambrick，1990；Haleblian 和 Finkelstein，1993）。在战略决策上，CEO 的工作经验越多，那么他在决策时就越有可能采用隐性知识（Brockmann 和 Simmonds，1997）；在组织绩效方面，高管的教育水平越高，则越有利于提高公司的盈利能力。而当 CEO 在被任命之前有本公司的工作经验时，股票的表现会得到改善（Sani Saidu，2019）。于长宏（2015）对 CEO 过度自信与企业创新投入之间的关系进行研究，将科研人员的自由探索精神作为中间变量，分析其在 CEO 过度自信与企业创新投入两个变量间的作用，研究发现当科研人员足够重视"自由探索"精神的时候，CEO 往往会促使企业更加积极地进入创新领域。

其次，在高管团队特征的影响作用机制方面，以往研究主要采取一些可识别的测量变量，诸如团队平均年龄、平均任期、平均教育水平和教育背景、团队多样性、团队规模，等等。实证研究已充分印证，这些团队特征均会对企业的组织战略、组织绩效、组织创新等方面产生重要影响。在组织战略方面，高层管理团队构成的多样性在很大程度上清楚地预测了战略决策过程中出现的内部复杂性（Carmen，2018）。在组织绩效方面，高管团队的平均教育水平、社会资本、海外背景、薪酬差距等因素正向影响到创业企业绩效。而高管团队的平均年龄、专业背景异质性则负向影响到创业企业的绩效（孙凯等，2019）；在组织创新上，以教育、行业和组织背景的异质性为标准所衡量的高管团队多样性对企业的创新导向产生积极的正向影响。对新出现的客户需求和新技术高度前瞻性的关注会带来一系列具有更高市场新颖性和技术新颖性的新产品，这两种新产品都能够提高公司业绩（Talke 等，2011）。

（五）高阶理论研究述评

为了解释高层管理者或高管团队对企业绩效的影响机制，学者们基于高阶理论的基础检验了一些重要的中介机制。例如，Simsek（2007）认为高层管理者与高管团队的交互作用会影响组织的绩效，CEO 任期越长，高管团队的冒险倾向就越高，公司可能对创业有更加主动的追求，这会进一步提高组织绩效。Musteen 等（2010）认为，CEO 对变革秉承开放的态度会促使公司采用先驱者战略来促进组织创新，反之，CEO 对变革持有保守态度的组织更注重利用现有优势的防御策略，而非采取创新战略。Lin 和 Shih（2008）认为，战略性人力资源管理（SHRM）为企业创造竞争优势，TMT 的社会整合度会通过提高公司的行动主动性来提升企业绩效，TMT 社会整合和行动主动性中介入了高管人力资源管理系统与企业绩效的关系。Nadkarni 等（2011）认为，高层管理者的大五人格，包括谨慎性，情绪稳定性，宜人性，对经验的开放性、外向性特质，能够影响企业的战略柔性，并且战略柔性调节了高层管理者的特性与企业绩效的关系。

在调节变量方面，一些研究关注管理自主权或环境的调节作用。Li 和 Tang（2010）的研究将 CEO 的自大与公司的风险承担联系起来，并研究了管理自主权在两者间的调节作用。该研究在高阶理论和行为决策理论的基础上，对来自中国不同行业的制造企业的 2790 名 CEO 开展调查研究，测试了基本假设。研究发现，当 CEO 拥有越强的管理自主权时，其自大与公司的风险承担之间具有较强的正相关关系。在该研究中，管理自主权主要从环境层面的因素、组织层面的因素以及 CEO 两职合一等方面测量。Simsek（2010）发现了 CEO 核心自我评价对创业导向的影响模型，该模型抓住了高管自我效能感的核心方面。在这个基础上，与人格特质理论相结合，测试了环境动力的偶然性作用。研究表明，CEO 的人格特质直接反映了高水平核心自我评估对公司的创业导向具有较强的积极影响。这种影响在面临动态环境的公司中尤其明显，但在稳定的环境中可以忽略不计。

在中国制度背景下，从高阶理论出发的相关实证研究迅速发展。以不同行业及环境背景为样本的研究也在不断进行。李华晶和张玉利（2006）在其研究中以科技型中小企业为样本，检验了中国本土中小企业高管人口统计特征对企业创新选择的影响。张建君和李宏伟（2007）则是研究了国内制造企业的企业家背景特征与认知特征，包括学历、年龄和管理经验对多元化战略选择以及企业业绩之间的关系，这是对高阶理论的前因变量研究的延伸。陈传明和孙俊华（2008）研究检验了企业家人口背景特征与企业多元化战略的关系，从管理者多元化动机的视角展开实证研究，以中国上市公司数据为样本，弥补了中国的相关实证研究缺乏以上市公司为样本数据的空白。近些年，随着心理学测量方法的不断进化以及引入新的理论视角，高阶理论的应用也获得了较大发展（巫景飞等，2008）。

综上所述，高阶理论试图解释诸如 CEO 或 TMT 团队等高层管理者个体或团队特征如何对组织绩效产生影响，理论的核心观点可概括为 CEO 个体特征或 TMT 团队特征在组织的战略选择、制定、实施以及塑造组织绩效方面发挥了至关重要的作用（Hambrick 和 Mason，1984），这个论点在后来已被广泛印证。作为多门学科研究的理论基础，高阶理论试图融合心理学、管理学和经济学等学科，创建一个交叉学科的理论框架，并建立基于战略学科的领导力方法论，为战略管理研究提供了充分的研究主题，例如，TMT 团队的多样性、战略领导力等等，并将继续激发新的研究主题，以助于我们更深刻地理解高层管理者或高管团队所承担的重要角色及其所发挥的作用。研究发现，当高层管理者面临着外部环境和组织内部因素等大量信息来源时，他们会依据自身的价值观和认知基础等对信息来源进行分辨、诠释并决策（Hambrick 和 Mason，1984），并利用认知基础获取和处理复杂信息（Wally 和 Baum，1994；Helfat 和 Peteraf，2015）。

二、特质调节焦点理论

（一）特质调节焦点的内涵与分类

行为动机理论认为追求快乐与避免痛苦是人类的天性，享乐原则是人类行为动机的核心，但是学者们逐渐发现该理论并不能全面地解释人们的行为，比如不同的个体在经历同样的成功时可能会存在着差异化的情绪反应。基于行为动机理论存在的局限，Higgins（1997）提出了调节焦点（Regulatory Focus）理论，针对个体的目标实现以及行为动机方面存在的差异化表现进行了更为深入的探讨。Higgins（1998）认为每个人都具有两种不同的自我调节机制，一种是促进型调节焦点，另一种是防御型调节焦点，调节焦点是指个体在实现目标的自我调节过程中表现出的特定倾向，例如追求快乐的倾向即表现为促进型调节焦点，而避免痛苦的倾向即表现为防御型焦点。促进型调节焦点的个体有成长的需要，更看重个人的发展与自我实现，常表现为进取动机导向，追求的目标是实现自己的理想，对预期目标的设定通常为"成功与没有成功"。使用促进焦点的个体通过自我成长和追求"理想自我"来实现目标。在调节行为时，促进焦点个体倾向于关注希望和抱负，因此这类个体受到成就和结果有收益或无收益的驱动。他们在实现目标的过程中不会考虑潜在的损失，而是通过最大化现有状态与实际结果之间相匹配的概率，以保证不会犯遗漏的错误。

防御型调节焦点的个体有安全的需要，更注重履行自己的责任和义务，常表现为规避动机导向，追求的目标是避免失败，对预期目标的设定通常为"损失与没有损失"（Higgins 等，2001）。防御焦点强调"应该自我"，在目标追求过程中关注跟履行责任相关的策略。在调节行为时，防御焦点个体看重义务与责任，他们会避免犯错，将结果感知为无损失或有损失，并最小化现有状态与结果之间不匹配的概率，以保证不会失误。也就是说，他们在目标追求过程中防止犯错。Higgins（1997）在研究中指出两种不同的调节焦点可以在同一个个体中同时存在，当其中一种调节焦点较高时，个体就会表现出以该调节焦点为主导的行为特征，例如当某个体的促进型调节焦点高于防御型调节焦点，那么我们可以认为该个体主要通过促进型调节焦点对其行为产生影响（Lanaj，Chang & Johnson，2012）。

Higgins 等（2001）认为个体的调节焦点包括两种类型，一种为特质性调节焦点（Chronic Regulatory Focus），一种为情境性调节焦点（Situational Regulatory Focus）。特质性调节焦点是个体在成长的过程中逐渐形成的个人倾向，与个体的个性以及早期的生活经历相关，形成后一般不会被后期的环境影响。情境性调节焦点是由工作任务的特征和环境引发形成的个人倾向，当工作任务强调安全与责任时，个体会产生较强的防御型调节焦点；当工作任务强调成功与进步时，个体会产生较强的促进型调节焦点，通过塑造不同的情景可以调整个体的焦点特征。情境性调节焦点和特质性调节焦点的区别特点如下：

（1）成因不同。特质性调节焦点主要是个体自身在成长经历过程中受父母价值观或个人成败经验的影响而形成的个性倾向。而情境性调节焦点主要是受当前环境或任务框架的信息线索所诱发的一种情境变量。

（2）稳定性不同。特质性调节焦点属于一种稳定的、长期的个人特质，而情境性调节焦点属于即时的、短暂的状态型变量。

（3）作用方式不同。特质性调节焦点由于稳定、不易改变，通常是通过调节作用对个体行为产生影响；而情境性调节焦点会受环境因素的诱导激发，通常通过中介作用对个体行为产生影响（谢婉赢，2021）。

本研究主要聚焦于长期以来形成的特质性调节焦点，将其看作是企业管理者的一种个体特征，认为其对于预测个体行为具有一定的作用。特质性调节焦点也包括两类：促进型特质调节焦点与防御型特质调节焦点。以不同特质调节焦点为主导的个体会具有不同的行为动机并表现为不同的行为倾向。根据已有研究成果，本研究从不同维度对两种特质调节焦点进行了比较分析，具体如表2-2-1所示。

表2-2-1 促进型特质调节焦点与防御型特质调节焦点的多维度比较

	促进型特质调节焦点	防御型特质调节焦点
行为规范方式	基于理想	基于责任与义务
追求目标	得到	不失去
行为动机	追求成就	避免失败
关注的结果	积极结果	消极结果
行为策略	渴望—接近策略	谨慎—规避策略

资料来源：本文整理。

（二）特质调节焦点的相关研究

对于调节焦点的研究国内起步较晚，近些年才逐渐引入到管理学研究领域。Higgins（1997）提出了调节焦点理论，将构成享乐动机（趋近快乐和避免痛苦）

的终极状态与达到这些终极状态过程中自我调节的情绪、行为和认知联系起来。他认为个体会通过选择不同的行为策略来趋近快乐和避免痛苦，并提出促进焦点和防御焦点这两个独立的自我调节系统。

本研究对已有研究成果进行了回顾和梳理，已有研究表明，促进型调节焦点与防御型调节焦点可以预测一系列与工作相关的结果，包括特定的认知、态度和行为（Hansin，Joanna 等，2018）。

在个体行为方面，Andrews 和 Kacmar（2016）通过研究发现员工的促进型调节焦点有利于提高员工的工作投入，进而影响员工的敬业度。Tumasjan 和 Braun（2012）认为以促进型焦点为主导的创业者能够更迅速地发现和识别创业机会，并且随着促进型焦点水平的提高，创业者们发现创业机会的数量也会更多，创新程度也会更高。齐齐（2018）在研究中认为，以促进型调节焦点为主导的员工追求突破性创造力，而以防御型调节焦点为主导的员工更偏好渐进性创造力。Koopmann 等（2019）发现促进型特质调节焦点和防御型特质调节焦点会通过不同的情绪耗竭影响员工的互助和建言行为。具体而言，促进型特质调节焦点会通过较低水平的情绪耗竭，与互助行为正相关，与建言行为负相关；与此相反，防御型特质调节焦点会通过较高水平的情绪耗竭，积极影响员工建言行为，消极影响员工互助行为。宋锟泰、张正堂、赵李晶（2020）研究发现时间压力对员工创新行为的影响也会受到个体特质调节焦点的调节作用，具体来说，当企业员工的促进型特质调节焦点占主导时，时间压力会激发更强的和谐式激情而产生较少的强迫式激情，进而促进企业员工进行更多的探索式创新行为，而抑制员工的利用式创新行为；与此相反，当企业员工的防御型特质调节焦点占主导时，时间压力会激发更强的强迫式激情而产生较少的和谐式激情，进而促进企业员工进行更多的利用式创新行为，而抑制员工的探索式创新行为。

在企业决策制定方面，Florack 和 Hartmann（2007）针对团队投资决策的研究结果表明，以促进型特质调节焦点为主导的团队较为关注投资的收益情况，而以防御型特质调节焦点为主导的团队更加关注投资可能带来的损失情况，因此以促进型特质调节焦点为主导的团队对投资风险的接受程度更高。Brockner，Higgins 和 Low（2004）基于创业的全周期视角，认为个体调节焦点在创业过程的不同阶段作用会有所不同，例如在创业初期，促进型焦点作用较为显著，而防御型焦点在创业方案评估阶段更有助于避免损失。姜诗尧、李艳妮、李圭泉（2019）通过实验的方式研究发现，创业者个体的调节焦点会影响企业的战略决策，以促进型调节焦点为主导的创业者，会更倾向于选择探索型的创新战略，而以防御型调节焦点为主导的创业者，会更倾向于选择利用型的创新战略，并且非主导型的调节焦点在上述关系中也会起到调节作用。

其他学者将高阶理论与调节焦点结合进行了相关研究。例如 Wallace 等（2010）研究发现，在一个小企业样本中，CEO 的促进型调节焦点与企业绩效正相关，而 CEO 的防御型调节焦点与企业绩效负相关。王洪波、刘艳、肖凤军（2107）对 227 位企业 CEO 进行了调查，同样发现 CEO 个体的促进型焦点对企业绩效正相关，CEO 个体的防御型焦点对企业绩效负相关，CEO 的促进型焦点对企业绿色创新具有显著的正向影响。崔琬涓（2018）研究发现企业领导者的促进型调节焦点与防御型调节焦点对企业的创新战略选择具有不同的影响，以促进型调节焦点为主导的领导者关注外界环境变化，明确企业目标，有助于形成变革型的领导行为进而推动企业的探索式创新；而以防御型调节焦点为主导的领导者更关注企业的安全和责任，对形成交易型领导行为具有推动作用，进而推动企业进行利用性创新。另外，CEO 的特质调节焦点会影响其退休的时机，防御型调节焦点会影响 CEO 倾向于在职业生涯的早期开始思考退休的问题，而促进型调节焦点则会激励 CEO 推迟对退休问题的积极思考（Hansin，Joanna 等，2018）。

另有一些学者研究了特质性调节焦点的影响因素，主要集中在个体方面，包括大五人格、性情、自我评估倾向、积极情绪/消极情绪、价值观等，而诸如教养方式、成长环境等远端因素均没有涉及。

1. 大五人格

Barrick 等（2005）认为，人格是影响行为的远端因素，人格可以通过动机影响工作行为。而调节焦点作为动机构念可以成为个体特质影响工作行为的路径。研究表明，大五人格的五个因素均与调节焦点相关，其中外向性、开放性、宜人性与促进焦点相关，情绪稳定性与防御焦点相关，尽责性既包括进取和坚持又包括依赖和责任，因此与促进焦点和防御焦点都相关。

2. 自我评估倾向

自我评估倾向与调节焦点相关。与自我调节相关的自我评估倾向包括自尊和自我效能感。高自尊和促进焦点都由提升自我目标而激发，因此采取促进焦点；低自尊和防御焦点则由自我保护倾向激发从而采取防御焦点。自我效能感高的个体相信自己付出努力就能取得成功，因此会设定更高目标，积极追求成功而不是避免失败。且因为受到实现目标的激励，他们愿意承担风险以提高实现目标的机会，从而会激发促进焦点。

3. 焦虑和乐观

焦虑是能指导个体行为的潜在动机系统的一部分。焦虑的个体倾向于避免负面结果，因此焦虑与防御焦点正相关，与促进焦点负相关。乐观是期望正向结果的一般倾向。正面导向与个体获取目标的动力以及为此付出努力绩效表现水平相关。因此乐观与促进焦点正相关，与防御焦点负相关（Gorman 等，2012）。

4. 积极情绪和消极情绪

此外，个体情感也会影响其调节焦点，积极情感的人通常会关注奖励，并不断形成促进型调节焦点，而消极情感的个体看待事物比较悲观，通常更关注惩罚而不断形成防御型调节焦点。积极情绪和消极情绪是指个体感知情绪的倾向。对自我调节焦点而言，积极情感表明个体达成自我设定的进步标准，并将经历转移至获取其他目标，对奖励敏感并体验积极情绪，会形成促进焦点；高水平消极情感的个体则以悲观方式看待情境，对惩罚敏感并体验消极情绪，会形成防御焦点（曹元坤和徐红丹，2017）。

5. 价值观

有研究表明价值观的结构与动机的结构相似，价值观的变革和守旧维度分别对应促进焦点和防御焦点。在对待变革的态度上，防御焦点的个体更为保守，促进焦点的个体则对变革更为开放。在激励作用方面，表征防御焦点的负面反馈对具有安全和从众价值观的激励作用更大，表征促进焦点的正面反馈对具有自我向导和刺激的个体激励作用更大（曹元坤和徐红丹，2017）。

Higgins 等（1997）从成就动机角度开发了包含促进型和防御型两个维度的量表，共包括 11 个题项，且被验证具有良好的信效度。之后，Carver 和 White（2001）从自我驱动角度开发了特质性调节焦点的量表。接着，Lockwood 等（2002）在前人研究的基础上，也开发了包含促进型和防御型两个维度的特质性调节焦点量表，共 18 个题项，每个维度各包括 9 个题项，且被证实有良好的信效度（Carver 和 Scheier，2001；Lockwood 等，2002）。

（三）特质调节焦点理论

调节焦点理论是传统动机理论的新发展，也是目前应用最广泛的动机理论之一（Johnson 等，2015），国内有关调节焦点理论的研究起步较晚，近年来才逐渐被越来越多的学者关注并应用到管理学研究领域当中。调节焦点理论针对个体的目标实现以及行为动机方面存在的差异化表现进行了详细的阐释。20 世纪，Higgins（1997）提出调节焦点理论，从本质上解释享乐原则的"接近—回避"动机，并区分为促进调节焦点和防御调节焦点。促进调节焦点占主导的个体，会聚焦于成就、期望这类信号，对可以满足自身成长需求、达到理想目标、获得进步和成就的信息较敏感；而防御调节焦点占主导的个体，会更关注于安全、损失这类信号，对可以满足自身安全需求、追求责任目标、避免失败的信息更敏感。同时，当个体聚焦于促进时，容易被有关成长和发展的需求所激励，从而试图将"实际自我"（他们的行为或者自我的概念）与"理想自我"（基于他们想要成为怎样的人）保持一致；相反，当个体聚焦于防御时，会对安全需求做出反应，从而将"实际自我"和"应该自我"（基于他们感受到的责任与义务）保持一致。通过这两种系统，个体可以实现自己的目标（Higgins，1997）。调节焦点理论认为个体拥有三个基本动机原则：一是追求满足的个体需要；二是个体追求的目标；三是个体对待得失的心理取向（Brockner 和 Higgins，2001）。

Higgins（1998）提出调节焦点理论，认为每个人都具有两种不同的自我调节倾向，追求快乐和规避痛苦所采用的调节倾向是不同的。调节焦点是指个体在实现目标的自我调节过程中表现出的特定倾向，例如追求快乐的倾向即表现为促进型调节焦点，而避免痛苦的倾向即表现为防御型调节焦点。促进型调节焦点与防御型调节焦点并不是对立关系，而是可以共存于一个个体之中又相互独立互不影响的两种特质倾向（Lanaj，Chang 和 Johnson，2012）。具体来说，促进型调节焦点的个体有成长的需要，更看重个人的理想与愿望，常表现为进取动机导向，追求的目标是实现自己的理想，对可能出现的积极结果比较敏感，具有较强的内部动机。防御型调节焦点的个体有安全的需要，更注重履行自己的责任和义务，常表现为规避动机导向，追求的目标是避免失败，对可能出现的消极结果比较敏感，具有较低的内部动机（Higgins 等，2001）。特质性调节焦点（Chronic Regulatory Focus）是个体在成长的过程中逐渐形成的个人倾向，与个体的个性以及早期的生活经历相关，形成后一般不会被后期的环境影响。而情境性调节焦点（Situational Regulatory Focus）是由工作任务的特征和环境引发形成的个人倾向，极易受到周边环境的影响，是一种临时性的行为倾向。运用调节焦点理论关注企业领导者的特质性调节焦点，可以对管理者的行为倾向进行一定的预测，也有助于理解具备不同特质调节焦点的领导者面对同一环境时采取的不同行为选择。

目前，调节焦点研究的对象主要集中于个体。首先，从个体的内外部对调节焦点的影响因素进行梳理。内部因素从员工层面个体的人格特质、工作价值观、企业家精神和职业生涯经历四个方面进行阐述，外部因素从领导层面的领导风格、领导行为、组织层面的组织动机氛围和工作压力视角进行阐述。其次，从员工的工作态度、工作行为和工作绩效三个方面对个体调节焦点的影响结果进行梳理，并对影响个体调节焦点的中介和调节变量进行总结。最后，形成个体调节焦点的理论框架（徐燕等，2022）。

关于调节焦点的另外研究角度，主要是结合调节匹配理论应用在消费者决策、态度、广告信息说服以及消费者冲动购买方面，如研究消费者调节焦点与广告信息框架的匹配对说服效果的影响、调节匹配对消费者冲动性购买行为的影响、调节匹配对消费者态度的影响、促销信息的陈述方式与消费者调节焦点的匹配对消费者行为的影响等。学者研究情境性调节焦点在伦理型领导与员工组织公民行为和组织承诺间的中介作用，结果显示，防御型调节焦点起到了伦理型领导与员工角色外顺从和规范承诺关系的中介作用，促进型调节焦点起到了伦理型领导与员工角色外建言行为和感情承诺关系的中介作用。在领导风格与调节焦点研究方面，主要是研究调节焦点在不同的领导风格：变革型领导与交易型领导对员工的组织承诺、创造力、工作绩效等的影响中的作用；以及反馈效价、反馈方式对个体动机和行为的影响（马蜜，2015）。

第三节　研究现状

一、管理自主权

（一）管理自主权的由来

在管理研究中，管理自主权常常被认为是决定高层管理者制定有效战略能力的关键因素（Bourgeois，1981）。在 20 世纪 50—60 年代，在管理自主权概念出现以前，尽管学者们认为管理自主权的重要性逐渐提升，但刚开始由于影响管理自主权的相关因素非常复杂，以至于在相当长一段时间内标准的定义缺乏。20世纪 70—80 年代，对管理自主权的研究才开始日臻完善。此前，管理自主权的研究包括两个流派：第一个流派是公司治理学派，该学派以经济学领域的公司治理理论作为基础。该学派从经济学的角度来看，管理者的自主权被理解为一种潜在的问题，应该通过对环境或组织层面的精确和详细的控制来加以限制；而从管理学的角度来看，管理自主权被视为管理者选择的余地，或者是行动的自由度。第二个流派是战略管理学派，代表人物是 Hambrick 和 Finkelstein（1987）。这些学者将管理自由权的概念正式引入到组织理论。与公司治理学派不同，战略管理学派不仅对管理自主权的定义与公司治理学派不尽相同，关于管理自主权对组织绩效影响的假设也不一致。但这两个研究流派的共性是，都认为市场竞争力水平是调节管理自由权与组织绩效之间关系的一个重要因素。为了对管理自主权的内涵有更好的理解，首先需要了解与之密切相关的两类理论视角：

一是从公司治理理论看管理自主权。公司治理是指在公司利益相关方之间建立以合同关系为基础的、旨在影响公司管理行为的机制。根据代理理论，管理行为的监督机制包括外部治理环境和公司内部治理结构（Hart，1995）。当这两种机制共同作用时，管理者的自主权是影响管理者行为的关键因素。从公司治理理论来看，管理自主权常常被用来解释机会主义、代理成本的成因。代理理论的观点将管理者的自主权定义为管理者在做出有利于管理层而不是实现股东目标的决策时的自由度（Jensen 和 Meckling，1976；Williamson，1963）。在高度集权的情境下，管理者能够在不被抓住或惩罚的情况下追求个人目标。从另一方面看，当自主权较低时，管理者会面临竭尽全力实现企业绩效最大化的巨大压力，如果不能完成这一使命，将会受到惩罚，甚至可能会使他们失去工作。因此，管理层的自由权程度预计与组织绩效呈负相关。在许多实证研究中，研究者支持代理理论假设，即管理自由权负向影响组织绩效（Fama，1980；Fama 和 Jensen，1983b；Jensen 和 Meckling，1976；Jensen 和 Ruback，1983）。然而，也有一些实证研究得出的结论是组织绩效与管理自主权的程度之间并没有关系（Chaganti，Mahajan 和 Sharma，1985；Demsetz 和 Lehn，1985；Zahra 和 Stanton，1988）。还有一些学者得出的结论是管理自主权与组织绩效之间是正向的关系（Donaldson 和 Davis，1991；Kesner，1987）。1996 年，Boycko，Shleifer 和 Vishny 的实证研究分析了中国国有企业的管理自主权水平时，他们提出，将控制权从政治家转移到管理者时可提高组织绩效。

二是从战略管理角度看管理自主权。1987 年，Hambrick 和 Finkelstein 注意到管理者对组织的影响力并不一致，而高阶理论仅是强调了高层管理者或高管团队特征对组织结果的影响。然而，高层管理者不会一直拥有全部的行动自由度（Hambrick 和 Finkelstein，1987；Lieberson 和 O'Connor，1972），基于此，他们正式讨论并在《组织行为研究》上所发表的论文中正式引入了管理自主权的概念，他们认为管理自主权为影响组织绩效的几种现象提供了重要的理论解释。在当时，Hambrick 和 Finkelstein 的这篇文章旨在理解高层管理者对业绩的促进作用。而且，管理自主权是先前两种冲突组织理论的桥梁：种群生态学理论和战略选择理论。人口生态理论家认为：组织具有惯性，会受到内外双方面压力的限制（Hannan 和 Freeman，1977）。而相反，战略选择理论家认为，管理者选择的战略塑造了组织的结果（Andrews，1971）。Hambrick 和 Finkelstein 的管理自主权模型通过认识到许多力量作用于一个连续体来调和这些相互矛盾的观点。

在管理领域，管理者对组织结果的影响也受到了广泛的讨论。Hannan 和 Freeman（1977）提出管理者并不重要，因为他们的行为受到超出他们控制范围的环境力量的影响。相反，Hambrick 与 Finkelstein 认为高水平的管理自主权提高了首席执行官直接影响公司绩效的能力，因为在这些条件下，管理组织的约束通常不那么严格。还有诸多学者认为，在高管理自主权的情况下，管理者具有广泛的选择余地，高管领导力对组织有重大影响，但在低管理自主权的情况下，情况就并非如此（Finkelstein 和 Boyd，1998；Finkelstein 和 Hambrick，1990；Haleblian 和 Finkelstein，1993；Hambrick，Geletkanycz 和 Fredrickson，1993；Tushman 和 Rosenkopf，1996）。在现有的管理学研究中，鲜有关于管理自由权与企业绩效之间关系的实证研究。已有研究认为，管理自主权是调节组织因素、环境特征和企业绩效之间关系的关键变量。比如，Finkelstein 和 Hambrick（1990）的研究中表明，管理层的自主权在战略连续性、公司绩效和最高管理层任期的关系中发挥了调节作用。此外，Finkelstein 和 Boyd（1998）识别出管理自主权对 CEO 薪酬的可能影响的结论，即当自主权和薪酬一致时，企业绩效比不一致时要好。Chang 和 Wong（2002）进行了少数几个直接检验管理自主权与企业绩效之间关系的实证研究之一。他们调查了 90 家中国上市公司，并提供证据表明，相较于与控制方的利益相关关系，当管理者的目标与公司绩效有着更为紧密相关关系时，管理自主权对公司绩效更可能发挥积极影响。管理自主权作为高层管理者为了获得更好的组织绩效而应该被给予的权力，已被大量研究证实：与低管理自主权相比，高水平的管理自主权对组织绩效发挥着更好的作用。

（二）管理自主权的影响因素

在 1987 年，Hambrick 和 Finkelstein 早已提出，管理自由权的影响因素大体可分为三类：第一类是组织外部环境因素，包括行业环境因素、市场环节因素，这些因素都是来自组织环境，具有不稳定性、突发性等特征，对管理自主权产生极大影响；第二类是组织内部因素，包括薄弱的董事会、组织惯性、组织规章制度、组织文化等组织内部因素，此类因素对管理自主权的影响较为深远，并具有路径依赖性；第三类是 CEO 个体特征因素，包括知识、经验、大五人格等个体特征。同时，这两位学者也指出，管理自主权有时是明确的，而有时又是不清晰的。学者们在对管理自由权概念化的过程中考虑了情境问题（Crossland 和 Hambrick，2011；Hambrick 和 Finkelstein，1987），他们认为，无论是特定的环境和组织因素，还是个体因素，都可能对管理自由权的范围起到决定作用（Finkelstein 和 Hambrick，1990；Haleblian 和 Finkelstein，1993；Hambrick，2007），根据他们的阐述，环境、组织、个人都是可能的影响因素。如图 2-3-1。

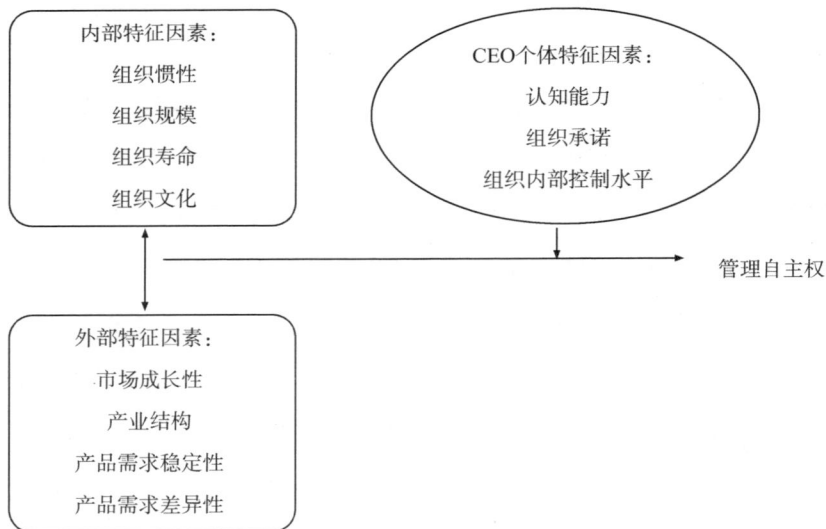

图 2-3-1　管理自主权的影响因素

经过长达数十年的发展，不少国内外学者以 Hambrick 提出的三个层次影响因素为基础，通过不同的分析方法，进行了新的拓展研究。管理自主权研究中的情境问题研究一直在普遍、稳定和持续地发展。

第一，环境层面研究。学者们从环境的不稳定性、行业管制、行业资本密度、产品市场竞争、产品差异化程度、行业供应商议价能力、控制权市场威胁、国家之间的文化制度差异等方面开展了相关研究。例如，Hambrick 等（2004）认为同构压力是管理自主权的一个外部因素。他通过发现钢铁行业因同构减少而增加了管理自主权。此外，通过对另外 18 个行业的 20 家最大公司的比对也印证了这个结论。Crossland 和 Hambrick（2009）在研究中，通过分析 15 个国家的实证数据，发现 CEO 的管理自主权其实具有国别差异，会受国家文化的影响。在某些非正式和正式的国家机构里，个人主义、对不确定性的容忍、文化松散、分散的所有权、普通法的法律渊源和雇主的灵活性在一个国家与上市公司行政总裁的管理自主权程度相关。反之，国家层面的管理自主权与首席执行官对公司业绩的影响程度有关。张三保和刘志学（2012）研究认为，CEO 的管理自主权可能受企业总部所处地域的正式制度（如政府行为、民营化、法律法规、地方保护、金融支持、人才供应）和非正式制度（如文化传统、人际信任）等两方面因素制约。

第二，组织层面研究。学者们从企业规模、企业年龄、组织文化、资本密集度、董事会特征、组织资源、管理机制、股权结构、CEO 两职兼任等组织内部因素开展了研究。例如，Hambrick 和 Abrahamson（1995）的研究中，借助一个学术小组，评估了 17 个行业的管理自由权水平，经过对比自主权评级以及任务环境的客观指标，发现市场增长、研发强度和广告强度与行业水平的管理自由权正相关，资本强度与行业水平的管理自主权负相关。Li 和 Tang（2010）通过环境层面和组织层面两个层次的因素来测量管理自主权，其中，环境层面的影响因素包括市场复杂性、市场不稳定性和市场容量，组织层面的影响因素则包括公司成立年限与公司规模，测试了中国情境中 CEO 的自大对企业风险承担之间的关系。洪峰（2018）采用权力结构、所有权、威信、专业能力、政治关联等五个维度的指标衡量管理自主权，并用来检验管理自主权的治理效应。刘兵等（2015）以企业规模、企业年龄、研发强度为指标，具体衡量了管理自主权的高低，并以管理自主权为调节变量，对高管团队异质性与企业绩效的影响关系进行检验。

第三，CEO 个人特征研究。已有的研究涵盖了高层管理者个人的人口统计学特征、认知特征、心理特征等因素，其中，人口统计学特征包括任期、年龄、内部控制源、权力基础、教育背景等因素；认知特征包括风险偏好、价值观、直觉等因素；心理特征包括歧义容忍度、认知复杂度、期望水平等因素。比如，Carpenter 与 Golden（1997）发现，拥有内部控制源的高层管理者往往意味着拥有更多管理自主权，表现出更大管理自主权的高层管理者能够提高他们在组织内的感知能力。Child（1997）认为，处于相同外部环境中的管理者会根据他们与环境的人际关系，为自己设定不同的管理自主权。Key（2002）调查了制造业和服务业公司的管理者，发现只有在低管理自主权的情况下，外部控制点才与较低的感知管理自主权相关。Wangrow 等（2015）认为，最高管理者与公司关系的属性，包括他（或她）的权力基础和对现状的承诺，也应包括在定义影响管理自主权的个人特征中。

（三）管理自主权的研究进展

管理自由权作为一个理论概念，在许多学科中都得到了广泛的讨论。管理者在组织中何时重要，取决于管理自主权的大小，且管理自主权并不是偶然产生的，它是管理者就其决策行为的合理性，与企业组织利益集团之间进行博弈过程中形成的，主要受到任务环境因素、组织因素和个人因素的影响。至今，国内外学者采用不同的研究方法对管理自主权进行了大量的拓展研究。经整理归纳研究范围，本研究发现学者们研究主要集中于以下四个方面：

1. 管理自主权的测量

管理自主权这一概念被提出时就得到广泛的关注，目前管理自主权的测量方法主要包括直接资料考证法、访谈问卷法、管理实验模拟法以及间接指标测量法四种。直接资料考证法主要是通过考察经理在经营活动中的审批权限、考察董事会对经理主动提议事项的通过率、查询经理工作日记这三种途径来进行的。访谈问卷法通过直接访谈或者发放问卷的形式进行，对象可以是经理本人，也可以是董事会成员、监事会成员、主要股东代表以及经理的直接下属等，通过相关人员的评价来判断经理自主权大小。管理实验模拟法通过模拟企业的战略管理决策过程，研究经理自主权大小。间接指标测量法是通过一些指标来综合衡量管理自主权。由于管理者角色比较复杂，管理自主权难以直接准确观察得到，所以现有研究基本是采用间接指标测量法来度量管理自主权大小。问卷法测量感知的管理自主权，有自评和他评方式。

2. 管理自主权的前因变量研究

尽管众多学者对管理自主权进行了长达近三十年的研究，但国外目前对管理自主权的探索较少，国内几乎很少涉及。国外的研究主要从管理特征、环境因素、管理者个性特征等分析维度入手，探索了管理自主权的前因变量，详见表2-3-1。

表2-3-1 检验管理自主权前因变量的主要研究结果汇总

分析维度	代表作者	测量方法	自变量	主要研究结论
管理特征	Carpenter和Golden（1997）	MBA学生模拟食品行业对15条管理自主权测量项目的调查	控制源、经理对自主权的感知	在低自由权的情境中，更为外在的控制源与管理自由感知相关。只有在管理者被认为几乎没有自由权的情况下，个人对自主权的感知才会影响其他人赋予他们的权力
外部环境和内部环境因素	Hambrick和Abrahamson（1995）	学术讨论小组和分析专家对17个行业管理自主权水平的评估	产品差异性、增长、产业结构、需求不稳定性、监管、外部力量、资本强度	六个行业因素中有三个（研发强度、广告强度和市场增长）与管理自主权呈正相关。资本强度与管理自主权呈负相关。两个因素（需求不稳定、监管）与管理自主权无关
外部环境和内部环境因素	Hambrick，Finkelstein，Cho和Jackson（2004）	各年份行业资本、广告和研发强度	六个宏观社会因素	发现随着资本强度、广告强度、研发强度的显著标准差增加，同构在40年内减少。在另外18个被测试的行业中也发现了类似的现象。
内部环境和管理者个体特征	Key（2002）	管理者对公司其他管理者道德意图的感知自主权的调查	个人和组织人口统计学变量、控制源、具有伦理组织文化的公司	管理者的外部控制源与感知的自主权呈负相关；伦理文化的存在与感知的自由权呈正相关。个人和组织的人口统计学变量不能预测感知的管理自主权。所有自变量的交互作用仅占感知的管理自由权附加方差的0.1%

3. 管理自主权的结果变量研究

由于管理者对组织结果的影响因其决策权限的不同而不同，管理自主权的主题对组织和战略领域学者感兴趣的几个现象做出了重要的理论解释，如首席执行官薪酬（Finkelstein 和 Boyd，1998；Magnan 和 St-Onge，1997），高管概况（Haleblian 和 Finkelstein，1993），和管理团队任期（Finkelstein 和 Hambrick，1990）。在先前的研究中，学者们认为，更大的管理自主权使管理者有更大的行动自由度，能够更显著地塑造组织，并增加了管理者特征因素对组织结果的影响（Crossland 和 Hambrick，2007；Finkelstein 和 Boyd，1998；Finkelstein 和 Hambrick，1990）。因此，在这些研究中有人建议，在执行战略领导时给予 CEO 大量的管理自主权，这可能是企业获得成功的关键点。相反，在低管理自主权的情况下，高层管理者具有有限的行动自由度，因此，诸如知识储备、经验积累等的特性不一定会反映在组织的结果中。此外，有学者提出了截然不同的观点，即高管理自主权可能对公司绩效起到完全相反的作用。从代理理论的角度看，高管理自主权使管理者能够为个人利益而不是股东利益而工作。因此，管理层的自主权很可能与企业绩效呈负相关（Fama，1980；Fama 和 Jensen，1983a；Jensen 和 Meckling，1976；Jensen 和 Ruback，1983）。

迄今为止，管理自主权对企业绩效的影响仍未形成定论。经济学界和管理学界都对管理自主权进行了讨论，并从不同的角度对这一问题进行了探讨（Shen 和 Cho，2005）。在经济学文献中，管理自主权的概念被描述为追求个人目标的管理自由而非最高限度提高公司绩效的管理自由（Jensen 和 Meckling，1976；Williamson，1963）。另一方面，在管理学文献中，管理者的自主权往往被定义当企业的最高管理者做战略选择时可选择的自由度（Hambrick 和 Finkelstein，1987）。刘月（2017）等学者实证研究发现，高管团队的管理自主权会正向影响企业实施的双元性创新战略。Zhao 等（2010）验证了在市场竞争环境激烈的情况下，高管人员所感知到的管理自主权与企业绩效具有正相关关系。委托代理理论认为代理方为了追求个人利益，会私自挪用相关资源，导致企业绩效遭到损害，而管理自主权在中间会起到助长作用。高层梯队理论则认为管理自主权可以帮助管理者及时在动态环境中对公司战略进行调整，从而提高企业绩效。

管理自主权对创新战略的影响也受到国内外学者的广泛关注。研究发现经理自主权越大，企业 R&D 投资越小；管理者职位权与运作权越大，企业的研发投入强度越大，而薪酬权与研发投入之间的关系不太显著。在经理自主权越高的企业，技术创新活动越为丰富，且更倾向于高强度的技术创新；由于产品创新需要大量的资源投入，存在较大的风险，低自主权的管理者会选择更为稳妥的改良式创新。详见表 2-3-2。

表 2-3-2　检验管理自主权结果变量的主要研究结果汇总

分析维度	代表作者	测量方法	因变量	主要研究结论
任务环境	Abrahamson 和 Hambrick（1997）	学术小组和分析人员对 14 个行业进行了分析	注意力同质性	产业自主权与注意力同质性指标之间存在显著的负相关关系。自主权较小的行业不同公司的高层管理人员的注意力同质性更高
	Datta 和 Rajagopalan（1998）	产业资本密集度与增长、产品差异化	组织任期、高管年龄、教育程度、类似职业背景、公司绩效	广告强度与组织任期和类似职业背景呈负相关，与教育水平呈正相关。产业增长率与组织任期及年龄呈负相关。产业资本强度与类似职业背景之间的关系较弱。继任后业绩改善较大的公司更符合 CEO 继任者的特征和行业状况
	Finkelstein 和 Boyd（1998）	增长、研发、广告与资本密集度、需求不稳定性、集中度、监管	CEO 薪酬	管理层自主权与 CEO 薪酬呈正相关。这种关系在高绩效者和低绩效者之间表现得更为明显
	Finkelstein（2009）	增长、研发、广告与资本密集度、需求不稳定性、集中度、监管	CEO 薪酬、业绩相关的报酬	自主权与薪酬均显著相关。集中度和需求不稳定性是仅有的两个与自主权无显著关系的因素
	Graffin，Carpenter 和 Boivie（2011）	增长、研发、广告与资本密集度、需求不稳定性	"有争议"的 CEO 继任的可能性	公司管理自主权与有争议的 CEO 继任事件没有显著的相关性

分析维度	代表作者	测量方法	因变量	主要研究结论
任务环境	Hambrick 和 Quigley（2014）	运用 Hambrick 和 Abrahamson（1995）对各行业的自主权评价指标	基于新方法的 CEO 对资产收益率方差的影响	运用 CEO 情境研究法，在低、中、高行业自主权的子样本里均显示了更高的 CEO 效应；在高自主权的行业环境里比中等自主权的行业环境里的 CEO 效应更强
组织内部环境	Boyd 和 Salamin（2001）	通过访谈和档案资料的获得的战略导向数据	薪酬计划	战略导向影响了所有雇员的工资，不仅仅是经理；在更换战略导向时基本工资更高；变革导向的策略中，奖金和基于基本工资的奖金的比率也更高，但仅发生在更高组织等级中
	Kim（2013）	CEO 两职兼任；内部董事比例	独立电力生产商进入可再生能源发电市场	对 CEO 兼任的支持不足，增加了进入市场的可能性。当独立电力生产商在市场中的占有率较高时，CEO 的两职兼任（更大的自主权）会大大增加市场进入的可能性
	Roth 和 O'Donnell（1996）	横向一体化：直接增加子公司的管理自主权	高级管理人员薪酬结构、高管薪酬的市场竞争力等	随着横向权力下放程度的增加（更大自主权），子公司具有更高水平的基于激励的薪酬或更大比例的高级管理层薪酬；子公司高管薪酬的市场定位与横向分权呈正相关
	Singh 和 Harianto（1989）	非管理层持股限制了管理层影响董事会的能力	采用停职补偿金制度可能性	非管理层手中的股权集中度越高（自主权越低），董事会采用停职补偿金的可能性就越小
	McClelland, Liang 和 Barker（2010）	低管理自主权和高管理自主权的虚拟变量；基于先前的研究选择并使用研发、广告和资本强度、增长进行验证的分组	CEO CSQ（CEO 对现状的承诺）；未来公司业绩	在低自主权行业里，CEO CSQ 与行业层面的管理自主权有关；在高自主权的行业环境里，CEO CSQ 与未来会计业绩下降相关；CEO CSQ 在低自主权行业中对市场绩效具有正向调节作用，而在高自主权行业中具有负向调节作用

分析维度	代表作者	测量方法	因变量	主要研究结论
组织内部环境	Roth（1992）	决策因素；冒险精神；开放性	资产收益率和销售增长	与全球战略相比，高层管理团队的冒险行为与多国内战略的资产收益率关系更大。没有证据表明，在采用多国内战略和全球战略的业务部门之间，决策的开放性对公司绩效具有更强烈的影响
任务环境与管理个体特征	Adams，Almeida 和 Ferreira（2005）	CEO 影响决策的三种测量方法 Hambrick 和 Abrahamson（1995）开发的行业自主权测试方法	股票收益的可变性，托宾 Q 值和从 1992 年至 1999 年的资产收益率	保留创始人之一的 CEO 头衔是影响业绩可变性的最一致的变量，但有一些证据表明，其他两个衡量 CEO 权力的指标（CEO 头衔的集中和 CEO 作为唯一的董事会内部人士）与绩效差异呈正相关。三种 CEO 权力指标对高自主权行业的绩效差异均有较强的正向影响
内部组织	刘月等（2017）	用职位权、报酬权、运作权 3 个间接指标	双元性创新战略	高管团队的管理自主权正向影响企业的双元性创新战略；并且对情感承诺、持续承诺和规范承诺起到显著正向作用；情感承诺、持续承诺和规范承诺正向影响双元创新战略；而且情感承诺、持续承诺和规范承诺在高管团队管理自主权与企业双元创新战略的关系发挥中介作用
任务环境和内部组织	Papadakis 和 Bou rantas（1998）	通过调查 CEO/TMT 对环境变化的回应进行环境动态分析；公司规模	公司在行业中的创新地位	环境动态性与主要产品创新显著相关。环境动态性和企业规模均与渐进式产品创新有关
	Wasserman，Anand 和 Nohria（2010）	机会稀缺；行业增长；资源可用性	基于托宾 Q 值的 CEO 效应	在高度集中或受外部关系约束的行业中，公司采取行动的机会较少，因此，CEO 的影响更大

分析维度	代表作者	测量方法	因变量	主要研究结论
制度环境	Crossland 和 Ham brick（2007）	使用 Hofstede 的分类法对三个国家进行了分类，强调个人主义与集体主义和不确定性规避	通过 ROA，ROIC，销售增长，市场预订实现企业绩效	美国样本对 CEO 的绩效差异的解释力大于德国或日本样本。约束较低的国家，高管被赋予了更大的自主权，从而增加了 CEO 对企业绩效结果的影响
	Crossland 和 Ham brick（2011）	通过分析专家小组的调查，对管理层的自主权进行国家级评级	通过 ROA、ROIC、ROS、MTB 实现的企业绩效	国家自主权是本国 CEO 效应的重要预测指标，自主权越高的国家，相应公司的 CEO 效应越大

4. 关于管理自主权调节效应的研究

近几年，一些国内外学者开始关注管理自主权的调节效应。比较有代表性的研究是 Daverth 等（2016）的研究，该研究运用访谈法，对 35 名爱尔兰管理者进行深度访谈，得到的结论是：管理者在正式和非正式的工作与生活平衡支持中积极运用自己的管理自主权，以尽量减少部门内部的不公正。钟熙等（2018）研究了 CEO 过度自信、管理自主权与企业国际化进程三者间的关系，以制造业上市公司为研究对象，文章检验了组织层面的管理自主权在 CEO 过度自信和企业国际化范围的关系中起到正向调节效应。罗东亚等（2017）则是选取了高管团队的平均任期、持股比例、董事会高管成员比例作为管理自主权的测量指标。研究发现在转型背景下，管理自主权在高管团队异质性和战略双元中起到了部分调节作用。杨林等（2018）则认为，在如今强调企业跨界成长的背景下，高管团队经验显然是一类特殊资源，将在这一过程中起到关键的前置影响作用，而且管理自主权也会调节高管团队经验与企业跨界成长的关系。不同水平下的管理自主权对两者关系均具有调节效应。其中，资本密集度这一变量对于高管团队的职能经验异质性和企业跨行业成长之间的关系起到正向调节效用；同样的，企业所有制这一变量对高管团队职能经验异质性与企业跨行业成长间的关系起到正向调节效应，但是对于高管团队职能经验中心性和企业跨行业成长间的关系起到负向调节作用；而两职兼任这一变量则对高管团队行业经验异质性和企业跨行业成长间的关系起到正向调节作用。详见表2-3-3。

表2-3-3　检验管理自主权作为调节变量的主要研究结果汇总

分析维度	代表作者	测量方法	自变量	因变量	主要研究发现
任务环境	Datta，Guthrie和Wright（2005）	调节变量：行业资本密集度、增长、产品差异化、动力机制	高绩效工作系统	劳动生产率	产业资本密集度、增长和产品差异化都对高绩效工作系统与劳动生产率之间的关系起到了正向的促进作用。数据未显示行业动态是高绩效工作系统和劳动生产率之间的调节变量
	Goll，Johnson和Rasheed（2008）	调节变量：航空公司放宽管制前和放宽管制后	TMT年龄、任期、学历结构、职能多样性	企业战略	环境因素对非管制行业的TMT人口统计策略关系有调节作用，但对管制行业的TMT人口统计策略关系没有调节作用。在放宽管制期间，较年轻和任期较短的管理者稍微偏重于差异化，但也强调低成本战略。受过良好教育的高管更加强调放宽管制环境中的差异化。具有更多样性结构的高管团队强调在放松管制的环境中采用低成本策略
	Haleblian和Finkelstein（1993）	调节变量：行业的平均广告和研发强度以及年销售额增长；年度销售增长的标准差；管制程度	TMT（高层管理团队）规模、CEO主导地位	公司绩效	当任务环境下的自主权高而非低时，团队规模和CEO主导地位与公司绩效显著相关

续表

分析维度	代表作者	测量方法	自变量	因变量	主要研究发现
任务环境	Messersmith，Lee，Guthrie 和 Li（2013）	调节变量：行业不稳定性；行业宽裕度和复杂性	TMT 离职	公司绩效	行业销售增长积极地调节了 TMT 营业额与公司绩效之间的关系。没有发现因行业复杂性或不稳定性而产生的重大调节作用
组织内部环境	J. T. Campbell，Campbell，Sirmon，Bierman 和 Tuggle（2012）	调节变量：基于净 PP & E 员工对于区分公司高低自主权的曲线函数	CEO 自主权	SEC 宣布新的代理进入规则股东价值发生变化的当日	SEC 宣布的新代理准入规则所带来的异常股东收益，对高低自主权均有着积极且重要的影响，但对高自主权产业的公司而言，其收益要大得多
	Preston，Chen 和 Leidner（2008）	中介变量：CEO 和其他 TMT 成员对 CIO 战略决策权威的回应	组织决策环境，对 IT 的支持；CIO 有效性，结构力量；CIO/TMT 合作伙伴	通过 TMT 成员的调查获得的 IT 贡献反馈	CIO 战略决策权力在组织氛围、组织对 IT 的支持、CIO 结构权力、CIO 战略有效性、CIO 与其他 TMT 成员的伙伴关系以及 IT 对企业绩效的贡献之间起到重要的中介作用
	Quigley 和 Hambrick（2012）	中介变量：即可以是较低的自主权（前任 CEO 担任董事会主席）或较高的自主权（CEO 辞去董事会主席职务）的每一年度	前任 CEO 留任，第一年不受影响	战略变化；公司绩效	保留前任 CEO 会抑制战略变化，导致业绩变化的减少。当上一届 CEO 辞去董事会主席时，战略变化会增加，从而导致更大的绩效变化。前任主席留任与资源重新分配、资产剥离和 TMT 离职显著负相关。继任 CEO "不受前任 CEO 影响"的第一年与资源重新分配、资产剥离和 TMT 离职呈正相关。在前任 CEO 任职董事会主席的情况下，业绩往往与继任前的业绩一致，但一旦前任离职，业绩就会发生巨大变化

续表

分析维度	代表作者	测量方法	自变量	因变量	主要研究发现
组织内部环境	罗东亚和张向群（2017）	调节变量：高管团队平均任期、高管团队持股比例、董事会中的高管成员比例	高管团队异质性	战略双元	年龄异质性和任期异质性对平衡维度和结合维度的战略双元起到了完全正向作用，管理自主权在高管团队异质性和战略双元中起到了部分调节作用
	钟熙等（2018）	调节变量：企业规模、企业年龄	CEO过度自信	企业国际化	CEO过度自信与企业的国际化范围、速度和无规律国际化的节奏是正相关关系；企业的年龄与规模则对CEO过度自信与国际化速度、无规律国际化的节奏具有负向作用，但是企业年龄和规模正向影响了CEO过度自信和国际化范围间的关系
管理者个体特征	Buchholtz，Amason和Rutherford（1999）	中介变量：CEO对慈善捐款决定自主权的调查；验证的自主权与其他14个业务自主权条目	利用档案数据中的财务业绩验证调查的公司资源	通过调查反馈衡量的企业慈善	公司资源的可用性会极大地影响公司慈善事业的数量。当与慈善捐款有关的管理自主权增加时，自主权中介了公司资源和企业慈善事业。当加入与慈善捐赠相关的TMT值时，管理自主权的值影响表现为中等显著性
任务环境和组织内部环境	Finkelstein和Hambrick（1990）	调节变量：三个样本行业（高、中、低）	TMT（成员任期，公司规模，即时滞销，公司业绩）	战略上持久性和一致性；绩效一致性	在高自主权的计算机行业中，团队任期与战略整合及持久性之间的关联要强于中低自主权的行业。团队任期与绩效一致性在高自主权行业显著正相关，在中等自主权行业显著负相关

续表

分析维度	代表作者	测量方法	自变量	因变量	主要研究发现
任务环境和管理者个体特征	Adams，Almeida 和 Ferreira（2005）	调节变量：CEO 影响决策的权力；Hambrick 和 Abrahamson1995 年定义的行业自主权	CEO 影响决策的权力	股票收益变化；托宾 Q 值和资产收益率	保留创始人之一的 CEO 头衔是影响绩效可变性最一致的变量，但有证据表明，CEO 头衔的集中和 CEO 作为唯一的董事会内部人士也与绩效可变性呈正相关。三种 CEO 权力指标对高自主权行业的绩效变异性均有较强的正向影响
制度环境	Crossland 和 Chen（2013）	调节变量：通过分析专家小组的调查，对管理层的自主权进行国家级评级	公司绩效	CEO 免职/继任	对于本研究中涉及的六个国家，CEO 由于绩效不佳而被解雇的可能性有所不同。在美国，由于表现不佳而被解雇的可能性最高，接下来依次是加拿大、英国、法国、德国和日本

从以上提及的研究文献来看，目前国内外管理自主权的相关研究成果较少。值得一提的是，由于国内中小企业处于高度复杂的竞争环境，管理自主权不仅受到来自组织层面的调节作用，同时受到环境因素与个体特征因素等各层面的影响。探析来自不同因素的环境对管理自主权的调节将至关重要。

二、创业想象力

（一）创业想象力的由来

想象（Imagination）是一种能力，是个体"对现实生活中不存在事物进行心理构想"的能力（Collins 和 Thesaurus，2006），即个体对当前并不存在的图像、故事和预测进行想象，并用这些投影来娱乐自我、规划未来、完成其他基本任务（Taylor 等，1998）。以往研究指出，想象力既包括意想（Thomas，1999），同时包含心理模拟（Kahneman 和 Tversky，1982）。其中，心理模拟依赖想象的认知能力来预测自然规律和社会环境，构想以达成特定目的、目标的战略和战术，预备不同的行为响应（Gaglio，2004）。因此，想象力能够注意到想象不限于形象化，也不局限于可见的和与之等价的纯粹的精神状态，相反，想象力包括人类参与的一系列外部对象和事件（Hopkins，2016）。

由于想象是一种心理模拟，它能重现已经发生的事件，构建假设情景并将二者进行结合（Taylor 和 Schneider，1989；Taylor 等，1998）。因此，可以认为想象是认知灵活性的结果，Gaglio（2004）指出，当企业家进行想象时，或者进行心理模拟时，他们可以产生多种相互矛盾的假设、打破功利性框架，并发现创新性市场机会。假如把想象力用在投资者推介事件上，想象力主体会构建假设场景，比如在投资者推介期间，如果技术失败了该怎么办。并且结合真实和假设的事件，想象例如在投资者推介中插入一个人聊天怎么办。

想象经常被用来解释创造过程中所必需的新组合的产生。Baron 和 Ward（2004）认为，创业者能够通过想象或创造超越过去（认知积累）的经验来发现新的机会。Baron 和 Ensley（2006）认为商业机会的识别过程涉及了模式识别的概念，即个体在复杂的事件或者趋势中识别出有意义的模式的认知过程。这种认识能力能够帮助个体利用现有的信息解决市场和客户需求，并想象目前并不存在的新产品和服务。Chiles 等（2007）则指出企业家通过对未来的想象预期创造机会，通过持续的资源组合和重组来开发机会，从而实现熊彼特所倡导的通过"创造性破坏打破经济平衡的资源重组"。

以往研究发现，想象力通过让企业家设想可能发生的事情，促进了创造力（LeBoutillier 和 Marks，2003）、创新（Liedtka，2014；Van Den Ende 等，2014）、新产品开发（Dahl，Chattopadhyay 和 Gorn，1999，2001）或创意生产（De Bono，1992）。比如，Chiles 和他的同事（2010）将创业视为一种动态复杂的和主观的创造性组织过程，提出企业家通过想象不同的未来，重新组合异质性资源来创造新产品。Cornelissen 和 Clarke（2010）则认为，以排比或隐喻的形式创造性地重新排列或者混合词语，能够使创业者想象未来机会，创业者不仅可以想象出超越过去经验的新企业，而且通过这样的推理，能够为新兴企业建立共同的理解、支持和合法性。Grégoire 和 Shepherd（2012）进一步发现，企业家用结构排列的认知过程发现充满前景的机会。这些例子都表明，大多数创业行为模型都认识到想象力对驱动创造性问题解决乃至创业行动至关重要。Suddaby 等（2015）对创业机会来源进行探讨，直接指出创业机会并非是由外部环境等外生方式决定的，而是由企业家的创造性想象和社会技能以内生方式决定的。其他一些关于想象力的研究总结如表 2-3-4 所示。

表 2-3-4　创业研究中的想象力

代表作者	概念	想象对象	想象力的应用
BaronEnsley（2006）	认知模式	产品和服务	认知能力帮助人们利用现有的信息解决市场和客户需求，并想象目前并不存在的新产品和服务（1331）
Brown（2008）	设计思考	解决方案	设计思考者可以想象出内在可取的解决方案，并满足明确或潜在的需求（3）
Chiles（2007）	激进主观主义	机会	创业者通过对未来的想象预期创造机会，通过持续的资源组合和重组来开发机会（467）
Chiles（2010）	激进主观主义	创意、资源、市场	创业者利用他们活跃的想象力来创造新的想法、资源和市场（8）
Cornelissen&Clarke（2010）	类比和比喻推理	机会	创业者可能会在演讲中以类比或比喻的形式创造性地重新排列或混合词语，这让他们能够想象未来的机会（542）
Davidsson（2015）	创业机会	未来的冒险	中小企业的创意是想象中的未来创业，即想象的产品/服务提供、市场和实现这些提供的方法的组合（675）
Dimov（2007）	发散视角	产品	一个人了解当前或正在出现的客户需求，但对满足这些需求的可能产品缺乏认识……考虑到前面提到的假设，能够满足特定需求的产品的想象力代表了一种发散视角（566）
Dimov（2007）	收敛视角	客户需求	一个人了解现有的或正在出现的产品，但却不能立即意识到这些产品能够满足客户的可能需求……能够满足客户需求的特定产品的想象力代表了一种收敛视角（566）

续表

代表作者	概念	想象对象	想象力的应用
Foo 等（2009）	积极影响	创业努力	要采取积极主动的行为，个人需要预测未来的结果（例如，在心理上代表一个可能存在于未来某个点的愿景）……这种想象促进动机……增加人们采取行动促进这些状态的可能性（1088）
Gaglio（2004）	心理模拟	机会	梦想那些还不存在的东西，把它们创造出来，获得市场的认可，或许是所有创业行为中最迷人的（533）
Garud（2013）	创业机会	叙述视角	叙述是创造性想象还未出现的未来的基础（158）
Garud（2014）	创业故事讲述	投射性故事	投射性故事通过将不同的社会和物质元素绘制成引人注目的时间顺序的描述，从而设定认知和实用主义的预期，吸引利益相关者想象未来创业的可能性（1479）
Gregoire 和 Shep herd（2012）	结构化安排	机会	创业者在努力寻找或想象有前途的机会时，会利用结构性的认知过程（757）
Haynie（2009）	机会评估	未来	机会评估最终是关于对未来的展望，具体来说，就是企业家开发后所控制的创造财富的资源组合（338）
Hill（1995）	隐喻	意义建构 意义给赋	创业时，企业家广泛使用隐喻来发展他们所处环境的愿景或心智模型（意义建构），并将这一愿景传达给他人（意义给赋）……这些心智模型建立了图像、名称和对事物如何组合的理解（1059）
Kirzner（1999）	警觉	交易	创业警觉必须包括企业家对创造性和想象性的行动可能对未来市场将要进行的交易类型产生重大影响的感知（10）
Klein（2008）	判断	机遇	机遇的最佳特征既不是被发现，也不是被创造，而是被想象出来的（181）
Penrose（1959）	企业成长	机遇	寻找机会的决定是一项需要企业家直觉和想象力的决策，必须在经济决策之前做出（34）

代表作者	概念	想象对象	想象力的应用
Ries（2011）	精益创业	创业	我们有能力建造几乎任何我们能想象的东西……我们未来的繁荣取决于我们集体想象力的质量（273）
Sarasvathy（2001）	效果	抱负	企业家精神的基本动因是实效者：一个富有想象力的行动者，抓住偶然的机会，利用可以使用的所有手段来实现当前和未来的多种愿望（262）
Seelig（2015）	构思能力	商业冒险	一切伟大的事业都始于想象（56）
Shackle（1979）	经济	原创思维	想象力是原创思想的源泉（7）
Suddaby（2015）	机会来源	机会	创业机会不是由外部环境以外生方式决定的，而是由企业家的创造性想象和社会技能以内生方式决定的（3）
Ward（2004）	概念组合	新产品创意；市场定位	对概念组合的研究表明，当两个先前分散的概念或图像合并成一个新的单元时，可以出现在两个单独的组件中都没有明显表现出来的新属性，这种效果对于不同或发散性的概念尤其明显……"这种新颖性可以用来开发新的产品创意或市场定位（174）
Weick（1993）	即兴创作	重组	如果我们认为设计师就是即兴创作的人，那么可使用的材料是残留的过去经验和在设计团队中有经验的人，这些过去的经验，观察的技巧，都依赖于想象性重组（353）
Witt（2007）	企业生存	商机	要进行创业投资，首先必须设想商业机会，并提出实现这些机会的构想（1125-1126）

以上例子都表明，在创业过程中，想象力至关重要。创业机会是所有创业的前提，而创业机会的来源是创意；如何产生创意，并将创意转化为创业机会需要创业者的想象力。基于前人的研究，Kier 和 McMullen（2018）认为想象力是创业者的一种重要认知能力，并开创性地提出"创业想象力"这个新的概念。创业想象力的提出丰富了创业机会识别研究，作为一个全新概念以及研究领域，为创业者行动的微观认知基础提供了解释。

（二）创业想象力的维度

Kier 和 McMullen（2018）在开发创业想象力概念的基础上，进一步提出了创业想象力的三个维度：创造性想象力、社会性想象力以及实用性想象力。

第一，创造性想象力（Creative Imaginativeness）。创造性想象力是一种设想不可能或目前不能观测的新奇的、独创的、有美感的或创造性事物的认知能力。从认知的视角看，创造性想象力代表个体的一种认知技能，它可以使得创业者为了产生新颖的、原创的、艺术的创新而预见一些目前还不能或没有观察到的事物。具有创造性想象力的个体可以在各个元素间建立新的联系，从而建立全新的"目的—手段"关系（Eckhardt 和 Shane，2003）。具有创造性想象力的创业者面对问题经常会采用一些新方法和新手段。

但是，创造性想象力与创造力存在着本质的区别。由于创造性想象力是一种独立于创造力的工具，是创造性结果的先决条件或驱动力。正如 Kant 所提出的，"想象力通过自由的、不受规则支配的活动才使创造力成为可能"（Johnson，1987）。因此，Vygotsky（1990）认为想象力是所有创造性活动的基础；从这个意义上讲创造力是想象力产出的一个结果。但是创造性想象力也可能产生非创造性结果，比如结果并非新颖或者有用。

第二，社会性想象力（Social Imaginativeness）。社会性想象力是一种设想不可能或目前还没发生的，它促使个体从他人视角出发，用他人的框架看待和感受世界，或解读他人的需求、意图、信仰和情感的认知能力。社会性想象力根植于心理学研究中认知神经科学所提出的移情和换位思考的概念。其中，移情指的是把自己想象成另外一个人的思维、感觉和行为（Norman 和 Ainsworth，1954）。通过移情促使个体能够从他人的认知框架中感知外部世界，将自己置于对方的角色中去感知外部情况。相较之下，换位思考通常被描述为移情的认知形式，或者从他人视角感知世界的认知能力。尽管移情和换位思考都具有心理模拟的功能，但是换位思考不同于移情，它缺乏了移情所具有的概念特征。Galinsky 和其同事（2008）将移情定义为一种情绪反应，它使得一个人与另外一个人进行情感上的联系。最后，心理理论（Theory of Mind）指的是解读他人欲望、意图和信念的能力（Frith 和 Frith，2008）。此外，心理理论与移情、换位思考一样，也依赖于想象力来理解他人的心理状态，而这反过来又可以预测他人的行为和反应。

移情、换位思考和心理理论对理解、沟通、合作甚至竞争至关重要。因为社会性想象力提供了一个公分母，社会性想象力不仅可以辨别客户需求，而且能够预测其利益相关者是谁，为什么他们会感兴趣；以及如何与投资人、员工和政府等相关利益者协商和沟通（McMullen，2010，2015）。社会性想象力可以促进交流，增进理解；而这些社会技能已经被证明是成功创业行为的必要组成成分，因此，社会性想象力对创业行为具有一定影响。

第三，实用性想象力（Practical Imaginativeness）。实用性想象力是一种设想不可能或目前还没发生的，用于计划、组织、分析和管理信息、资源或项目为目的的认知能力。因为想象力对于精神生活和意识必不可少，Jean-Paul Startre 认为想象力是人类寻找重要联系、推断和解决问题的核心能力（Johnson，1987）。Shackele（1979）将想象力定义为一种心理过程，在这个心理过程中人们对要做的事情进行选择，而选择则包含一定程度的不确定性。

从确定性更加结构化的观点出发，Knight（1921）认为利润是对在不确定性状态下做出良好判断和决策的企业家的奖励。但是结构化的不确定性需要对未知的将来做出判断，因此受到想象力的影响（McMullen 和 Kier，2016）。Kier 和 McMullen（2018）认为实用性想象力有助于提高商业判断的能力和承担不确定性的意愿，因此实用性想象力直接对新知识和现有知识的信息集成过程提供支持，实现创业机会识别所需的多重洞察。

（三）创业想象力的测量方法

尽管想象力对创业活动有着重要的意义，但目前很少出现由研究创业的学者进行的相关研究，涉及测量的研究更少。这种忽视同样发生在创造性问题解决的研究者身上，他们长期以来一直试图将创意背后的创造力解释为态度、知识、评价和想象的作用（Isaksen 等，2011）。在这个模型中，态度主要指的是动机，表现为努力；知识体现为一般的人力资本，评价通常指的是依据经验形成的判断。虽然想象力通常被认为是最后的来源，但创造力相关文献通常将其概念化为一种经常被操纵但很少被测量的能力或心态（Puccio，Mance，Switalski 和 Reali，2012）。

基于现有研究空缺的现状，Kier 和 McMullen（2018）开发了测量创业想象力的量表。该量表是现在仅有的测量创业想象力的主要工具。他们使用在线调查小组 Qualtrics（一个在线调查软件和市场研究公司）来帮助确定样本，样本以美国各地具有不同创业经历的个体为样本，请他们报告自己以前的中小企业想法，对其中 16 位企业家进行了深入、半结构化的访谈，并利用专家评分者来评估他们的想法。他们将创业想象力划分为三项维度：创造性想象力、社会性想象力和实用性想象力，分别进行测量，该量表共包含 18 个条目。其中，创造性想象力主要测试设想新奇的、独创的、有美感的或创造性事物的认知能力，共 6 个测项；社会性想象力主要测试从他人视角出发，用他人的框架看待和感受世界，或解读他人的需求、意图、信仰和情感的认知能力，共 6 个测项；实用性想象力主要测试设想计划、组织、分析和管理信息、资源或项目的认知能力，共 6 个测项。对量表的验证性因子分析证实了创业想象力的三维度划分。创造性想象力、社会性想象力和实用性想象力的 α 系数分别为 0.93、0.92 和 0.89，远大于 0.7，属于可接受的范围，具体见表 2-3-5。

表 2-3-5 创业想象力的测量量表

维度	条目	α 系数
创造性想象力		
CZX1	我认为自己很有创造力	
CZX2	我认为自己很有创新精神	
CZX3	我在工作中表现出独创性	0.93
CZX4	我喜欢原创作品	
CZX5	人们说我很有艺术性	
CZX6	富有创造力是我特质的很大一部分	
社会性想象力		
SHX1	从别人的角度看事情对我来说很容易	
SHX2	我总是努力通过别人的眼睛看世界	
SHX3	我很理解为什么人们会这样做	0.92
SHX4	我能很好地理解别人的感受	
SHX5	我可以从人们的面部表情中读出他们的情绪	
SHX6	我擅长看人	

维度	条目	α 系数
实用性想象力		
SYX1	我擅长项目管理	
SYX2	我能够描绘出一个系统的瓶颈	
SYX3	在我面对新情况之前，我想象一下我可能遇到的问题并做出相应的计划	0.89
SYX4	我能看到看似无关的信息之间的联系	
SYX5	形成心理图像有助于我解决问题	
SYX6	我从现有方法进行外推来解决新问题	

来源：Kier 和 McMullen（2018）。

（四）研究动态

McMullen 和 Kier 目前仅有的关于创业想象力的研究，侧重于开发了创业想象力的概念、维度与测量方法，并以此为基础从认知角度探讨了三种创业想象力，即创造性想象力、社会性想象力、实用性想象力与中小企业的创意产生或者创意选择的关系。研究发现，由于创意是"企业创造新产品或服务，新的商业模式，新的流程，带来组织或战略变革"的根本所在（Van Den Ende, Frederiksen 和 Prencipe, 2014），机会最终由创造性想象力和 CEO 的社会技能决定（Suddaby, Bruton 和 Si, 2015），想象力对中小企业的构思能力具有至关重要的作用。创造性想象力、社会性想象力、实用性想象力均与中小企业创意数量呈正相关；而创意数量在创造性想象力与创意质量的关系间发挥了中介或部分中介作用。此研究具有开创性：从理论上，引入创业想象力研究有助于机会识别研究的拓展，因为想象力是一种催化剂，它将知识和动机的资源投入转化为产生的、有时被选择的中小企业想法。同时，引入创业想象力也拓展了现有的创业行为理论研究，这是因为行动取决于个人是否有足够的动机去行动，也需要有足够的知识和动力来发现和抓住机会。这种相互作用是通过想象力产生的，想象力是一种催化剂，它将知识和动机的资源投入转化为产生的、有时被选择的中小企业想法。此外，创业想象力的开发对实效性（Effectuation）理论具有推动意义。时效性理论假设想象力是普遍存在的和均匀分布的。但是，McMullen 和 Kier 的结果也表明，实际上每个人在想象力的数量和形式上是不同的。因此，企业家在如何采取有效的手段，将资源转化为产品，并使之区别于市场其他产品的差异。从实践上，对企业家如何利用三种不同形式的创造力以展望未来、评估可行性以及他们的资源知识和动机的资源投入转化为创造出更多新奇的创业想法具有指导意义。

三、环境不确定性相关研究

（一）环境不确定性的主客观研究视角

通过对环境不确定性现有研究成果以及上述概念界定的研究可以发现，对于环境不确定性的认知与测量使用上存在着一个无法回避的"二重性"矛盾问题。根据 Duncan（1972）、李大元（2010）等学者对组织环境不确定性概念的界定，环境不确定性是由组织中的个体感知来确定和测量的，而 Ghosh 和 Olsen（2009），王亚妮和程新生（2014）等学者则认为环境不确定性是独立于企业之外的，是影响企业创新发展的一个外生变量。虽然主观视角下的环境不确定性是个体对外界客观环境不确定性的感知，但由于个体认知能力的有限性，个体主观感知的环境不确定性与客观存在的环境不确定性并不是完全一致的（王益谊，席酉民，毕鹏程，2005；Leug 和 Borisov，2014），因此采用主观研究视角还是客观研究视角对环境不确定性进行研究和测量成为诸多学者共同思考的问题（武立东，王凯，黄海昕，2012；王兰云、张金成，2003；Leug 和 Borisov，2014）。

1. 环境不确定性的主观研究视角

主观研究视角下的组织环境不确定性认为环境的不确定性程度是由组织中的个体感知而确定的，根据企业管理者的感知情况组织采取相应的应对措施。此视角的观点是企业行为的变化取决于高管认知的变化，而非直接受到环境变化的影响，高管决定着企业战略行为对环境变化反应的有效性。如果一个拥有丰富的部门经验和国际经验，高管通常会具备优秀的信息搜集能力；如果一个年龄较大或拥有长期的公司经验，则高管很可能对学习新事物有抵触。因此，由经验产生的认知行为在一定程度上决定着组织能力的演化。在培育和发展动态惯例、选择和发展静态惯例中，基于经验而生的认知行为起到基础决定作用。在主观研究视角之下，每一个行业、每一个组织、每一个个体所面临的环境不确定性程度都是不同的。Daft 和 Weick（1984）认为组织管理者的感知情况决定了他们的行动，管理者的决策体现了个体对环境不确定程度的判断。因此影响组织创新行为的不是外部的客观环境，而是由管理者感知到的环境状况。即使面对相同的外部客观环境，由于企业管理者个体的差异化感知，影响企业决策的环境不确定性也会有所不同。对于主观研究视角下的环境不确定性测量需要通过问卷调查获取，由企业决策者根据个人的感知填写相关题项（Wang 和 Lee，2013），因此环境不确定性也可以称为管理者感知到的环境不确定性。

2. 环境不确定性的客观研究视角

客观研究视角下的组织环境不确定性认为环境是独立并且客观存在的，组织发展会受到客观环境的影响，且只能通过改变组织生产要素等方式去主动适应和应对环境的变化。在客观研究视角之下，环境不确定性是独立存在于组织外部的一种环境状态，对于处于同一个环境范围内的所有组织和个体面临的环境是完全一样的，因此需要应对的环境不确定性程度也是一致的。对于客观研究视角下的环境不确定性测量通常使用客观的二手数据，这些数据通过档案材料或者数据库可以直接查询，例如企业销售收入的增长率、经济自由度指数、中国市场化指数等都是较常被使用的环境不确定性衡量指标（王亚妮，程新生，2014；Ghosh 和 Olsen，2009；樊纲，王小鲁，朱恒鹏，2011）。同时在客观研究视角下，环境不确定性的相关研究通常基于不确定性理论和信息不对称理论。外部环境的不确定性对于公司抵御外部风险、合理配置资源日益重要。然而在公司运营的实际情况中，有众多的影响因素会引发不确定性，例如不断变化的金融环境以及有限的知识储备等。而信息不对称理论认为拥有信息多的实体利用不对称信息令拥有信息少的实体利益受到损害。在不确定的环境中，信息本身会变动更为剧烈，企业收集难度大幅提升。此时，信息优势方企业会认为不确定环境可以掩盖其败德行为，而信息劣势方企业会因掌握的信息量更少、决策环境更为复杂而放大逆向选择。

虽然对环境不确定性有两种不同的研究视角，但这二者并非是完全独立的。

事实上，两种视角下的环境不确定性很难截然分开，环境确定性不仅包括客观的环境内容，也应该包括管理者对于环境的感知和特定情境下的意识状态，两者均会对企业的行为产生直接的影响（袁建国，程晨，后青松，2015；Qian，Cao 和 Takeuchi，2013）。已有学者基于实证分析结果指出，主观研究视角下的环境不确定性测量效度比客观研究视角下的更高，也更能发挥管理者在战略决策中的主观能动性（Miles，Snow 和 Meyer，1978；Jahanshahi，2016；吴小节，陈晓纯等，2019）。基于对上述问题的理解，考虑到本研究的主要目标是探究企业创新决策的内在过程，尤其是企业高层管理者对创新模式选择的影响，使用管理者对环境不确定性的感知更能体现个体对环境的理解及其对企业决策的影响。因此本文将主观研究视角下的环境不确定性描述为由于缺乏相关环境因素的信息，企业高层管理者感知到的无法准确预测采取某项决策后可能对未来带来的影响以及企业未来发展态势的状态，并将其定义为管理者的环境不确定性感知，在具体研究中通过企业管理者填写调查问卷来进行测量。

（二）环境不确定性感知的结果变量

现有文献对环境不确定性的研究成果较为丰富，但是已有研究大多是将环境不确定性作为调节变量或者控制变量（谭乐等，2016；Oke 等，2012），研究的重点偏向于环境不确定性对其他变量与企业战略、行为、结果间关系的调节作用。以环境不确定性感知作为自变量的研究还相对较少，现有成果中环境不确定性感知的结果变量研究主要集中于个体认识、企业绩效、组织结构、企业战略决策、组织创新等几个方面。谭乐等（2016）从领导者管理的视角，通过将环境不确定性分为状态、影响和响应环境不确定性，指出状态环境不确定性不利于提高领导者的动态能力，而影响和响应环境不确定性可以提高领导者的动态能力。同时，研究也发现高管对环境不确定性的认知会对公司的运营方式产生影响。随着市场中环境不确定性程度的加深，环境不确定性逐渐不再成为激励企业发展的积极变量，反而会给企业发展带来一定的负面影响。

在如今"唯一不变的就是变化"的 VUCA 时代，不确定性环境作为一种压力源，在给企业组织带来许多未知风险的同时也蕴藏着巨大机遇。在不确定性环境下，企业组织必须能够捕获有效的客户和市场信息，分析在变化环境中从利益相关者收集来的数据，并提高组织敏捷性，才能取得竞争优势。

一些学者从企业战略决策的视角对环境不确定性感知进行了研究，认为企业外部环境的各种因素会影响企业高层管理者对环境不确定性的感知，进而影响诸如冒险倾向、未来性、主动性和防御性等战略决策的特征（Miller 和 Friesen，1982；Adler，Brahm 和 Graham，1992）。企业高层管理者通过对组织外部环境进行扫描和解读，进一步做出适合内部安排和外部协调的战略决策（Mintzberg，1973）。当企业感知到管制环境逐渐放松时，企业会倾向于选择短期和风险较低的战略（Birnbaum，1984）。Tan 和 Litsschert（1994）以计划经济转型期的中国电子行业公司为例，探讨了环境与企业战略选择的关系，研究发现管理者对环境不确定性感知的增强与企业主动性策略负相关，与防御性策略正相关，同时防御性策略与更高绩效相关。

另有一些学者就环境不确定性感知对企业创新的影响进行了研究，Miller & Friesen（1982）在研究中较早地指出环境不确定性感知的增强会促使企业采取更多创新策略，这一点在后来的研究中也得到了证实（Naranjo-Gil，2009；冯军政，2013；Garcia 等，2017）。Miller 和 Friesen（1983）通过相关分析法研究了企业战略的制定与环境之间的关系，发现市场因素在其中扮演了重要角色，随着环境不确定性和敌对性的增强，企业从事创新活动的可能性也越大。Uzkurt 等（2012）通过对中小企业的创新行为研究也验证了环境不确定性感知对企业的创新的推动作用。李姝和高山行（2014）通过对 404 家企业的调研分析结果发现，技术不确定性对企业的原始性创新具有显著的正向影响，而市场不确定性对企业的原始性创新具有显著的负向影响。吴晓波、许宏启等（2019）通过对浙江省 159 家企业的实证研究发现高层管理者的环境不确定性感知对企业的商业模式创新具有显著的负向影响，高管连带在二者的关系中调节作用显著。

除此之外，何一清和孙颖（2018）以大学生群体为调研对象，通过实证研究发现环境不确定性感知会通过环境扫描进而对个体的认知变化水平产生正向影响。Li 等（2007）从个体感知视角开展研究，发现个体环境不确定性感知越强，决策程序的公平性感知对团队协作程度的影响程度越高。Lawrence 和 Lorsch（1967）指出企业的组织结构必须与环境相匹配，环境不确定性会引起组织结构的变革。企业的发展战略与环境息息相关，并且会对企业的绩效产生重要影响（Venkatraman 和 Prescott，1990；Hofer，1975）。企业环境不确定性会通过任务导向战略领导行为的中介作用显著影响企业的绩效（李召敏和赵曙明，2016），企业外部环境特征与战略导向之间的契合能够导致更好的组织绩效（Venkatraman 和 Prescott，1990；Lee 和 Wong，2011）。

从信息诠释和处理的视角来看，企业管理者对环境的认知和感知是企业决策中的重要依据，对企业的创新行为选择具有非常重要的影响。根据高阶理论的观点，高层管理者的行为可以看作是他们对战略环境的个人解释，CEO 感知、经验与特质都可能对企业的战略决策产生影响，已有一些研究对环境不确定性感知对企业创新的影响进行了探讨。例如，Uzkurt 等（2012）发现环境不确定性感知对企业创新具有推动作用；Ngo 等（2019）基于对越南企业的实证分析发现企业对环境中的技术感知与企业开发式创新正相关，而市场感知与企业探索式创新正相关。Kaya 等（2018）基于对土耳其企业的实证分析发现在不确定性的环境背景下，企业管理者会倾向于同时进行两种形式的创新（孙永风等，2007）。调研了转型经济下 850 家国内企业，发现动态变化的环境特征促使企业更愿意选择周期短、风险小的利用性创新，而不太愿意选择风险大、周期长的突变性创新。已有研究关于环境不确定性对企业创新决策的影响虽进行了一些探讨，但得到的结论并不是完全一致，导致这种情况的原因可能是有的研究并没有详细区分企业创新模式的不同类型和特征，也可能是有些研究的样本企业所在的文化背景不同，进而对研究结果产生了影响。

四、双元创新

（一）双元创新的由来

"双元"一词最早由 Robert Duncan 在 1976 发表的文章《双元组织：为创新

设计双重结构》一文中引入，文中 ambidexterity organization 最初表达的意思为管理学领域的组织能力，其直接渊源是组织进化理论。Duncan 认为，企业在面对突变的或渐进的外部环境变化时，需要调整其组织结构以适应自身适应环境的能力，而组织的双元性意味着公司需要管理紧张的资源来同时进行探索性创新和利用性创新。然而当时并未受到组织理论学家的关注，真正推动该理论发展的是March，他于 1991 在《组织学习中的探索与利用》的文章正式将组织双元的概念引入管理学文献，此文章后来被频繁引用。他基于组织学习的视角提出，企业面临的基本适应性挑战是既要利用现有的资产和能力，又要能进行足够的探索，以避免市场和技术变化造成的不适应。因此，他认为探索与利用这两个概念应该被视为一个连续体的两端。在 March 看来，利用性关乎效率、控制力，确定性和变化性因素减少这四个核心关键词，而探索是关于搜索、发现、自主和创新这四个因素。根据 March 的描述：探索与和开发两者之间，由于来自不同的知识管理流程，存在着不可避免的内在的资源冲突，利用性赶不上探索性，反之亦然。

组织的双元性很大程度上涉及对这两者的权衡的管理，需要设法在这两者之间建立关系，以便在两者之间找到适当的平衡。追随着双元理论的研究，Danneels（2002）将组织双元概念引入到创新研究领域。紧接着，Benner 和 Tushman（2003）在组织开展创新的程度及其知识基础的基础上，将技术创新划分为两类：探索性创新和利用性创新。当时的研究者认为，渐进性创新和突破性创新虽然在本质上互不相容，但企业生存和发展的关键在于设法建立或实现这两类创新间的平衡。

受 March 的启发，学者们随后燃起了对双元性创新的浓厚研究兴趣。第一类学者关注双元之间的冲突面。Tushman 和 O'Reilly 认为组织要兼顾开发性与探索性创新，即双元性创新能力。他们与 March 抱持类似的观点，同样关注探索性和利用性两者的冲突与矛盾的基本面，并关注探索性和开发性这两者对稀缺资源的竞争以及如何在两者之间取得平衡的问题。他们提出：通过改变组织结构或调整两种创新的时间顺序等适当的安排，能够使两类创新同时存在并形成互补关系。这类观点日益受到国内外学者的认同（Auh 和 Menguc，2005；Ghemawat 和 Costa, 1993；Sidhu, Commandeur 和 Bolberda, 2007；Smith 和 Tushman, 2005；奚雷等, 2016)。正如 Atuahene Gima（2005）所解释的，组织开发利用和扩展现有知识，寻求更高的效率和改进，以实现渐进式创新。另一方面，探索意味着开发新知识，组织需要试验以培养更激进创新所需的变化和新颖性。除了持有以上观点的研究，还有第二类学者认为，此前关于双元的阐述过于传统，两者之间存在可能协同互补效应，开始将探索性和利用性定性为相互独立的活动，两者独立而不交叉，以至于企业可以同时以较大的程度同时从事这两项活动（Gupta, Smith 和 Shalley, 2006)，且比只能进行一种活动的企业更容易达成更好的绩效。Gupta 等认为，对于利用性创新和开发式创新需要付出不同类型的努力。Tushman 和 O'Reilly 则认为，一个公司存在同时追求高水平探索性与利用性双元性的能力，而非在两者之间权衡取舍，找到最佳平衡（Beckman, 2006；Jansen, Van Den Bosch 和 Volberda, 2006；Lavie 和 Rosenkopf, 2006；Lubatkin, Simsek, Ling 和 Veiga, 2006)。也有学者更倾向于将来双元性作为"两个维度的平衡"与"两个维度的结合"这两方面不同程度的结合（He 和 Wong, 2004；Gibson 和 Birkinshaw, 2004；Lubatkin 等, 2006)。Cao 等（2009）则认为，"两个维度的平衡"或"两个维度的结合"具有单独的效应，且具有不同的作用机制来对企业的绩效发挥作用。Gupta 甚至认为探索性和利用性不仅不是相互对立的，甚至可能是相互促进的。这一观点得到了一些与技术创新相关的经验证据的支持（Beckman, 2006)。

（二）双元创新的维度与测量

March（1991）指出渐进性创新和突破性创新虽然在本质上互不相容，但企业生存和发展的关键在于设法建立或实现这两类创新间的平衡。Cao 等（2009）与张振刚等（2014）学者的研究提出了关于解决双元创新内涵的有效思路，他们认为组织双元创新指的是企业的探索能力与利用能力，以此为基础，考虑到现有双元创新研究中的关键分歧以及探索能力、利用能力的兼容性与互斥性，他们提出了两个截然不同但又彼此相关的维度：平衡维度（The Balance Dimension of Ambidexterity）、组合维度（The Combined of Dimension of Ambidexterity）。平衡维度（BD）关注的是企业在探索性创新与利用性创新间的均衡程度；而组合维度（CD）指的是探索性创新与利用性创新两者间的相互促进关系，与两者的整合程度相对应。这两个维度分别反映了企业处理探索性和利用性创新的冲突时所选择的不同模式。

双元创新的测量问题一直受到学术界的关注，但引以为憾的是对于个体层面双元创新的测量并未得到充分的发展。在一维量表中，Scott 和 Bruce（1994）开发的创新行为量表使用最广泛，共 6 个题项，主要是员工对自身创新行为的自我测评，其中包括 5 个具体的测量项和 1 个总结测量项，量表的信度和效度均通过了检验。Janssen（2000）将创新行为三阶段整合为一个维度，并编制了 9 个题项的测量量表。有关创新的量化研究主要采用开发问卷的形式，通过自测或者他评的方式完成创新的相关测量。尽管创新具有不同结构维度的观点已经得到了众多研究人员的认可，但是在可操作化阶段，关于创新单维量表的开发和应用最为广泛，多维度的量表开发依然较为缺乏。针对创新行为的复杂性和多阶段特征，目前越来越多的研究者使用多维量表对创新行为进行测量。例如，Hocevar（1979）开发了四维创新行为测量量表，分别是兴趣爱好维度、意识维度、想象力维度和注意力维度。Kleysen 和 Street（2001）通过对 289 项创新活动的回顾和总结，归纳了创新行为的五个维度：机会寻求、构想产生、形成调查、构想支持和构想应用。

关于组织层面的双元创新测量，迄今为止学者们尚未形成一致的双元创新的度量意见，梳理文献后，本研究发现目前主要有四种测量方式。第一种，将探索性创新和利用性创新两项的得分相乘，用以代表双元创新（Jansen 等，2006），采用该方式的学者认为探索性创新和利用性创新的关系是正交且独立的，企业通过联盟或者合作的方式获取知识、资源等要素，这一行为打破了组织内部的资源限制，使企业能够在探索性创新和利用性创新两方面同时、稳步发展；第二种，将探索性创新和利用性创新两项的调查得分进行相加（Li 等，2014）；第三种，取两者差值的绝对值（Cao 等，2009），学者认为受资源限制、组织结构和创新行为自强化等因素影响，探索性创新和利用性创新此消彼长，企业需要在两者间寻求平衡；第四种，直接将双元创新划分为探索性和利用性创新两个维度（Sok 和 O'Cass，2015；许晖等，2013；吴俊杰等，2014；葛保山等，2016）。四种测量方法中，相乘的测度方式蕴含着两者相互增强的含义，但是忽视了双元创新两个维度矛盾互斥的性质，其合理性尚有一定争议；两项分数之差取绝对值的方式显然无法体现双元创新的内涵，即同时实现探索性创新和利用性创新；虽然国内研究中较多使用直接分为两个维度的测量方法，但国外研究鲜少运用，因为该方法并没有体现双元的概念；相加的测度方式既可以客观地反映两者之间相互增强的关系，同时又可以表征两者间的相互竞争的关系，完美地体现了双元的概念内涵。

（三）双元创新的前因机制研究

单维度创新研究中，现有关于创新的前因研究包括个体因素和环境因素。从个体角度，影响创新的主要因素包括个体特质、知识技能、情绪状态等。个体特质研究中的代表之一是大五人格模型，具有外倾性和开放性的员工能进行更多的知识交换，且敢于使用新的方法解决问题，这两种人格被证明对创新有显著的正向影响。除此之外，主动性人格与创新之间的积极关系也受到广泛关注。主动的人们会尝试提高他们的职业期望，在面对工作环境变化时更有可能提出新思路以完成工作任务和提高绩效。在知识技能视角，Tang 等（2020）认为相关领域的技能、知识和经验是创新的重要组成。知识的广度与深度均对员工创新有积极影响，这也是企业进行人力资源开发的依据之一，通过组织培训提升员工知识储备能增强个人的创造性思维能力和解决问题的能力。在情绪状态方面，学者们发现员工的积极心理和情绪等对活跃员工的思维和想象力，增强处理问题的能力等有正向的促进作用，积极情绪能提升员工创新。而对于消极情绪状态对员工创新的影响并没有达成一致观点，原因在于消极情绪如何影响员工创新很大程度上依赖环境因素。

情境因素影响创新的研究也已经取得了丰富成果。从领导者和领导风格角度，Shalley 和 Gilson（2004）认为领导者是促进员工创新的重要因素，领导者通常扮演促进、鼓励和支持员工创新的角色，领导者会为员工设置目标，合适的目标会对员工产生激励作用，进而促进员工创新的提升。对于领导风格，授权型领导、变革型领导、真实型领导等都被证明能够提升员工创新。从组织氛围角度，员工感知的组织创新氛围能强化内在动机，并对激发员工创新有积极作用。同时，员工与同事间良好交流和反馈以及合适的报酬奖励等都能对员工的创新产生积极影响。从任务特性角度，工作常规性、工作复杂度、工作自主性等均对员工创新有重要影响。研究发现，具备简单和重复等常规性的工作通常无法激励员工在工作中尝试新方法，不利于员工创新水平的提升；而复杂性高、挑战性高的工作通常会使员工在工作中付出更多的努力，有利于员工创新水平的提升。当员工在工作中有一定的自主权，特别是专业的研发人员可以自主决定其工作开展方式和工作时间分配时，会很大程度提高员工满意度和员工创新（Bailyn，2010）。

自创新的二维划分提出以来，有关双元创新的前因研究也已经取得了部分成果。对于双元创新的前置因素，现有研究主要从个体和组织两个层面探讨了组织双元创新的前因变量及其作用机制，其中个体层面的研究主要涉及 CEO 自我认知、领导力、权力配置、个人知识吸收能力四个方面；而组织层面的研究主要从两类视角展开：内部视角与外部视角。

就个体层面而言，第一，CEO 认知。认知方式是双元创新最早关注的前因变量，现有的研究发现 CEO 的"主我"与"宾我"认知直接影响其风险偏好，而风险偏好与探索性创新行为、开发式创新行为正相关（张敏等，2016）。第二，领导力。领导力是双元创新重要的前因变量。根据刘彪等（2015）对 CEO 关键角色的领导力三个维度与 IT 双元创新的影响研究来看，技术领导力、信息领导力、战略领导力在愿景的调节下对双元创新具有不同的影响。第三，权力配置。CEO 权力配置对于企业在双元创新两个维度间的平衡具有直接影响，其中，CEO 的结构权力负向影响企业探索性创新水平，对企业双元创新的平衡产生不利影响，而 CEO 的声誉权力、专家权力和所有权权力正向影响到企业探索性创新水平，促进双元创新平衡的实现（史会斌等，2017）。第四，个体知识吸收能力。个体的知识识别促进实现探索性创新和利用性创新；而个体知识同化使得探索性创新和利用性创新间出现差别，探索性创新的推进需要个体的知识同化能力；个体知识应用与双元创新没有显著关系（秦佳良等，2018）。

就组织层面而言，组织环境因素也是现今国内外研究双元创新的主要关注点。从组织层面的研究视角看可分为两类：内部视角与外部视角。

第一，内部视角。从组织内部看，首先是组织内部非正式的协调机制（组织单个成员的联系和协调）。非正式协调机制被认为是一种更为灵活的机制，能够增加知识的交换和开发，也使管理者可以在单位内增加一个单位的情景型双元，进而正向影响探索性创新和利用性创新（Jansen 等，2006）。其次是创业导向。创业导向是另一个同向促进双元创新的因素。Kollmann 等（2014）分析了创业行为、探索性创新和利用性创新、在创业导向和企业绩效这些变量之间的关系，并通过 228 家来自信息和通信技术领域成长中的企业数据进行实证分析，研究指出创业导向的三大维度：创新性、风险承担、积极性。各个维度与探索性创新均呈正相关关系；创新性、积极性与利用性创新正向相关，风险承担并没有明显的阻碍利用性创新。再次，组织学习其实是双元创新的重要变量。开发性学习和探索性学习之间存在互补与协同关系（高媛等，2012），在实施双元学习的企业里，开发性学习与探索性学习相互促进，使得渐进性创新与突破性创新也相互促进，即双元学习有利于双元创新互补性的提高（奚雷等，2016）。最后，企业自我关系网络也影响组织双元创新。Simsek 等（2009）在对组织双元的概念、前因与产出研究的系统梳理之后，构建了一个社会网络理论与组织双元理论的多层次模型。他们认为，企业占据的网络位置特征以及网络关系多样性影响组织双元创新，其中，网络中心性与双元创新呈现倒 U 形关系，网络关系多样性与双元创新呈现正相关关系，且受内部与外部环境因素的调节效应的影响。

第二，外部视角。从组织外部看，首先是组织外部网络。网络学派的学者们试图探讨联盟网络与双元创新的关系。Atuahene-Gima 和 Murray（2007）在研究中，将中国中小企业作为研究样本，探究社会网络的结构维度、关系维度、认知维度在双元创新与新产品开发绩效二者关系中发挥的作用，他们发现在这方面中小企业与成熟企业不同，社会网络的三个维度对双元创新的影响作用存在差异，而且企业在探索性创新与利用性创新平衡的实现，有利于提升企业绩效，但二者之间的互动关系则与企业绩效的关系不显著。Yu 等（2014）研究，虽然企业同时实施探索性创新与利用性创新战略能够有效提升绩效，但是我国的信息技术类行业的企业所处的外部环境不确定性更高、市场竞争更激烈，而且我国制度框架尚待完善，企业处在这种情境下进行双元创新活动需要应对的挑战更大，不完全竞争表现为弱制度支持与歪曲信息，与政府的网络关系能互补支持性市场制度的缺失，获取必要的信息、技术与财务资源，推动企业的双元创新行为。在外部联盟网络方面，还有分析得更为宏观层面的组织间网络双元创新的问题。如 Karamanos（2016）利用生物技术行业联盟在技术动荡发酵时代的固定大样本数据，检验生物技术企业的探索性创新与利用性创新产出。其研究结果显示，创新管理者与联盟形式能够积极优化企业的自我网络结构：第一，联盟自我网络中心性知识利用性创新，因为中心位置企业通过"管道"联盟以至"整个"网络，连贯、可靠地从事经验式搜索，寻求互补性知识，此外，高度中心性网络有助于企业获取的知识具有一致性与可靠性，提供的额外收益较少，其限制了焦点企业自我网络邻居提供的新颖信息；第二，自我网络的结构洞支持探索性创新，因为其提供非冗余信息流与知识流的认知搜索渠道，贡献大量知识重组的机会；第三，焦点企业合作者的中心性正向影响企业的探索性创新，因为焦点企业可以识别并评价其中心合作者的行为与创新产出，向合作者学习。

（四）双元创新的调节变量研究

双元创新会受到特定调节变量的影响。比如，环境不确定性（Caspin-Wagner 等，2012；Goosen 等，2012；Jansen 等，2005；Jansen 等，2009；Sidhu、Volberd 和 Commandeur，2004；Siggelkow 和 Rivkin，2005；Tempelaar 和 Van De Vrande，2012；Uotila 等，2008；Wang 和 Li，2008；Yang 和 Atuahene-Gima，2007），这些研究证明，在不确定条件下，当有足够的资源可用时，双元性对增进企业绩效能发挥更大的作用，这样的情况发生在大公司的情境，而非小公司的情境中。Jasen 等（2009）认为，结构分化有助于双元组织维持多重不一致性和冲突需求。

崔月慧等（2018）认为，网络稳定性与网络强度在双元创新与企业绩效之间起到了联合调节的作用，在企业外部社会网络的稳定性水平较高的情况下，网络强度正向调节了双元创新与绩效间的正相关关系。类似的，王金凤等（2019）认为，外部环境会调节网络惯例对于双元创新的影响，其调节效果在于：环境动态性增强了行为默契与双元创新的关系，而削弱规范共识与突破式创新的关系，环境丰富性能增强行为默契对渐进式创新的促进作用。

也有研究将战略柔性引入数字技术应用与企业双元创新的研究框架中，战略柔性能够在保持现有企业知识资源存量的基础上，深入挖掘既有资源的更多用途、建立和配置新的资源组合，进而强化底层技术运用维度的数字技术应用对利用性创新的促进作用。同时，在战略柔性较强的情况下，企业能够快速识别外部环境的变化，并及时做出响应，从而灵活调整组织目标和行动方案。较强的战略柔性能够迅速重组配置资源，帮助企业充分挖掘实践技术应用维度数字技术的发展潜力，以此强化实践技术应用维度数字技术应用对利用性创新的促进作用。

（五）双元创新的结果变量

近些年关于双元创新的案例研究和实证研究大量涌现，学者们采用不同的双元创新测量方法，运用了不同的分析层面，采用了不同的行业样本。对于双元创新的结果变量，有了一系列的结果变量：

首先，目前双元创新与公司绩效的相关研究比较多。国外的研究较早地关注了这个问题。已有的研究充分显示，双元创新与销售业绩增长正相关（Auh 和 Menguc，2005；Caspin-Wagner，Ellis 和 Tishler，2012；Geerts，Blindenbach-Driessen 和 Gemmel，2010；Han 和 Celly，2008；He 和 Wong，2004；Nobeoka 和 Cusumano，1997；Zhiang，Yang 和 Demirkan，2007）。近年来，我国的学者也关注了这个问题。张宸璐等学者（2017）实证研究发现，非吸收性和吸收性闲置资源和平衡型双元创新间的关系呈现倒 U 形，而组合型双元创新均有利于企业短期内的财务绩效提升和长期的竞争优势建立与保持。同样，Jansen 等学者（2009）认为组织的程序化和规则化因为开发式创新而得到加强，因此，能获得稳定的经济效益；而组织架构因为探索性创新而变得更加灵活，从而，激发员工获取新的知识并开展探索性活动。He 和 Wong（2004）发现，利用性与探索性的平衡与交互对销售增长率有正向影响，反之则不利于销售增长的提高。国内学者以中国企业为研究对象，实证研究了利用性创新和探索性创新对企业绩效的影响，结果表明无论是利用性创新抑或探索性创新，均对企业绩效有直接的正向影响。立足于中国转型经济背景，研究发现利用性技术创新可以促进企业绩效的提升，但探索性创新却不能产生直接影响。

其次，关于双元创新与企业生存与发展的研究在国内外也大量涌现（Cottrell 和 Nault，2004；Hensmans 和 Johnson，2007；Hill 和 Birkinshaw，2010；Laplume 和 Dass，2012；Kauppila，2010；Mitchell 和 Singh，1993；Piao，2010；Tempelaar 和 Van de Vrande，2012；Yu 和 Khessina，2012）。Tushman 和 O'Reilly（1996）发现，双元创新的企业更加具备在成熟市场的竞争能力，能够提供更好发展新兴市场的新产品与新服务。跨国公司的利用性创新有助于提高资源使用效率，增加销售收入，而探索性创新也能帮助企业开发新产品和新市场，增加市场份额。Katila 与 Ahuja（2002）认为，持续地进行双元创新有助于企业避免过时与退化的风险，确保其市场竞争力和运营效率。李瑞雪等（2019）从创新驱动的视角出发，以北京、江苏、山东等地的 196 份高新企业为样本，研究发现双元创新通过影响短期财务绩效和长期竞争优势而对企业可持续发展产生重要影响。生命周期的视角研究发现在企业生命周期的引入期和成长期，利用性创新有助于促进企业成长，而探索性创新则产生负向影响；而进入企业生命周期的成熟期和衰退期时，则恰好相反，此时探索性创新发挥正向作用，而利用性创新则产生负向效果。此外，许晖和张娜的研究也进一步证实了企业在新创阶段以利用性创新为主、在成长阶段以探索性创新为主，反而会更有利于企业成长。利用性创新与双元创新协同性不仅利于显著促进企业当期绩效，而且利于显著促进企业可持续发展；探索性创新则对企业当期绩效未产生显著影响，但利于企业可持续发展，尤其在高动态性和竞争性环境下，正向影响更为显著。

第四节 研究现状小结

一、管理自主权研究评述

长期以来，战略领域的研究一直在考虑高管影响组织战略决策的能力。高层管理者被赋予一定的权力，其目标是维持和提高组织绩效和效率。管理自主权的出现并不是意外，它是在管理者关于其决策行为的合理性与企业利益团体之间的动态博弈过程中产生的。现有研究中对于管理自主权的概念内涵主要基于代理视角、战略选择视角和整合视角展开论述。从逻辑上分析，管理自主权是给予高层管理者的行动或潜在战略选择的自由度，管理自主权很大程度上决定了组织最终的绩效结果。

梳理国内外相关文献之后，不难发现，目前国内外关于管理自主权的研究已经日趋成熟，实践中管理自主权也处于企业治理的重要地位。已经有较多研究进行多方面探讨，例如界定管理自主权的定义与内涵，研究管理自主权的起源，开发了一系列测量工具，不少研究探讨了管理自主权的前因变量与结果变量，中介或调节效应。管理自主权的前置因素主要集中在环境特征（市场增长、环境监管、文化价值观差异等）、组织特征（董事会结构、股权结构、企业声誉等）和经理特征（例如个人特征和认知能力）三个层面。结果变量方面则与企业战略变革、企业绩效、研发投资等相关。在调节效应方面，管理自主权是高阶理论框架下一个重要因素，更是在公司治理的研究中充当了重要的边界要素，许多实证研究也已经表明管理自主权在行业、组织、个人三个层次上均有差异化的调节作用。然而，管理自主权的研究进行了三十余年，但仍有未知问题有待研究者们回答。

其一，管理自主权的测量方法需要进一步完善。梳理文献发现，已有的部分研究在测量管理自主权时过度依赖二手数据。管理自主权是较为复杂且高度抽象的概念，对其进行直接观测具有一定难度，因此现有研究普遍采用间接代理指标测量的方法评估管理自主权的大小。由于缺乏对高级管理者更多直接的调查和访谈数据，还缺乏一些对高层管理者或高管团队个体层面、组织层面和环境层面等因素的判断标准。此外，对管理自主权的综合的判断标准目前缺乏。未来的研究可以尝试对行业专家、学者和管理者进行更多的研究，以评估组织内部、行业和国家层面的管理自主权水平，进一步据此来充分验证先前测试管理自主权采取措施的有效性。在研究方法上，尽管现有的研究采用了多样化研究方法，已交叉运用质性、调查、访谈等实证分析方法，但更新的研究办法有待开发，比如开展管理自主权的纵向分析，探索加入时间条件下管理自主权的复杂变化。或在某些情况下，会发生一些特殊且重大的事件，例如某个行业中所有公司遇到的任务环境的变化，这些事件对改变管理自主权的可能性都尚未充分考虑。

其二，研究结论有待补充和完善。尽管已有的研究已经证实和完善一些结论，但还有可以补充部分，以构建完整的前因变量与结果变量体系。未来的研究可以检验不同层次的管理自主权之间的相互作用，以了解不同层次的管理自主权在公司的运营和战略选择以及公司绩效结果中的交互影响效应。对管理自主权的未来研究还可以探讨更多的结果变量，比如在公司绩效结果中进行更深入的拓展研究，可以延伸到创新、创造力等领域。现有的研究已经有了一些创新研究思路。比如，Hambrick 与 Finkelstein（1987）研究认为，CEO 的权力基础会影响管理自主权，然而，假设一个反向因果关系也是合理的。未来的研究也可以阐明更多潜在因果路径。此外，未来的研究还可以开发适用于特定管理情景，包括行业、地域、代际等因素的，进行有针对性的研究，这对具体的工作活动会产生更强的指导价值和意义，也能够更加有效地推动研究发展。最后，更重要的是，目前的研究中国本土化的程度需要提高。因为管理自主权和国家制度环境相关，探索中国情境下管理自主权的特殊影响机制，是现有研究所严重缺乏的。

二、创业想象力研究评述

创业想象力在本质上是一种个体的认知技能，能够促进个体对信息的处理和整合，有利于个体产生更多的创意。想象力是创业的重要源泉，它产生了新的想法，最终导致了新的产品、组织和行业。它设想了客户的愿望、创业行动并推动了经济发展。更普遍地说，它在不平衡的创业过程中产生了永久的新颖性、广泛的异质性和实质的不稳定性。尽管创业想象力对创业机会识别和创业研究至关重要，但是目前国外创业想象力的研究尚处于起步阶段，国内更是缺少相关研究。Kier 和 McMullen 的研究第一次从理论上对创业想象力的概念进行界定并提出了创业想象力的三个维度，并从实证上检验了三种想象力并初步开发了量表，为日后相关研究的开展做好了坚实的基础铺垫。

综合现有的研究结论，未来仍需要开展更多的实证研究来证实和完善的结论，特别是在几个研究方向可以推进发展：

首先，创业想象力与创业机会识别的关系。虽然创业想象力对创业机会的识别至关重要，以往研究也证实了二者的高度相关性，但是，目前研究并没有从理论和实证上系统化验证二者关系。以往学者指出，创业想象力可以激活创业者产生更多的创意，但是所有的创意未必都能发展为创业机会。因此，研究创业者如何在天马行空的想象中，找出最具有发展潜力的创意，进而发展为创业机会还需要未来的深入研究。

其次，创业想象力三个维度之间的关系。Kier 和 McMullen（2018）的研究表明创造性想象力、社会性想象力和实用性想象力之间相互独立。这说明，影响三个维度的因素可能不同。McMullen 和 Kier（2017）在探讨创意产生和创意选择过程中指出，最大化创意产生的因素并不一定保证能够选出最好的创意并实施。进一步的，Perry-Smith 和 Mannucci（2017）将创造力分解为创意产生、创意阐释、创意推介和创意实施四个阶段，并指出在某个阶段有利的认知技能，可能在其他阶段会变成阻碍因素。例如：创意产生需要发散性思维，而创意选择则需要对创意进行评估，需要聚合性思维；在创意产生阶段的发散反而可能会阻碍创意的选择。未来的研究需要进一步探讨创造性想象力、社会性想象力和实用性想象力这三者之间的关系，并分析影响各个维度想象力的因素。

第三，创业想象力的影响结果。由于创业是一个连续、渐进的机会识别、利用和开发过程，而创业想象、创业产生、机会识别都是创业的早期阶段，因此，研究创业想象力在企业家创业的过程中，对于创业机会的识别、利用和开发的影响过程，内在的影响机制是什么，以上问题值得后续开展深入的系统性研究。此外，Kier 和 McMullen（2018）的研究虽然区分了创业想象力的三个维度，仍然存在一系列问题亟待未来深入探讨：每个维度在创业阶段的作用是否不同？有没有可能在创业机会识别阶段的促进因素，甚至是否可能成为创业实施阶段的阻碍因素？创业想象力的三个维度对中小企业的经营影响方向是否一致？对创业成功和创业失败有什么影响？除了 Kier 和 McMullen 研究的创业想象力对中小企业创意选择模型中的作用，未来还可以极大地扩展创业想象力在各个创业阶段和不同创业情境中关于结果普遍性的研究。

最后，团队中的创业想象力研究。创业的成功不仅仅依赖于个人的想象力，更加依赖于创业团队的协调合作。未来的研究除了探讨个人层次上的创业想象力之外，还有必要把创业者的个人创业想象力放入到创业团队情景中去探讨创业想象力的作用机制。众所周知，开展创业往往以团队的形式进行。Kier 和 McMullen（2018）认为，每个人在三个创业想象力的维度上优势各不相同，已有的创业行为模型大多局限于关注三个维度得分都很高的创业者。创业团队往往由拥有不同价值观、技能、知识和社会资源的人构成。这也就意味着创业团队的每个人在三个维度上的优势各不相同，如何相互弥补并激发出更高层次的团队层面的创业想象力就是摆在理论研究和创业实践者面前的重要问题。未来的研究需要进一步探讨创业团队中每个人的创业想象力优势以及不足，只有形成互补才能达到最佳水平。例如：一个创业团队有着不同的分工，而每个个体的创业想象力不是互相促进而是相互排斥，增加了团队协调的困难。团队的组织结构如何影响个体创业想象力的发挥需要进一步讨论。

三、双元创新研究评述

研究对于创新的定义视角包括特质论、过程论、能力论和结果论。管理理论学者从微观视角出发，从企业层面围绕具体的创新要素对以产品为核心的技术创新、产品和过程创新、市场创新和以组织为核心的管理创新、组织创新、制度创新展开研究。创新作为发展的内在驱动力推动了理论研究不断丰富和拓展，由于单维创新的内涵较为宽泛，学术界逐渐对创新内涵进行深层次挖掘并进行类型划分，提出双元创新。回顾相关文献发现，学者们对划分标准的讨论主要包括起因观、过程观和结果观。双元创新的观点自首次提出后，历经十多年的研究才被正式提出。自此之后，双元创新的研究实现了快速发展，在管理学领域得到学者们的重点关注并且得到广泛的应用，国内外学者采用多重视角对双元创新的影响机制进行研究。目前研究呈现出多元化的特征，主要体现在研究对象的多元化、行业样本的多元化以及研究结论的多元化，在个体、团队和组织层次均有丰富讨论。尽管双元创新相关研究的一直被深入推进，也经过了多数影响因素的发掘阶段，但是在内外环境不断变化情况下，对于双元创新的研究还没有完全呈现出完善和完全成熟的特征，需要未来进行深入研究。

第一，虽然以往的研究区分了两者之间的概念与维度，但关于探索性创新与利用性创新的关系界定主要分为两种观点。研究中容易混淆两者之间的关系理解，探索性创新和利用性创新之间的主要矛盾在于二者的实现方式，即是否可以在组织内部实现统一这个问题存在两种区别明确的观点。"非统一论"观点的学者认为二者相互冲突，体现在资源配置、运作方式、思维方式等方面的差异，因此企业实践中应当分开执行；"统一论"的观点则认为探索性和利用性创新相互独立，可以同时在组织内同时执行，均衡实施有利于组织绩效的提高。那么，基于探索性创新和利用性创新对立统一的关系，学者们逐渐认为尽管二者在资源配置上相互竞争，但是只有平衡探索性和利用性创新的投资和配置，才能保证企业的长久竞争力。但是，不同类型的创新活动在企业发展的何种阶段以及在何种内部情境下能够产生平衡，目前缺乏更多综合与体系化的研究方法来验证和澄清。

第二，梳理国内外相关研究文献后，发现已有的研究做了大量的基础性工作，包括：双元创新的概念、维度、内涵、测量办法的开发等。虽然大量研究探索了双元创新前因变量（领导因素、结构因素、情境因素等）、结果变量（企业绩效、资源使用率、企业成长等)、调节机制与中介机制等,但在不同领域或者不同行业的研究结论存在争议。特别要注意的是,关于双元创新的前因、情境因素与结果变量以及一些调节机制或中介机制的重要机制研究还存在一定的局限性,缺乏全面、系统的模型,尚有一些未知的重要影响因素等待发掘。因此,十分有必要进行更深入的研究,补充现有的研究,实现对于双元创新前因变量的全面理解。

第三,双元创新的相关研究方法比较单一。目前,虽然出现了不少质性研究与实证研究,但研究的模式比较单一,实证研究中以截面数据或者问卷测量方式为主。截面数据通常采用企业申请专利、研发投入等指标衡量,在管理学领域中双元创新则大多采用问卷调查方法。今后的研究模式有待创新,比如,可以开展跨时间段的研究,基于时间跨度进一步探索研究双元创新的影响因素。此外,对于影响双元创新各因素之间的关系及其交互影响效应的研究极少涉及,交互效应的相关研究尚且处于初步阶段,跨层次理论构建还远远不够。以上皆是未来值得进行深入探讨并完善的地方。

第四,目前有影响力的文献研究大多是基于发达国家的企业样本或国内成熟发展阶段的企业进行的,对在中国经济转型时期而大量涌现的中小企业为样本的研究仍然较少,这与目前这些促进中国经济发展的微观基础所发挥的重要作用极不相符。对于资源有限的中小型企业,双元理论认为企业需要在两种不同的能力模式中找到平衡才能实现利益最大化,但由于现实资源和条件的限制,大部分中小企业的两种创新模式都处于一种互相制约的状态。企业要想获得竞争优势就需要在双元创新能力中保持动态平衡,这样可以使自身更好适应外部变化环境,强化相应的创新能力,帮助企业更好地生存。尽管对于双元创新的平衡问题已经受到理论界和实务界的重点关注,但是研究中还没有形成强有力的解释流派,目前在不同层次开展的研究也难以系统化地给出对于如何提升双元创新能力的解答。因此,在环境不确定性增加、数字化转型蓬勃开展时期,探讨本土企业如何成功实现双元创新以获得持久发展至关重要,未来研究需要从更深的层次上探索促进中国中小企业创新发展的因素已经变得非常紧迫和必要。

四、环境不确定性感知研究述评

环境不确定性是当前外部环境的主要特征，企业以及高层管理人员在进行各项决策的时候都不能避开环境的不确定性这一重要相关因素。学者们基于不同的视角对环境不确定性的内涵进行了界定，但尚未形成统一的认识。以往对于企业外部环境的研究大致可以归类为两类。第一类是针对环境的具体内容进行研究，比如经济、政治和技术等；另一类是针对环境的特点进行的研究，如复杂性、对抗性、动态性、竞争强度等。在当前技术升级更迭加速、市场环境变化莫测、外部竞争日益激烈背景下，企业管理者如何认识、识别和应对环境不确定性在很大程度上影响企业的发展韧性和进步空间。通过文献回顾发现，对于环境不确定性的定义和相关研究还存在很大的进步空间。

第一，现有对环境不确定性的内涵界定主要包括主观、客观和综合视角三种。客观研究视角下的组织环境不确定性认为环境是独立并且客观存在的，组织发展会受到客观环境的影响，且只能通过改变组织生产要素等方式去主动适应和应对环境的变化。客观研究视角主要是借助于档案数据来对环境不确定性进行衡量。这一视角强调环境的真实独立稳定的特点，无论身处其中的组织或管理者有没有注意到环境的特点，他们都会涵盖在被环境影响辐射范围之内，不论这种影响是有利于组织的成长与发展还是不利于甚至损害组织的发展。主观研究视角下的组织环境不确定性认为环境的不确定性程度是由组织中个体感知而确定的，该视角认为环境本身是怎么样并不重要，重要的是身处在环境中的组织与管理者如何去认知与解释这种环境，只有那些被纳入管理者和公司决策的考虑范围的，被他们所感知到的因素才是有意义的。企业管理者根据他们对环境不确定性的感知判断来采取相应的应对措施。综合视角则是总结与归纳了主观视角与客观视角的特点。学者们认为客观视角针对的是产业、宏观环境的特点，主观视角更多的是从企业组织的角度进行决策分析。

第二，对于环境不确定性的测量尚未形成共识，主要原因在于对其定义界定的不唯一性。客观视角的数据，在时间维度上具有滞后性，不能体现最新的情况，并且可能会存在所测出的指标跟实际想要测量的指标存在较大出入的情况。而主观视角的研究则主要通过访谈或者问卷调查方式，由于个体差异性，同一企业中不同领导者对于环境不确定性的感知可能存在很大的差异性。同时，对于其维度的划分，学术界也没有形成共识，目前较多采用的是包括复杂性、动态性和丰富性的三维概念。

第三，现有文献对环境不确定性的研究成果较为丰富，但是已有研究大多是将环境不确定性作为情境变量或者控制变量，现有成果中环境不确定性感知的结果变量研究主要集中于个体认识、企业战略决策、企业绩效、组织结构、组织创新等几个方面。而以环境不确定性感知作为自变量的研究还相对较少，主要集中在创新和企业绩效。研究认为环境的不确定性有注意企业关注自身的动态能力和企业韧性，也有研究认为环境不确定性对创新的影响存在非线性关系，原因是还受到企业资源、规模、行业属性等因素的制约。目前关于环境不确定性的研究在维度划分以及其对企业的影响等方面有很多见解深刻影响深远的研究，也有很多学者在不断地补充丰富相关研究，但是环境影响企业行为的路径并没有得到完全清晰一致的结论。

第三章　CEO 环境不确定性感知对
企业创新的影响

第一节　理论模型

一、CEO 环境不确定性感知与企业创新

环境不确定性描述的是企业对所在环境中技术与市场频繁变动的未来趋势无法准确做出预测的一种状态（Miles 等，1978）。由于在研究中，客观的环境不确定性程度较难测量，并且能够影响企业创新决策的环境不确定性需要通过企业决策者的个人感知才能具体在企业中发生作用。因此本研究从 CEO 个体感知的视角出发，将环境不确定性描述为由于缺乏企业生存环境中相关因素的信息，使得企业高层管理者感知到的无法准确预测采取某项决策后可能对企业未来经营带来的影响以及企业未来发展态势的状态。从信息诠释和处理的视角来看，企业管理者对环境的认知和感知是企业决策中的重要依据，对企业的创新行为选择具有非常重要的影响。根据高阶理论的观点，高层管理者的行为可以看作是他们对战略环境的个人解释，CEO 感知、经验与特质都可能对企业的战略决策产生影响。已有一些研究对环境不确定性感知对企业创新的影响进行了探讨。例如，Uzkurt 等（2012）发现环境不确定性感知对企业创新具有推动作用；Ngo 等（2019）基于对越南企业的实证分析发现企业对环境中的技术感知与企业开发式创新正相关，

而市场感知与企业探索式创新正相关。Kaya 等（2018）基于对土耳其企业的实证分析发现在不确定性的环境背景下，企业管理者会倾向于同时进行在中国转型经济大背景下，调研了 850 家国内企业，发现动态变化的环境特征促使企业更愿意选择周期短、风险小的利用性创新，而不太愿意选择风险大、周期长的突变型创新。已有研究关于环境不确定性对企业创新决策的影响虽进行了一些探讨，但得到的结论并不是完全一致，导致这种情况的原因可能是有的研究并没有详细区分企业创新模式的不同类型和特征，也可能是有些研究的样本企业所在的文化背景不同，进而对研究结果产生了影响。本研究将以中国企业为研究对象，重点探讨 CEO 环境不确定性感知对企业利用性创新和探索性创新两种模式选择的影响。

利用性创新是指企业为了适应环境的变化或自身发展的需要，通过总结经验，沿着既有的技术轨道或服务能力，持续地提高现有产品的技术性能、改善服务的用户体验而不断满足顾客的新价值追求的行为，并且这种行为的结果具有很好的预测性和确定性。通过利用性创新有助于组织有效地、自适应地使用现有的资源，对已有知识元素间的未知联系进行挖掘和探索，并将其应用于新的环境中。通过组织内部成员间的沟通和交流，推动组织内部更深层次信息间的整合与碰撞，使组织能够保持灵活的、可储存的、可转换的和可塑造的资源和能力，帮助企业成功应对不确定性并从中学习改进，进而增强组织从逆境中快速恢复的能力。探索性创新是指企业为了适应环境的变化或自身发展的需要通过不断地实验、研发等科学的活动探索，发现新的思想、技术、方法或知识的行为，这种行为往往具有较大的风险性和很高的失败率。作为企业获取和创造新知识的主要手段，探索性创新旨在通过创新过程寻求和进入新的技术领域，获取新的可持续竞争优势。进行探索性创新的过程就是企业与外部关系网络进行信息交换的过程，这不仅有助于企业打破现有的资源与惯例刚性，而且能够提升企业识别潜在风险并采取积极措施应对的能力，为企业能够在不确定的环境中应对意外威胁、响应危机变化提供了保障。比较而言，利用性创新需要组织对已有技术知识进行进一步深入挖掘学习，主要通过对企业现有产品、市场或服务的微小调整来获取较为稳定的收益。而探索性创新则需要组织掌握和学习偏离其发展轨迹的新知识，对新颖技术、新颖产品或新颖的市场进行深入探索，具有较高的失败风险和较为复杂的创新流程，但是一旦有所突破，将会为企业带来巨大的效益。

由于利用性创新与探索性创新的特征有所不同，需要企业投入的资源、耗费的成本以及可能给企业带来的风险程度都存在着显著的差异，当 CEO 感知到企业当前经营环境具备不确定性特征时，更需要结合企业自身的特征谨慎地选择适合当前情况下企业发展的创新模式。虽然创新被广泛认为是企业获得竞争优势的主要途径，但许多公司在创新所需要的资源方面存在不足（Sumo 等，2016）。Auh 和 Menguc（2005）认为企业的资源是有限的，不同的创新模式需要占用的企业资源之间存在着一定的竞争关系，不同的创新行为此消彼长。利用性创新需要投入的资源较少，在现有的技术轨道或生产线上融入新的元素也可以节省创新活动所需要的时间，因而成为企业应对企业变动较多采用的一种企业创新模式。而探索性创新需要投入的资源需求量较大，为了完成预期成果需要的创新周期也比较长，因此也会产生较高的成本（例如资金成本、资源成本、时间成本等），面对不确定性程度较高的经营环境，企业需要尽快完成创新活动以应对环境的变动，低成本的创新行为成为较多企业的选择（Agnihotri，2005），因此 CEO 可能会减少企业的探索性创新行为。同时，由于受到客观环境不确定性的影响，企业的经营绩效可能会不如以往，影响企业的利润，进而也会影响企业在研发中的投入与支持，因此不利于企业进行探索性创新；而企业通过进行成本较低的利用性创新能够短期内实现，以此来弥补环境不确定性对企业利润带来的损耗，从而有利于保护企业的市场份额（Shaker 等，1996）。其次，CEO 面临创新决策时需要具体考虑不同创新行为可能带来的预期成果与可能需要面对的风险。当外部环境不确定性程度较高时，企业开展前瞻性较强、风险较大的探索性创新活动是非常冒险的（Miller 等，1983）。由于 CEO 与企业联系紧密，他们的个人声誉、经济资源与社交资源等都会因企业的经营状况而受到影响，因此对 CEO 来说，如果企业经营失败，他们的损失将会非常惨重。因此，出于对企业创新失败以及绩效下滑等不利结果的厌恶，CEO 会倾向于避免使企业面对较大的风险（Sander，

2007)。孙永风和李垣（2007）在研究中指出，国有企业的创新行为会受到政府的影响，他们在行为上会偏向保守，因此面对动态变化的环境时通常会规避风险较高的战略行为以缓解环境不确定性对企业的影响；而私营企业由于国内法律法规的不尽完善以及财务资源的有限性，也不太愿意选择高风险的创新行为，且中国风险资本市场的缺乏使得民营企业通常需要向银行贷款来获得企业活动需要的资金，但以银行为代表的风险资本家面对环境的动态变化时，可能表现得更为保守，因此私营企业很难获得足够的资金支持，因此投入低、见效快的利用性创新模式成为这些企业的较好选择。另外，CEO 作为企业发展战略的决策者，不仅具有有限理性，还只具备有限的注意力，CEO 需要在管理过程中将有限的信息处理能力进行合理的分配，尤其在面对决策时，需要将大部分注意力转移到与决策紧密相关的不同信息上（Richard 等，1990）。面对动态复杂的环境特征，CEO 需要处理的信息容量较大，既要了解外部顾客需求的变化特征、相关技术的更新换代趋势，还要综合处理企业经营因环境变动而带来的问题等。因此，当 CEO 感知到的环境不确定性对企业的经营产生影响时，为了让企业尽快应对，可能倾向于采取能够快速实现的利用性创新模式，进一步改进自己的产品和服务，优先满足现有顾客的需求。综上所述，本研究提出如下假设：

H1：CEO 环境不确定性感知对利用性创新具有显著的正向影响。

H2：CEO 环境不确定性感知对探索性创新具有显著的负向影响。

二、高管团队行为整合中介作用路径

高层管理团队作为企业战略决策与实施的制定者和实施者，是影响企业创新行为和创新绩效的核心群体，对企业创新决策的制定和选择有着重要的影响（Hambrick，2007；古家军等，2016）。高管团队行为整合作为一个综合性的概念，描述了高层管理者们交流、合作等一系列互动行为的整合。已有研究发现，高管团队行为整合有助于企业内高层管理团队共享知识，提高团队洞察力，促进企业内部核心能力的提升进而推进企业创新行为（Hambrick，2007）。行为整合水平较高的高管团队能更好地协调工作流程，高管团队成员通过合作能够对企业现有的知识资源、物质资源有深层次的认识，并进行更为充分的利用（Simsek等，2005）。缺乏必要的互动与合作，高管团队成员极有可能仅仅关注自己负责领域的工作任务，缺少对企业整体及外部市场环境变化的全面感知，从而影响到企业整体的创新活动（Hambrick等，1996）。Jansen等（2006）的研究也表明，沟通交流有助于企业有效整合多方面的信息资源，从而推动企业开展创新活动，组织成员之间的连通性对企业利用性创新与探索性创新都具有显著的影响。

根据高阶理论的观点，组织的战略决策结果可以被看作是组织高层管理者的价值观与认知基础的外在反映，高层管理者的行为表现可以看作是他们对战略环境的个人解释（刘兰剑，2010）。CEO作为企业最高领导者，同时也是企业高管团队的重要成员，对高管团队行为整合具有重要的影响。已有研究发现，CEO的革命型领导行为有助于企业高管团队成员间达成共识（Lin等，2015）；CEO与高管团队其他成员的共享价值观有助于高管团队成员间的信息交换（Buyl等，2011）。成瑾等（2017）通过多案例研究指出CEO作为高管团队成员中拥有资源最多、权力最大、自主性最强的个体，可以通过构建良好的团队结构促进企业高管团队行为整合进而影响高管团队的行为。因此本研究认为CEO可以通过影响高管团队行为整合进而影响企业的创新决策。通过对现有文献的回顾我们发现，CEO个人的特征属性对企业战略决策的影响得到了诸多验证（Emsley等，2006；Chang等，2012；陈权，2013），但总的来说，现有研究对CEO的可观察特征研究较多，心理特征尤其是CEO个体的感知对企业战略决策的影响研究成果还相对较少。CEO作为企业高管团队中的重要成员，不可避免地要与其他成员发生互动，成员之间相互影响进而会共同影响到企业的战略和实施。高度不确定性的外部环境对企业的经营与未来发展都提出了更高的要求，同时这种不确定的环境特征也会让CEO个人感知到难以准确判断顾客和市场的需求、竞争者的行动与企业自身未来的发展方向，进而对高管团队成员之间的互动也提供了契机，企业需要更加谨慎地进行战略决策，高管团队的成员需要更加频繁和充分地进行信息交换与沟通合作，促进了企业高管团队行为整合水平的提升。当CEO感知到环境不确定性，个体认知与行动中也会产生更多的困惑和焦虑，通过在互动中分享自己的观点，同时听取其他团队成员的意见，在这个过程中收集和分析大量的内外部信息并获取更多的解决方案，有助于缓解环境不确定性对 CEO 产生的迷茫和焦虑，并帮助企业在当前环境背景下选择更加合适的创新模式（Chen 等，2019）。CEO 作为企业高层管理团队中的重要成员，通过与其他高管团队成员进行更多的信息交换有助于提高决策质量。企业的高管团队成员在充分讨论之后，共同完成战略决策，可以降低个人决策可能产生的片面性和失误。由于高管团队成员专业背景的差异化，看问题的角度以及对信息的解读都会有所不同，这种隐形的知识只有通过团队成员间的交流才能充分地得到利用。当 CEO 感知的环境不确定性程度越高，面对的环境信息也将更加复杂，强烈的危机感会促使 CEO 更重视与高管团队成员的互动，推动高管团队行为整合。综上所述，本研究提出如下假设：

H3：高管团队行为整合在 CEO 环境不确定性感知和利用性创新、探索性创新的关系中均起到了中介作用。CEO 环境不确定性感知能够推动高管团队行为整合，进而促进企业的利用性创新，抑制企业的探索性创新。

三、CEO 特质调节焦点的调节作用

高阶理论认为企业中高层管理者的个性与特质会影响企业的决策和行为（Simsek，Z. 等，2005），特质调节焦点作为个体在成长过程中逐渐形成的一种行为倾向，能够展现个体行为表现背后可能存在的不同动机，通过影响企业管理者的行为特征进而影响企业的决策与行为。根据调节焦点理论的观点，每个人都具有两种不同的自我调节机制，一种是促进型调节焦点，另一种是防御型调节焦点（Higgins，1998）。促进型调节焦点的个体有成长的需要，更看重个人的发展与自我实现，常表现为进取动机导向，面对决策时更倾向于选择冒险激进的方案，当以促进型焦点为中心时，人们会受到成长和发展需求的激励，使自己的实际自我与理想自我（希望自己成为什么样的人）保持一致；防御型调节焦点的个

体有安全的需要，更注重履行自己的责任和义务，常表现为规避动机导向，面对决策时更倾向于选择安全保守的方案（Higgins 等，2001），当以防御型焦点为中心时，人们更注重安全需求，试图将自己的实际自我与应该自我（现实中应该承担的职责和责任）相匹配。王洪波等（2017）在研究中指出，CEO 拥有将企业有限资源分配到不同活动之中的权力，具有促进型调节焦点的 CEO 基于其高水平的成就动机，会更积极地寻求新方法帮助企业获得更高绩效，倾向于将资源投入到具有一定风险性的创新活动当中。一般而言，具有很强促进型焦点的个体对积极结果的存在或不存在很敏感，对机会也很警觉，一般采用接近、迫切的策略实现目标；而具有防御型调节焦点的 CEO 基于安全和责任的维稳动机，会更加警觉和保守，倾向于将资源投入到正在成功或易于成功的活动当中，更希望能够确保企业的安全和避免损失。相比之下，具有强烈防御型焦点的人强调安全和避免损失，对负面结果的存在或不存在更加敏感，更关注可能存在的威胁，采用避免、警惕策略实现目标。由此说明，具有不同特质调节焦点的企业 CEO 面对同一事件时也会拥有不同的反应并表现出差异化的应对行为。

基于高阶理论与调节焦点理论的观点，本研究认为，具有不同特质调节焦点的 CEO 对环境不确定性的感知会产生不同的个体认知，同时在行为表现与决策选择时会有差异化的表现（Higgins，1997）。首先，具有促进型调节焦点的 CEO 渴望获得收益，对积极的结果比较敏感和期待，不确定性环境对企业带来的挑战与他们的内在动机更加吻合，因此会更加关注环境的不确定性特征能够为企业带来的潜在发展机遇，信息的冗杂和更迭为企业提供了更多的发展思路。其次，具有促进型调节焦点的个体在工作中具有更强的主动性（Meyer 等，2004），他们会更积极地推动企业中的团队合作，争取他人的支持。当感知到企业外部环境的不确定性较强时，具有促进型调节焦点的 CEO 会主动增加与其他高管交流与合作的频率，一方面在交流中获取更多信息，传递自己的观点，另一方面在交流中推动企业决策的尽快制定，推动企业高管团队行为整合水平的提高。而具有防御型调节焦点的 CEO 希望避免损失，对消极的结果比较敏感，不确定性的环境特征可能为企业带来的威胁与他们的内在动机更加吻合。因此当 CEO 感知到环境不确定性程度较强时，具有防御型调节焦点的 CEO 会更加关注环境的不确定性特征可能导致企业产生的损失以及潜在的威胁，同时资源的稀缺与竞争者的增多会让企业 CEO 在行动中更加保持警惕，对自己的言行会相对严谨，在企业内部讨论与合作中也会更加谨慎，企业高管团队行为整合水平也会相对有所下降。基于上述分析，本研究提出以下假设：

H4：CEO 特质调节焦点显著调节 CEO 环境不确定性感知和高管团队行为整合之间的关系。当 CEO 的促进型调节焦点占主导时，CEO 环境不确定性感知与高管团队行为整合之间的正向关系变强；当 CEO 的防御型调节焦点占主导时，CEO 环境不确定性感知与高管团队行为整合之间的正向关系变弱。

进一步分析，本研究认为高管团队行为整合的中介作用也会受到 CEO 特质调节焦点的调节。具体来说，对于促进型调节焦点的 CEO 而言，他们对环境不确定的感知更倾向于积极层面，他们会主动地去适应外部环境的变化，同时对动态变化的环境中可能存在的机会与资源给予更多的关注。正如 Tumasjan 和 Braun（2012）发现的那样，促进型调节焦点的创业者们能够更加迅速地发现和识别到创业机会，并且随着促进型调节焦点水平的提升，创业者们能够发现创业机会的数量也会更多。促进型调节焦点的 CEO 更倾向于鼓励下属寻求发展、晋升、改变等，从而表现为魅力型或变革型领导，也能够在环境不确定性感知过程中发现和识别更多的发展机会，进而推动企业的高管团队行为整合，促使企业尽快完成决策并尽快将有限内外部资源整合投入到有利于企业迅速建立竞争优势的创新活动当中。同样，对于防御型调节焦点的 CEO 而言，他们更倾向于提醒下属关注标准和要求，寻求确定性和稳定性，从而表现为交易型领导，对环境不确定的感知更倾向于消极层面，他们对环境不确定性特征可能给企业带来的潜在威胁和损失更加敏感。本着为了避免企业产生更大损失的原则，会更倾向于维持企业现状，通过与其他高管的沟通交流，可能会做出更加保守的创新决策，将有限的资源投入到有利于企业保持现有竞争力的创新行为当中。基于上述分析，本研究提出如下假设：

H5：CEO 特质调节焦点显著调节高管团队行为整合在 CEO 环境不确定性感

知与利用性创新、探索性创新之间的中介作用路径。当 CEO 的促进型调节焦点占主导时，高管团队行为整合的作用路径变强；当 CEO 的防御型调节焦点占主导时，高管团队行为整合的作用路径变弱。

综上，本章构建理论模型如图 3-1-1 所示：

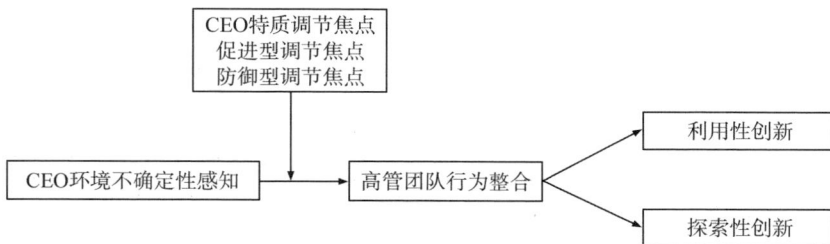

图 3-1-1　理论模型

第二节　数据分析

一、样本选取与数据收集

考虑到数据的可获取性，调研的资源和成本等问题，调研地点以江苏、安徽两省为主。被调研企业需要符合以下特征：一是企业成立时间为一年以上（焦豪，2011），说明企业已经稳步发展；二是企业发展过程中已有创新行为；三是企业高层管理人员不少于 3 人，说明企业存在高管团队行为整合。为减小共同方法偏差对研究结果的影响，调研中每家企业邀请 CEO 及另外一名高管（如副总、部门总监等）共同参与调查，两人分别填写相关内容。其中，包含企业基本信息、企业家基本信息、环境不确定性感知和个体特质调节焦点的问卷内容由 CEO 填写；包含高管团队行为整合、利用性创新以及探索性创新的问卷内容需由另一名高管填写。

本次调研时间跨度为 2019 年 7 月至 10 月，剔除填写不完整以及未能成功匹配的样本问卷，总计回收了来自 432 家企业的 864 份完整问卷。通过对样本筛选和清洗，最终获得来自 373 家企业的有效样本问卷 746 份。由于有效样本来自两种不同的调研渠道，本研究对线上线下两渠道来源的样本数据进行差异化的检验，结果发现组间差异显著性为 0.913，高于 0.05，说明线上渠道与线下渠道收集的样本之间并不存在显著差异。

二、变量测量

本研究所有测量均采用已有研究中的成熟量表，且在研究中具有较好的信效度，问卷中涉及的所有题项均采用李克特五点量表。

（1）因变量：利用性创新、探索性创新。本研究采用孙永磊、陈劲等人（2018）的量表，使用 4 个题项测量利用性创新，包括"本公司在现有工艺和产品改进方面会有更多投入""本公司研发活动的主要目标是提高效率、降低成本"等内容；使用 5 个题项测量探索性创新，包括"本公司在新产品与新技术的开发方面会有更多投入""与竞争对手相比，本公司开发创造了更多的新技术和新产品"等内容。

（2）自变量：CEO 环境不确定性感知。本研究参照金丽（2018）的量表结合已有研究（Miller 等，1983；刘家国等，2017）对题项表述进行了部分调整，使用 12 个题项测量 CEO 的环境不确定性感知，包括"公司营销策略变动的频率较快""公司的产品或服务更新的速度较快""竞争对手的行动可预测的程度较难""公司所在行业的客户忠诚度非常低"等内容。

（3）中介变量：高管团队行为整合。本研究采用 Simsek 等（2005）学者开发的量表，使用 9 个题项测量高管团队行为整合，包括"当高管团队中某位成员工作很忙时，团队中的其他成员会主动地帮忙分担一些任务""当高管团队中某位成员的行为会影响到另一位团队成员时，他们通常会让对方知道"等内容。

（4）调节变量：CEO 特质调节焦点。采用 Higgins 等（2001）开发的量表，主要原因在于 Higgins 是特质调节焦点理论的提出者，并且其量表在现有研究中被广泛使用且在中国情境下被证实具有较好的信度和效度。该量表共包含 11 个题项，其中促进型特质调节焦点使用 6 个题项测量，包括"在做那些对你很重要的事情时，你发现自己的表现没有想象中想做的那么好"（反向题），"我觉得我在生活中正向着成功不断迈进"等内容；防御型特质调节焦点使用 5 个题项测量，包括"粗心大意曾让你多次陷入麻烦之中"（反向题），"我通常会遵守父母制定的制度和规则"等内容。根据 Lockwood 等（2002）的建议用 CEO 的促进型特质调节焦点得分减去其防御型特质调节焦点得分，进而得到 CEO 个体特质调节焦点的得分，该得分越高说明 CEO 越倾向于促进型调节焦点的特质。

（5）控制变量：借鉴参考已有研究（Liem 等，2019；焦豪，2011），选取了企业所有权性质、成立年限、员工总数、所在地区、所属行业、企业发展阶段以及 CEO 的性别、年龄、教育水平、专业背景作为控制变量。

三、实证分析

（一）信度和效度检验

量表的信效度检验结果如表 3-2-1 所示，所有变量的 Cronbach's Alpha 系数均高于 0.8，量表具有较好的信度。每个变量的 CR 值均高于 0.8，AVE 值高于 0.5，量表具有较好的聚合效度和组合信度。参照表 3-2-2 的结果显示，对角线上 AVE 的平方根在 0.726~0.854 之间，各变量之间的相关系数绝对值最大值为 0.466，AVE 的平方根的最小值大于相关系数的最大值，说明量表具有较好的判别效度。

表 3-2-1　信度与效度检验结果（N=373）

变量名称	Cronbach's Alpha 系数	CR	AVE
CEO 环境不确定性感知	0.930	0.930	0.527
高管团队行为整合	0.929	0.931	0.602
利用性创新	0.902	0.905	0.706

变量名称	Cronbach's Alpha 系数	CR	AVE
探索性创新	0.888	0.889	0.617
CEO 促进型调节焦点	0.890	0.891	0.578
CEO 防御型调节焦点	0.913	0.915	0.730

（二）共同方法偏差检验

本研究在调研过程中通过配对调查的方式控制共同方法偏差的影响，并采用 Harman 单因素检验分析方法对共同方法偏差问题进行检验，结果显示，未旋转的因子分析结果中，第一个因子的解释力度仅为 25.625%，并没有高于 50% 的解释力度，可以认为本研究的共同方法偏差问题并不严重。

（三）描述性统计与相关性分析

表 3-2-2 汇报了主要变量的平均值、标准差以及相关性系数。根据相关性系数可以看出，CEO 环境不确定性感知与高管团队行为整合呈显著正相关关系（$R=0.253$，$P<0.01$），与利用性创新呈显著正相关关系（$R=0.308$，$P<0.01$），与探索性创新呈显著正相关关系（$R=0.352$，$P<0.01$）；高管团队行为整合与利用性创新呈显著正相关关系（$R=0.343$，$P<0.01$），与探索性创新呈显著正相关关系（$R=0.359$，$P<0.01$）。除 CEO 环境不确定性感知、高管团队行为整合与探索性创新行为之间的相关关系与前文的研究假设方向相反之外，其他变量间的相关关系都初步验证了本文的研究假设。根据 Tsui（1995）等学者的研究，如果两个变量之间的相关性系数大于 0.75，那么这两个变量之间可能存在严重的多重共线性问题，表 3-2-2 中各变量之间的相关性系数均低于 0.5，因此可以认为各变量之间并不存在严重的多重共线性问题。

表 3-2-2　变量的均值、标准差及变量间的相关性系数 （N=373）

变量	1	2	3	4	5	6	7	8	9	10	11	12	13	14	15	16
1. 所有权性质																
2. 成立年限	0.358**															
3. 员工数	-0.379**	0.560**														
4. 所在地区	0.321**	-0.108*	-0.211**													
5. 所属行业	-0.225**	0.115*	0.057	-0.239**												
6. 发展阶段	-0.289**	0.586**	0.416**	-0.124*	0.063											
7. 性别	-0.212**	0.143**	0.221**	0.151**	0.104*	0.151**										
8. 年龄	0.009	0.144**	0.061	0.029	-0.075	0.168**	-0.083									
9. 教育水平	-0.251**	0.035	0.305**	-0.288**	-0.047	-0.061	0.150**	-0.045								
10. 专业背景	-0.159**	0.102*	0.074	-0.133*	0.244**	0.084	0.193**	-0.131*	0.082							
11. CEO 环境不确定性感知	-0.138**	0.064	0.132*	-0.155**	-0.007	0.028	0.070	-0.024	0.159**	0.153**	**0.726**					
12. TMT 行为整合	-0.237**	0.081	0.119**	-0.226**	0.094	0.081	0.037	0.014	0.062	0.108*	0.253**	**0.776**				
13. 利用性创新	-0.031	0.082	0.031	0.105*	-0.174**	0.045	-0.057	0.001	0.011	-0.074	0.308**	0.343**	**0.840**			
14. 探索性创新	-0.097*	0.106*	0.094	0.014	-0.051	-0.003	0.035	-0.016	0.019	0.020	0.352**	0.359**	0.466**	**0.785**		
15. 促进型调节焦点	-0.047	0.06	-0.023	0.080	-0.042	0.101	0.008	0.094	-0.011	0.0138	0.025	0.238**	0.176**	0.129*	**0.760**	
16. 防御型调节焦点	-0.080	0.015	0.091	-0.170**	0.197**	0.016	0.031	0.010	0.041	0.043	0.019	-0.076	-0.235**	-0.236**	-0.182**	**0.854**
平均值 （Mean）	3.310	3.430	2.270	1.570	2.630	2.230	1.240	2.960	1.870	1.760	3.382	3.624	3.827	3.708	3.456	2.523
标准差 （SD）	1.513	1.269	1.704	0.506	1.319	0.871	0.43	0.764	0.634	0.614	0.916	0.751	0.874	0.808	0.907	1.045

注：*** 表示 $P<0.001$；** 表示 $P<0.01$；* 表示 $P<0.05$；表中对角线上加粗的数字表示 AVE 的平方根。

第三节　假设检验

一、直接效应检验

采用层级回归检验 CEO 环境不确定性感知对利用性创新与探索性创新的直接效应，结果如表 3-3-1 所示。由模型 2 可知，CEO 环境不确定性感知对利用性创新存在显著的正向影响（$\beta = 0.319$，$P<0.001$），同时模型 2 的 R^2 比模型 1 的 R^2 增加了 0.105，且 R^2 的变化在 0.01 的水平上显著，说明相对于控制变量而言，CEO 环境不确定性感知对利用性创新具有显著的影响，假设 1 得到验证。同理，由模型 4 可知，CEO 环境不确定性感知对探索性创新也存在显著的正向影响（$\beta = 0.313$，$P<0.001$）。由于 CEO 环境不确定性感知对探索性创新的影响为负向显著，与本研究的假设 2 方向相反，假设 2 未能得到支持。

表 3-3-1　直接效应的回归分析检验结果（$N=373$）

因变量	利用性创新		探索性创新	
	模型 1	模型 2	模型 3	模型 4
所有权性质	-0.044	-0.032	-0.052	-0.040
成立年限	0.074	0.072	0.078*	0.077*
员工数	-0.013	-0.025	0.026	0.015
所在地区	0.159	0.218*	0.050	0.108
所属行业	-0.111**	-0.094**	-0.052	-0.035
发展阶段	0.012	0.025	-0.111*	-0.098*
性别	-0.108	-0.108	0.029	0.029
年龄	-0.043	-0.042	-0.022	-0.021
教育水平	0.035	0.001	-0.043	-0.076
专业背景	-0.057	-0.124*	0.027	-0.039

因变量	利用性创新		探索性创新	
	模型 1	模型 2	模型 3	模型 4
CEO 环境不确定性感知		0.319***		0.313***
R^2	0.056	0.161	0.033	0.151
调整 R^2	0.030	0.135	0.007	0.125
F	2.156*	6.275***	1.251	5.863***
DW	1.833	1.866	2.052	1.993

注：*** 表示 $P<0.001$；** 表示 $P<0.01$；* 表示 $P<0.05$。

二、中介效应检验

首先检验高管团队行为整合在 CEO 环境不确定感知与企业利用性创新之间的中介作用。由模型 2 可知，CEO 环境不确定性感知对利用性创新存在显著的正向影响（$\beta=0.319$，$P<0.001$），由表 3-3-2 中的模型 5 可知，CEO 环境不确定性感知对高管团队行为整合存在显著的正向影响（$\beta=0.173$，$P<0.001$）。将 CEO 环境不确定性感知和高管团队行为整合同时放入模型，对利用性创新做回归得到模型 7，可知高管团队行为整合对利用性创新存在显著的正向影响（$\beta=0.394$，$P<0.001$），且 CEO 环境不确定性感知对利用性创新的效应依然显著，但回归系数 β 由 0.319（$P<0.001$）减小至 0.251（$P<0.001$），由此表明高管团队行为整合在 CEO 环境不确定性感知和利用性创新关系中起到了部分中介作用。同理由模型 4 可知，高管团队行为整合在 CEO 环境不确定性感知和探索性创新关系中起到了部分中介作用。但由于 CEO 环境不确定性感知对企业探索性创新的影响为正向显著，与假设 3 的方向相反，因此假设 3 得到了部分支持。

表 3-3-2　中介效应的回归分析检验结果（$N=373$）

因变量	TMT 行为整合		利用性创新	探索性创新
	模型 5	模型 6	模型 7	模型 8
所有权性质	-0.085**	-0.078**	0.002	-0.011
成立年限	-0.021	-0.036	0.081*	0.084*

因变量	TMT 行为整合		利用性创新	探索性创新
	模型 5	模型 6	模型 7	模型 8
员工数	0.014	0.031	-0.031	0.010
所在地区	-0.222**	-0.261***	0.306**	0.183*
所属行业	0.009	0.024	-0.097**	-0.038
发展阶段	0.006	-0.022	0.023	-0.100*
性别	-0.065	-0.037	-0.082	0.051
年龄	0.027	0.031	-0.053	-0.030
教育水平	-0.073	-0.077	0.029	-0.052
专业背景	0.051	0.048	-0.144*	-0.056
CEO 环境不确定性感知	0.173***	0.163***	0.251***	0.255***
高管团队行为整合		0.098***	0.394***	0.339***
特质调节焦点		0.096**		
环境不确定性感知 * 特质调节焦点		0212		
R^2	0.130	0.183	0.260	0.238
调整 R^2	0.104	7.6426***	0.260	0.212
F	4.925***	1.822	10.566***	9.344***
DW	1.881	-0.078**	1.907	2.000

注：*** 表示 $P<0.001$；** 表示 $P<0.01$；* 表示 $P<0.05$。

采用 Bootstrapping 的方法进一步对中介效应的显著性进行分析，将 Bootstrapping 运作次数设置为 1000 次，置信区间取 95%的结果，检验结果如表 3-3-3 所示。CEO 环境不确定性感知通过高管团队行为整合对利用性创新的间接效应显著（95%置信区间 CI = [0.034，0.113]，不含 0，效应值为 0.068），同时 CEO 环境不确定性感知对利用性创新的直接效应显著（95%置信区间 CI = [0.065，0.314]，不含 0，效应值为 0.191），高管团队行为整合在 CEO 环境不确定性感知与利用性创新之间的部分中介作用再次得到支持。同理，高管团队行为整合在 CEO 环境不确定性感知与探索性创新之间的部分中介作用再次得到支持。假设 3 再次得到部分支持。

表 3-3-3　中介效应 Bootstrapping 检验结果 （$N=373$）

路径	效应	效应量	Boot 95%CI
环境不确定性感知→TMT 行为整合→利用性创新	直接效应	0.191	［0.065，0.314］
	间接效应	0.068	［0.034，0.113］
环境不确定性感知→TMT 行为整合→探索性创新	直接效应	0.266	［0.126，0.385］
	间接效应	0.073	［0.034，0.126］

三、调节效应检验

运用层级回归分析对 CEO 特质调节焦点的调节作用进行检验，结果如表 3-3-2 所示。由模型 6 可知，CEO 环境不确定性感知与 CEO 特质调节焦点的交互项对高管团队行为整合存在显著的正向影响 （$\beta = 0.096$，$P < 0.01$），假设 4 得到支持。为了更加清晰地展示 CEO 特质调节焦点的调节作用，绘制了调节效应图如图 3-3-1 所示。

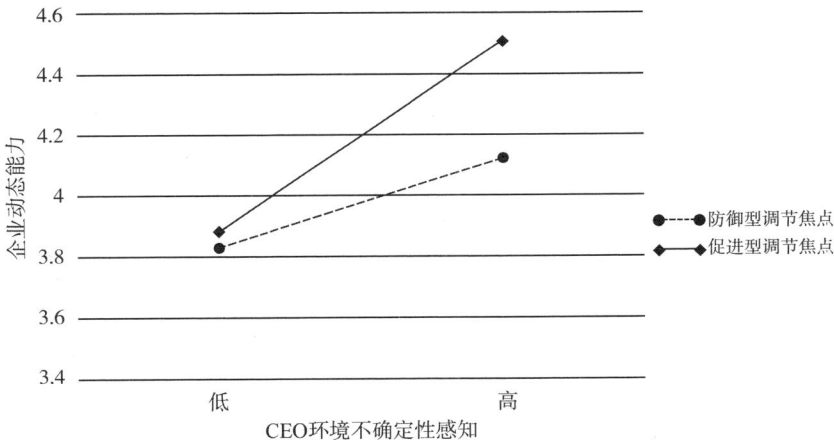

图 3-3-1　特质调节焦点对 CEO 环境不确定性感知与高管团队行为整合的调节效应

为了进一步验证上述调节效应的显著性，进行 Simple Slope 检验和斜率差异检验，结果如表 3-3-4 所示。当 CEO 的促进型调节焦点占主导时，CEO 环境不确定性感知与高管团队行为整合的正相关关系显著 （$\beta = 0.359$，$P < 0.001$）；当 CEO 的防御型调节焦点占主导时，CEO 环境不确定性感知与高管团队行为整合

的正相关关系不再显著（$\beta=0.079$，$P>0.05$）；并且当不同的 CEO 特质调节焦点占主导时，CEO 环境不确定性感知对高管团队行为整合的影响作用存在显著的差异（$\beta=0.281$，$P<0.001$），因此假设 4 再次得到支持。

表 3-3-4　Simple slope 检验和斜率差异检验结果（$N=373$）

路径	调节变量水平（+/-1sd）	效应量	S. E
	促进型调节焦点	0. 359[***]	0. 063
CEO 环境不确定性感知→TMT 行为整合	防御型调节焦点	0. 079	0. 059
	差异	0. 281[***]	0. 079

注：[***] 表示 $P<0.001$；[**] 表示 $P<0.01$；[*] 表示 $P<0.05$。

四、被调节的中介效应检验

采用 Bootstrapping 的方法对被调节的中介效应进行检验，结果如表 3-3-5 所示。当 CEO 的防御型调节焦点占主导时，CEO 环境不确定性感知通过高管团队行为整合对利用性创新的间接效应不显著（95% 置信区间 CI=[-0.017，0.063]，不包含 0，效应值为 0.020）；当 CEO 的促进型调节焦点占主导时，CEO 环境不确定性感知通过高管团队行为整合对利用性创新的间接效应显著（95% 置信区间 CI=[0.060，0.207]，不包含 0，效应值为 0.119）。随着 CEO 特质调节焦点由防御型向促进型转变，CEO 环境不确定性感知通过高管团队行为整合对利用性创新的间接效应增加了 0.099，且间接效应变化量在 95% 置信区间下显著（95% 置信区间 CI=[0.038，0.207]，不包含 0），因此可以认为 CEO 特质调节焦点显著地调节了高管团队行为整合在 CEO 环境不确定性感知与利用性创新之间的中介作用。同理可知，CEO 特质调节焦点显著地调节了高管团队行为整合在 CEO 环境不确定性感知与探索性创新之间的中介作用，假设 5 得到支持。

表 3-3-5　被调节的中介效应 Bootstrapping 检验结果 （$N=373$）

路径	调节变量水平 （+/-1sd）	效应量	Boot 95%CI	90%CI
CEO 环境不确定性感知→TMT 行为整合→企业利用性创新	促进型调节焦点	0.119	[0.060, 0.207]	[0.04, 0.235]
	防御型调节焦点	0.020	[-0.017, 0.063]	[-0.032, 0.086]
	差异	0.099	[0.038, 0.207]	[0.023, 0.245]
CEO 环境不确定性感知→TMT 行为整合→企业探索性创新	促进型调节焦点	0.120	[0.055, 0.210]	[0.035, 0.241]
	防御型调节焦点	0.020	[-0.015, 0.068]	[-0.030, 0.098]
	差异	0.100	[0.031, 0.199]	[0.019, 0.232]

第四节　结论与讨论

本研究从创新过程的视角出发，基于"环境—个体—过程"的研究范式，重点探讨企业 CEO 对外界环境的不确定性感知如何影响企业创新模式选择的内在过程。通过对中国 373 家企业的样本数据分析，本研究得到如下结论：

第一，CEO 环境不确定性感知对企业利用性创新和探索性创新均具有显著的正向影响。环境不确定性使得企业领导者感知到难以准确地把握技术与市场的变化态势，对行业中竞争企业的行动也无法做出准确的判断，这种对未来的不可预测性感知对企业的发展规划与战略决策增加了巨大的困难。利用性创新所具有的短周期、低风险的特点恰好符合企业快速应对复杂多变的竞争环境的要求，同时资源的难以获取性使得企业能够投入创新的资源有限，进行资源需求较小的低级创新行为是企业在不确定性环境中的较好选择。CEO 环境不确定性感知对企业探索性创新正相关这一结论与本研究的假设相反，可能的原因是，环境的持续变化对企业的创新行为提出了更高的要求，开发的新的技术和产品有助于企业开拓新的市场，甚至赶超其他竞争者成为新行业的领军者；环境的持续变化会让企业决策者难以预测创新的结果，因此为了获得更多机会，企业可能将资源同时分配给两种不同的创新项目，这一点与 Kaya 等（2018）的研究结论基本一致，他认为企业管理者在不确定性的环境特征背景下，管理者会倾向于同时进行利用性创新与探索性创新，以避免仅采取一种创新方式可能带来的风险，他们认为这一选择与土耳其民族的不确定性规避特征相关，因此不同的文化特征也是导致现有结论不一致的可能原因。中国的传统文化也具备这种不确定性规避的特征，研究结果显示 CEO 环境不确定性感知对企业利用性创新与探索性创新行为都具有显著的正向影响，可能也是中国企业规避风险的一种选择导致。

第二，高管团队行为整合在 CEO 环境不确定性感知与企业利用性创新、探索性创新的关系中均起到了中介作用。实证结果表明，高管团队行为整合是 CEO 环境不确定性感知与企业创新行为的"桥梁"，CEO 作为高管团队的重要成员，不可避免地要与其他成员互动，通过高管团队成员充分讨论，共同完成战略决策，将尽可能降低个人决策产生的片面性和失误，进而有利于企业战略实施。一般来说，CEO 感知到环境的不确定性特征以后，为了尽快帮助企业应对环境的变化，规避环境不确定性对企业经营可能产生的威胁，CEO 会主动推进企业决策群体的沟通与协商，通过信息分享、意见沟通，尽快形成一个适合企业当下发展的创新决策，通过创新活动的开展尽快建立企业的竞争优势。

第三，CEO 特质调节焦点显著调节了 CEO 环境不确定性感知与高管团队行为整合之间的关系，同时对高管团队行为整合在 CEO 环境不确定性感知与利用性创新、探索性创新之间的中介路径具有调节作用。研究结果表明，具有促进型调节焦点的 CEO 能更有力地推动企业高管团队的行为整合，并进而推动企业的利用性创新与探索性创新活动的开展。具体表现在，促进型调节焦点 CEO 能够在环境感知中发现和识别更多发展机会，进而推动高管团队行为整合，促使企业尽快完成决策并整合有限资源将其投入到有利于企业迅速建立竞争优势的创新活动中。具有防御型调节焦点的 CEO 面对企业决策时会更加谨慎，因此不同的企业 CEO 即使面对同样的环境，也可能会产生不一样的环境不确定性感知，进而导致个体在具体的响应行为上具有较大的差异。具体表现在，防御型调节焦点 CEO 对环境不确定性的感知比较消极，对可能给企业带来的潜在威胁和损失更加敏感。为避免企业遭受更大损失，他们倾向于维持现状，通过与其他高管的沟通交流，做出更加保守的决策，将有限资源投入到有利于企业保持现有竞争力的创新行为中。

第五节　研究的结论与未来研究方向

本研究仍存在一些不足：样本选择上，鉴于调查对象为CEO等高管，数据获取较难，因此在行业特征等方面并未做严格的限制和区分。鉴于调研的成本，样本公司所在区域以中东部地区为主，未来可进一步细化，增强研究结果的适用性与深度。研究内容上，本研究中几个变量是拥有多重维度的概念，如环境不确定性感知、高管团队行为整合等，不同维度的特征可能对结果变量的影响也存在差异，本研究对此问题未做验证，未来可进一步探索。研究方法上，鉴于时间与精力有限，以定量分析为主，未来可进一步采集多角度的深度访谈资料，针对研究问题进行更为严谨的定性研究，使研究结论更加细致与可靠。另外，本研究使用的是横截面数据进行的实证检验，未来可采用纵向设计，通过多时点的调查或长期跟踪进一步捕捉企业对CEO环境不确定性感知的具体响应行为和过程。

第四章　CEO 创业想象力对企业创新的影响

第一节　理论模型

一、创造性想象力与双元创新

根据 Kier 和 McMullen 的研究，创业想象力直接影响交流、创新、管理等行为，是一个多维度的概念，就目前而言，创业想象力已经成为新兴战略领导力领域的重要阵地，能够帮助企业捕捉新机会和新市场需求，应对以疫情为代表的黑天鹅事件的不利影响带领企业突围（Talat & Chang，2019）。创业想象力具体包括创造性想象、社会性想象力和实用性想象力三个维度。但是，由于每个人的想象力在数量和形式上是不一样的，不同类型的创业想象力的影响机制不尽相同。

由于想象是一种创造性的能力，它能在头脑中形成形象和想法。想象力是感性和知性之间的一种中介性先天能力，在人的判断认识方面起着不容忽视的重要作用，能够看到别人看不见的东西。同时，想象力也是一种独立于创造力的工具（Vygotsky，1990；Kind，2016）。Kant 指出，想象力通过自由的、不受规则支配的活动使创造力成为可能，人们通过这种活动在经验中获得新的结构，并可以改造现有的模式来产生新的意义。Vygotsky（1990）认为，想象力是所有创造性活动的基础。创造力是创新团队完成创新实践、获得竞争优势和实现可持续发展的关键。创造力的研究起源于对个体创造力的研究，被定义为员工在工作中产生新颖而有用的想法的相关过程，后逐步扩展到组织层面的创造力研究，个体和组织创造力的提升问题备受学术界和实务界的关注。如今，创造力经常被定义为产生新颖的和有用的观点（Amabile，1988；Amabile，Barsade，Mueller 和 Staw，2005；Amabile，Conti，Coon，Lazenby 和 Herron，1996）。而"创造性想象力"是一种认知技能，它能预见到目前新颖的、原创的、艺术的或在创业活动中无法或没有观察到的事物。创造性想象力通过帮助企业家预测借助新产品或服务将新知识引入价格系统的效果，从而促进产品创新（McMullen 和 Dimov，2013）。而创新是企业战略变革和竞争优势的源泉，对于中小公司的生存和核心竞争力具有直接影响。

Hambrick 和 Mason（1984）提出了高阶理论，他们认为：CEO 担任企业主导者的角色，他们用自身价值观和认知能力直接影响组织整体的战略选择与运行效率，最终影响组织结果。Bantel 与 Jackson（1989）认为，创新是一项关键的组织活动，CEO、TMT 团队在创新过程中担任关键角色。钱佳蓉与栾贞增（2022）认为创新是引领企业发展的第一动力，既是企业应对突发事件、保持企业韧性和获得可持续发展核心能力的关键所在，更是激发企业内在潜力、推动组织转型升级的重要方式。于淼和马文甲（2018）指出，在中国较为特殊的"一把手"文化情境下，CEO 往往具有更多的自主权可以定义做事的方式。而中小企业相较于大型企业，其组织架构和运作流程相对简单，CEO 对组织战略选择和未来规划的影响起到更为直接和关键的作用，在驱动企业创新中扮演着重要角色。但是，CEO 认知能力或对外部环境的感知和诠释存在着较大的差异，因人而异导致管理绩效的差异。

Aouad 等学者（2010）研究发现，企业的创新活动受组织内部环境和外部环境的共同影响，是两种因素交互作用的结果。目前，就中小企业面临的外部环境而言，2018 年，中国迎来"特朗普冲击"。然而，在冲击并未完全停止时，2020年的"疫情冲击"接踵而至。两者的负面交加冲击直接导致了中小企业的营收和利润的断崖式下滑，面临生存考验。尽管中国在疫情防控工作中取得重大战略成果，但后疫情时代所表现出来的波动性、不确定性、复杂性和模糊性等时代性特征，仍在不断挑战着企业家赖以生存的理性和智慧，时刻冲击着他们对事物内在逻辑理解的思维模式和认知体系，这迫切需要企业家具备一种全新的与之相对应的战略领导能力（崔月慧等，2018）。在此背景下，中小企业 CEO 为了应对颠覆性的变化和挑战，缓解困境，必然靠创新来应对，从根本上解决突然涌现的新问题。以往的研究也已经证实了 CEO 会根据其认知特征对外部环境做出基本判断，进而采取创新行动。CEO 通过自己建立的认知方式，面对公司所面临的新问题，获取和甄别信息，构建看待问题视角，从而倾向于增加企业的创新活动（李小青和孙银凤，2013）。拥有创造性想象力的人会建立新事物之间的联系，建立全新因果关系（Eckhardt 和 Shane，2003），从而利用新的方法来处理问题或情况。

结合以上分析，本研究认为：中小企业处于不确定性较高的外部环境中，CEO 创造性想象力和企业探索性创新有着正向关系，主要基于以下分析：

第一，外部环境具有较高的动态性和不确定性，使得企业面临着前所未有的新情境与新挑战。企业家只有充分利用创造性想象应对挑战，想象企业未来的发展路径，才能有效促进企业进行探索性创新行为，以实现弯道超车，在激烈的市场竞争中立于不败之地。Sarasvathy（2001）认为，企业家需要采用一种有效的方法来发现和开发具有高度不确定性的新市场中的机会。在 March 的研究里，想象力和领导力的困境是社会创新概念的基础。同时，他对创新过程的描述突出了想象和知识之间的复杂互动过程。以往的研究也证实了，个体通过想象连接身心，形成开放且有意义的感知，从而不知不觉地来感知处境（Thompson，2018）。而当企业面临新问题时，企业要构建新的能力去解决新问题，从而促进了突破式创新行为的发生（杨菲等，2017）。

第二，中小企业的 CEO 只有用自身的创造性想象力克服现有资源约束（Fisher，2012），实现现有有限资源的重新编排和重组。以往研究证实，企业家所具有的创造性想象力与企业创意数量有着重要的相关关系。此外，研究发现以创意为导向的企业文化不仅与企业进行创新项目的倾向呈正相关，且愿意在冒险性的创新项目上投入更多（Fiordelisi 等，2019）。举例来说，诸如华为、谷歌、苹果等高科技公司，他们的共性在于实行以创意为导向的企业文化，这促使企业新颖性观点的产生，并据此形成正向循环。此外，也有一个现实案例可以证明类似的观点。对于特斯拉汽车这样极具颠覆性创新性的企业而言，他们在创造新价值的多个维度上都很新颖，而创造性想象力可能在创新的选择方面发挥了重要的作用。基于上述详细分析，本研究提出了以下假设：

假设 1a：创造性想象力与探索性创新呈正相关。

Basadur 和他的同事们（1990）注意到创造性问题解决是知识和想象力相结合的产物，在这个过程中，一个人通过想象力将知识转化成各种组合、观点、想法，经过综合判断，被进一步发展选择最合适的想法和行动。创造性想象力是一种认知技能，用来设想一些目前不能或没有被观察到的事物，以实现创新的目的。具有创造性想象力的个体会建立新的联系，在此前的基础上，建立全新目的关系（Eckhardt 和 Shane，2003）。Sarasvathy（2001）发现，创造性想象力是所有创造性活动的基础，帮助企业家预测借助新产品或服务将新知识引入价格系统的效果，帮助他们构建新的能力去解决新问题，从而促进了探索性创新行为的发生（杨菲等，2017）。虽然创造性想象力是产生创造性结果的先决条件或驱动力，但它也可能导致并非新颖的或非创造性结果。一个人可以富有想象力，是出于对未知的恐惧或担忧而并非有创造力（Kier 和 McMullen，2018）。

依据 March（1991）关于双元问题的阐述，对于一个公司而言，需要探索和利用两者间保持恰当平衡，这对于公司的生存和繁荣至关重要。两者可以保持适度平衡，共同促进公司的发展。关于双元之间能够平衡的观点在此后得到了证实。Levinthal 与 March（1993）认为，组织所面临的基本问题是需要进行充分利用，以确保组织现有生存能力，与此同时，必须要投入足够的资源与精力到开发中，用以保障未来的生存能力。类似的，Tushman 和 O'Reilly（1996）在双元性组织的概念化中明确了在探索和利用之间保持适当平衡的必要性。他们用一个"变戏法者"的比喻来描述能同时进行开发和利用两种活动的双元性公司，并进一步明确，一家能够同时从事双元性活动的公司会比那些只强调其一的公司取得更好的业绩。利用性创新与探索性创新有所区别，强调的是对已有产品的改进来实现创新绩效，可能给公司带来更加稳定的业绩（He，2004）。本研究认为，创造性想象力对利用性创新也产生正向影响，主要基于以下几个原因。

第一，想象力促进了可以作为变革工具指导企业创业行动的愿景（March 和 Weil，2005）。Bante 和 Jackson（1989）指出，CEO 在创新这一关键的组织活动中发挥关键作用。根据熊彼特（1934）的研究，CEO 通过创新资源的组合、编排和重组等创新活动，指导企业创新决策的实施和执行。而以往创新活动主要包括市场创新、生产流程创新、组织创新、产品创新活动。其中，CEO 可以通过创造性想象力促进企业市场创新，打开一个全新的市场；可以通过生产流程创新，引进一种新方法组织创新——实施一种新的组织形式；通过输入创新，获得新的供货来源或中间输入；通过产品创新，引进一个新产品或一个产品的质量革新。尽管这些创新形式不同，但是从某种意义上说，后两种即利用性创新的表现形式。

第二，CEO 依靠创造性想象力来形成潜在解决方案的心理图像，并试图在看似不相关的信息之间建立联系（Vygotsky，1990）。Kant 指出，创造性想象力能够通过自由的、不受规则支配的活动使创造力成为可能。通过这种联想活动在经验中获得新的结构，并可以改造现有的模式来产生新的意义。由于创造性想象力是将旧的元素编排组合成新的元素（Chiles 等，2010；韦克，2006），虽然创造性想象力可能是天马行空的想象，原创、新颖的想法，但不可避免的是，CEO 在企业中扮演最高级别管理者角色，这种角色承担着把握企业发展方向的责任，也必然需要 CEO 具备理性特征，当出现新颖的创意时，会进一步对其价值、可接受性和适当性进行判断和研究，在此理性思考过程中，难免受到固有的动机、原有知识积累和经验、直觉等旧元素的直接影响，从而产生在原有基础上而进行的小幅度的、改良式的创新行为。从实践上观察，像麦当劳这样不断产生模仿性创新的企业也从侧面印证了以上逻辑。基于以上综合分析，本研究提出了以下假设：

假设 1b：创造性想象力与利用性创新正相关。

二、社会性想象力与双元创新

社会性想象力是创业想象力的一个独立维度，是指个体拥有这样一种认知能力——企业家设想一些目前不能或没有被观察到的事物，以便从他人的角度看问题，从他人的参照系看世界和感受世界，或阅读他人的欲望、意图、信仰和情感。创造性想象力主要根植于移情和换位思考的心理学结构，从本质上说，社会性想象力是一种"移情"，即"把自己想象成另一个人的思维、感觉和行为"，"扮演他人"（Norman 和 Ainsworth，1954），以及从他人的参照框架正确地感知世界（Grossman，1951），接纳他人角色，设身处地地为他人着想，从他人的角度感知情况（Cottrell Jr 和 Dymond，1949）。

本研究认为，社会性想象力对探索性创新具有显著的正向影响，主要基于以下几个原因。

第一，CEO 是企业最高层级的管理者，在企业日常运营中不仅承担决策制定和运行的角色，更要承担对外交流，获取外部资源的角色。由于内部资源有限，CEO 需要与利益相关者进行互动以形成关联，充分获取外部资源。在心智理论里，换位思考指的是解读他人的欲望、意图和信念的能力（Frith，2008）。CEO 在社交过程中，需要利用自身的想象力来理解对方，与对方沟通和合作。社会性想象力提供了一个公分母，那些社会性想象力可以辨别出谁是利益相关者，利益相关者的需求和想要的是什么，为什么他们可能对新的冒险观点感兴趣，以及如何协商他们的参与，这些利益相关者无论是投资者、员工、政府官员或其他人（McMullen，2010，2015）。由于他们之间进行的交流和理解，促进了相互之间的看问题视角、信息和知识储备的交换，这些储备增强了 CEO 思考角度的丰富性。

第二，当 CEO 思考角度更加多样化时，能够增进他们对新观点、新见解和新事物的理解，从而提高其感知市场和顾客的需求能力，这必然成为企业创新行为选择的重要推动因素。从高阶理论的角度研究表明，CEO 能够利用自己的认知基础和捷径来选择、过滤和诠释信息等，并解释构建决策的信息（Eggers 和 Kaplan，2009；Hambrick 和 Mason，1984；Wowak 和 Hambrick，2010）。首先，设计思维的倡导者认为，创新的动力来自于通过直接观察，彻底了解人们在生活中想要什么和需要什么，以及他们喜欢或不喜欢特定产品的制造、包装、营销、销售和支持方式（Brown，2008）。CEO 的社会性想象力通过识别更多需要解决的问题从而激发更多的灵感，引发创意。其次，社会性想象力高的管理者通常对他人的关心程度更高（Davis，1980），这意味着其他人的问题往往会转化为他们自己的问题。这激发了个人高度的社会性想象力去寻找解决他人问题的方法，再次增加了想法的产生。

第三，探索性创新依赖的是全新的、非本地的，甚至是跨行业知识（Zhou，2012）。而社会性想象力通过架起 CEO 和利益相关者的关系桥梁，促使 CEO 个体更多地积累不同的信息，理解他人的意图和需要，丰富了其原有的信息体系和认知体系，激发了灵感产生，为产生新奇和颠覆性的想法储备了更多的视角和看法，从这个角度来看，社会性想象力进一步激发了企业的探索性创新行为。基于上述分析，研究提出以下假设：

假设 2a：社会性想象力与探索性创新正相关。

已有的研究表明：想象力常常与现实意识融为一体，同时，有效的学习和教训以及经验有可能阻碍想象力及以此产生的新奇想法（Patriotta，2019）。March（1994）强调，想象力和知识交互作用，促进了创新的产生。新奇似乎不仅仅是想象发展的结果，而是一个复杂的过程（Cohen 等，1972），这种过程将想象力与问题、边缘风险承担者与影响企业发展的主流人士，以及与企业将进行的计划活动联系起来。参考吸收能力这一概念（Cohen 和 Levinthal，1990），March 认为，组织有时并不是为了直接产生新思想而进行探索性的活动，而是在互动过程中，为了窃取别人的新主意。实际上，他们从事新的想法，不是为了他们自己，而是为了能够模仿、追随别人的意外结果。这也是社会产生新奇事物的一种产生方式。

基于以上分析，社会性想象力正是依靠想象来理解别人的心理状态，这反过来促使 CEO 能够稳定地预测他人的行为和反应（Davis，1983；Frith，2006）。CEO 采取行动时会保持理性——March 称之为适当性逻辑。CEO 运用社会性想象力理解利益相关者的需要、感受和想法，是获取别人现实意图的想象。因此，当CEO 在保持社会性想象力和对现实与风险保持理性的同时，会选择小幅度、渐进性的利用性创新行为。从企业家社会资本的角度也能证明这个分析。

第一，利用性创新作为一种渐进式创新行为，其主要目的是满足现有客户或现有市场的需求（Benner 和 Tushman，2003；Danneels，2002）。由于利用性创新是一定程度上拓展了现有知识和技能，对现有设计进行改进，扩展现有产品以及服务，能够有效提升分销渠道的效率，是一种小幅度创新行为。因此，利用性创新主要建立于现有的知识基础，并强化现有的技能、流程和结构的一种形式的创新（Abernathy 和 Clark，1985；Benner 和 Tushman，2002；Levinthal 和 March，1993；Lewin 等，1999）。Freeman（1984）认为，所谓利益相关者指的是受到一个组织实现目标过程影响的个体和群体。CEO 跟利益相关者由于同处一个社会网络，换言之，由于处于同一个资源和信息交换枢纽，他们容易达成差异化不大的想法，获得共识的概率很大，因此与利益相关者对市场和客户的理解没有本质性的差异。此外，当企业家与利益相关者交换观点时，他们会切身体会很多别人对产品或服务的烦恼和挫折，从而提高发现问题的可能性。在此过程中，CEO 将其他人的问题通过社会性想象力转化为他们自己的问题。这激发了他去寻找解决他人问题的方法。从而，获得了对现有产品改进和优化的想法，因此采取利用性创新。

第二，CEO 利用社会性想象力，出于为潜在客户或投资者考虑的角度，以发现新的手段，建立新的目标，重新评估手段和可能的行动路线（Fisher，2012）。在此过程中，他们积极地让利益相关者参与到讨论过程中来，在整个过程中运用社会性想象力，让所有人达成一致的解决方案。而当企业家在此过程中，进行战略宣传、获得内部和外部利益相关者理解与支持的可能性就越大（魏虹和陈传明，2013）。随着协作的深入，合作双方进行更加畅通无阻的信息交流，更容易为对方考虑，会共同评估企业风险，并做出合理化创新的选择。

第三，CEO 在与竞争对手进行互动时，或多或少会汲取其未来行动规划或安排的信息，出于追随竞争对手和模仿对方的考虑，他们根据自己的经验，更有可能做出模仿性、改良式的创新选择，并据此获得差异化的竞争优势。基于上述分析，本研究提出下述假设：

假设 2b：社会性想象力与利用性创新正相关。

三、实用性想象力与双元创新

预测、规划未来有可能发生的事情，是一种想象力的表现形式，很多人把它与日常的选择和理性联系在一起（Johnson，1987；Shackle，1979）。因为想象力对于精神生活和意识是必不可少的（Hopkins，2016），Jean-Paul Sartre 认为想象力是人类寻找重要联系、推断和解决问题的理性能力的核心（Johnson，1987）。类似的，Shackle（1979）将想象定义为"人们在关于要做的事和要采取的行动的想法之间进行选择的一种心理过程"，认为想象力是实际选择的基础，同时指出选择总是包含一定程度的不确定性。Knight（1921）和 Cantillon（1755）从更加结构性的角度看待不确定性，认为利润是对在不确定性下做出良好判断的企业家的奖励。但是结构上的不确定性也需要对未知的未来因素做出判断，因此受到想象力的影响（McMullen 和 Kier，2016；Tversky 和 Kahneman，1974）。实用性想象力其实是一种认知技能，用来设想一些目前不能或没有被观察到的事物，它可以预见到目前在计划、组织、分析或管理信息、资源或项目时无法或没有观察到的事物。

本研究认为，实用性想象力与探索性创新呈显著的正向相关关系，主要基于以下几个原因。

第一，实用性想象力有助于 CEO 提高商业判断和承担不确定性的意愿，而这种不确定性是塑造原始观点和发展机会所必需的（Dimov，2007a）。而探索性创新是指产品、技术、方法以及组织架构上深层次、根本性的变化，其依赖的是崭新的知识和进行突破性创新的风险承担意识，这正是进行探索性创新实施的第一步，即创新机会识别所需要的洞察力（Dimov，2007b）。Meyer 和 Goes 支持这样的一种观点，即如果一项创新得到 CEO 的支持，那么它就特别有可能被吸收。在 CEO 允许风险的条件下，有效激发企业实行探索性创新行为。

第二，实用性想象力会增加快乐事件（McMullen 和 Kier，2018），这些快乐事件往往始于找到解决一些微观问题的方法，而这些方法是在解决一些长期的宏观问题的过程中产生的。例如，Newell 和 Simon（1972）研究发现，当面对复杂的任务时，专家问题解决者倾向于关注瓶颈问题，他们认为一旦这些问题得到解决，项目的其余部分将相对容易执行。这些瓶颈不仅通常是技术上最具挑战性的，需要专家解决问题的技能，它们也倾向于揭示出具有超越过往价值的解决方案。当 CEO 致力于解决瓶颈问题，突破原有问题的束缚，提出颠覆性方案或构思时，探索性创新就产生了。基于以上分析，本研究提出如下假设：

假设 3a：实用性想象力与探索性创新正相关。

对于实用性想象力和利用性创新的关系，本研究也认为 CEO 所持有的实用性想象力与利用性创新呈正相关关系。一方面，实用性想象力通过帮助企业家考虑通过组织和项目管理将新的生产结构引入价格系统的可行性和可取性，从而促进管理（Gartner，2016；Say，1880）。人们常说，善于在问题出现之前发现并解决这些问题的人表现出更强的实用性想象力和在项目管理方面的高超技能，因为他们具有思考问题的能力（Adamski 和 Westrum，2003）。因此，具有更多实用性想象力的人比较少，实用性想象力的人能够预见更多的问题，并受到这些问题的启发，为问题的解决寻求更丰富的解决方案。另一方面，不同于创造性想象力和社会性想象力，实用性想象力对创新的影响程度取决于一个人是否致力于设想一些未来可能发生的问题，并找到解决方案。实用性想象力来源于经验，拥有实用性想象力的人期待其发挥可控的作用，并能实现预期设想的期待。作为创业想象力的一种，实用性想象力可以与工程类型（Stinchfield，Nelson 和 Wood，2013），或惠普创始人 Hewlett Packar 所展示的对技术具有工匠精神的企业家形象联系起来（Collins，2001），而与之相对的是苹果（Apple）痴迷于设计的广告代言人的社会性想象力（Isaacson，2011），或特斯拉的埃隆·马斯克（Elon Musk，Vance，2015）对颠覆性产品的创造性想象力（Vance，2015）。

基于以上分析，本研究认为：CEO 利用实用性想象力来整合逻辑并进行因果推理，借以设想未来可能会发生的问题。March 和 Weil（2005）发现，有效的领导意味着需要具备生活在两个世界的能力——想象、幻想和梦想的不连贯世界以及计划、规则和实际行动的有序世界。在一项关于企业家评估一系列机会的研究中，Haynie，Shepherd 和 McMullen（2009）发现，企业家在逻辑上评估了现有的资源禀赋以及潜在的未来资源，这些资源可以被用来开发机会。他们"构建未来导向的认知表征"（Haynie 等，2009），预测"将会发生什么"。Wood 和 Williams（2014）在参与机会评估的企业家中发现了类似的结果，他们认为企业家总是使用关于新颖性、资源效率和最坏情况的规则来系统地评估机会。他们使用一种被称为基于规则的思维的结构化方法来组织和分析信息，这些信息从教育、经验和与他人的互动中随时间推移发展而来（Chaiken 和 Trope，1999；Smolensky，1988）。基于规则的思维允许一个人使用逻辑法则和因果推理来判断情况并决定一个适当的反应（Chaiken，1980；Devine，1989；Gilbert，1991）。同样，康德认为，想象产生了许多连接结构，通过这些结构，我们拥有连贯的、有意义的经验、认知和语言，它提供了统一的表征，防止我们的经验看起来是随机和混乱的，它使我们有可能概念化我们通过知觉接收到的东西（Johnson，1987）。

以上研究充分证实了，实用性想象力有助于 CEO 进行逻辑判断和因果推理。此外，由于思想的收敛和选择会产生适用、有用和可行的概念（Cropley，2006），而实用性想象力在评估适用、有用和可行的逻辑和理性联系之间至关重要，其基础是对先前积累的经验、认知和知识的应用，是经过深思熟虑对原有知识和思维惯性的获取。这些前提促进了 CEO 在原有基础上进行对未来的设想，采取了小幅度的、改良式的创新行为。基于以上分析，本研究提出如下假设：

假设 3b：实用性想象力与利用性创新正相关。

四、CEO 管理自主权的调节作用

现有的研究表明，CEO 过度自信、CEO 权力配置、智力资本、创业导向和市场导向等因素均会影响企业的创新活动的产生（Galasso 和 Simcoe，2011；史会斌和杨东，2017；林筠和刘江，2016）。尽管如此，上述因素中仍有一些维度对创新活动的直接影响非常小。这说明关于双元创新的驱动机制，还有更加直接相关的因素，有待于充分挖掘。

根据最新的研究，学者们已经认可了创业想象力对创意选择和创意数量的影响效果，Kier 和 McMullen（2017）的研究将创业想象力看作企业家将想法转化为机会的关键因素，是企业制定战略，进而采取行动的基础。然而，情境学派越来越强调，无论是个体行为，还是组织行为，其前因变量并不是孤立存在的，而是多种内外因素共同作用的结果，因此，在研究 CEO 创造性想象力与组织创新的关系时，应着重分析 CEO 的认知与组织情境因素之间可能存在的某种程度的交互效应，更多地从系统的角度，分析个体认知与组织层次、环境层次变量的交互作用对其行为选择的影响机制。

根据高阶理论，CEO 作为公司最高管理者，能够通过个人特征影响选择、制定和实施组织战略决策的整个过程，进而影响组织绩效（Hambrick 和 Mason，1984）。战略选择理论也认为，管理者通过充分运用自主权能够使组织受益（Child，1972；Keats 和 Hitt，1988）。但从人口生态学或新制度理论的角度进行研究的学者则认为，高管对公司产生的实际影响较小，因为公司很大程度上是受外部环境因素制约（DiMaggio 和 Powell，1983；Hannan 和 Freeman，1977）。为了调和这些相互矛盾的观点，高阶理论确定了一个重要的调节变量，即管理自主权。管理自主权用以诠释管理者对组织关键结果的影响能力（Hambrick 和 Finkelstein，1987）。以往研究指出，当 CEO 面临的组织约束比较少，或"方法—结果"模糊时，自主权就会增加。这可能解释了为什么高层管理者在某些特定情况下比在其他情况下更重要的问题（Hambrick，2007；Hambrick 和 Finkelstein，1987）。以往的研究发现，管理者的自由权会影响高层管理者对决策和结果的影响。在自主管理权更大的情况下，高管更大程度影响到公司决策和结果（Finkelstein 和 Boyd，1998；Finkelstein 和 Hambrick，1990）。根据高阶理论的观点，管理自由权直接影响 CEO 对公司决策和绩效结果的程度（Hambrick，2007；Hambrick 和 Finkelstein，1987）。以往的研究也证实了当高层管理者拥有更多的自主权时，对公司产生的影响更强（Crossland 和 Hambrick，2007；Finkelstein 和 Boyd，1988；Finkelstein 和 Hambrick，1990）。

管理自主权可以概括为高层管理者行动的范围和目标范围，如果管理者的选择自由度越大，那么企业战略的选择与结果会更高程度地反映管理者的认知。但事实上，高层管理者的能力在很大程度上受到外部环境的影响（Ponomareva，2013）。环境决定论也认为，组织是开放的系统，寻求环境特征与组织生存目标之间的适应或匹配。因此，对战略选择和创新态度等属性由环境的机遇、威胁和约束（如行业增长率、动态性、集中度）和组织特征（如规模、结构、资源、能力）等决定（Papadakis 和 Bourantas，1998）。

依此逻辑，高层管理者通常会遵循按照环境采取行动的措施，他们在行动前会问：我现在的处境是什么样的，在这样的处境下我应该怎么做（March，2003）。Hambrick 和 Finkelstein（1987）提出，管理自主权可能来自完成工作所依赖的状况，这些状况包括来自环境条件、组织因素和高层管理者自身的特征等。基于对这个界定的认同，Hitt，Ireland 和 Hoskisson（2003）指出，引起高管注意的因素包括产业因素、市场因素、竞争者因素、项目因素等。已有的文献还从行业层次的行业类型（Hambrick 和 Abrahamson，1995）、国家层次的文化（Crossland 和 Hambrick，2009）等维度探讨了影响管理自主权的因素。但当前研究大量集中于探究环境因素与组织因素两个方面（Finkelstein 和 Hambrick，1990；Haleblian 和 Finkelstein，1993；Hambrick，Geletkanycz 和 Fredrickson，1993）。考虑到环境因素和组织因素是影响管理自主权最基本的因素，并考虑到数据的易得性，本研究着重探讨决定管理自主权大小的特定的环境因素（市场宽裕度、市场复杂性、市场不确定性）和组织因素（企业年龄、企业规模），进一步分析其对 CEO 创业想象力和企业双元创新之间联系的影响效果。

（一）环境层面的因素

根据以往研究结论，环境层面的因素主要指市场宽裕度、市场复杂性以及市场不确定性三个维度。其中，市场宽裕度（Market Munificence）描述了环境支持企业持续增长的能力（Dess 和 Beard，1984；Keats 和 Hitt，1988）。以往研究指出，宽裕的市场是天然的"温床"，能够为企业提供更多的机会和资源。从企业内部角度说，宽裕的外部环境会促使企业给予 CEO 更多的"战略自由度"

(Hambrick 和 Finkelstein，1987)。只有 CEO 拥有的自主权越多，才有更多的自由度来把握市场机会，充分利用资源，以突破原有发展的局限，实施双元创新战略。但是，一个宽裕的市场也是竞争的"温床"。市场越宽裕越可能吸引更多的竞争对手 (Palmer 和 Wiseman，1999；Wiseman 和 Bromiley，1996)，因此，具有未经规划的决策、竞争变化大和被曲解的"手段—目标"关联的特点 (Li 和 Tang，2010)。为了积极应对竞争对手，快速适应竞争环境，CEO 采取探索性创新行为开辟新的市场，满足新的客户需求，而采取利用性创新行为维持现有客户，保持现有市场份额。基于以上分析，本研究认为：当市场宽裕度增强的时候，CEO 的管理自主权会随之增加。而管理自主权增强了 CEO 创业想象力对企业双元创新的影响。因此，提出如下假设：

假设 4：市场宽裕度增强了 CEO 想象力（包括创造性想象力、社会性想象力和实用性想象力）与企业双元创新之间的关系。

市场复杂性（Market Complexity）。市场复杂性定义了企业经营环境的竞争性和异质性（Aldrich，1979；Dess 和 Beard，1984）。Hambrick 与 Finkelstein (1987) 提出，行业的结构特征可能会影响管理层的自主权。在行业集中度降低 (Keats 和 Hitt，1988) 和竞争对手增加 (Palmer 和 Wiseman，1999) 的情况下，市场复杂性可能增加。行业中战略集团的数量及其相互关系的复杂性也随着竞争对手的数量而增加 (Desarbo 和 Grewal，2008)，竞争对手的潜在互联性也可能增加 (Chen，1996；Grimm，Lee 和 Smith，2006)。竞争对手较少的市场往往更简单，并且具有高度发达的互动规则或规范 (Hambrick 和 Finkelstein，1987)，这可能会限制 CEO 的竞争判断力。而由于在更复杂的市场中运营的公司通常面临更少的限制，因此，企业 CEO 往往会有更多的管理自主权 (Hambrick 和 Finkelstein，1987)。在复杂市场环境中，管理自主权较大的 CEO 更有可能抓住机遇，将创新作为和市场接轨的方式和实现企业新增长的途径。基于以上分析，本研究提出如下假设：

假设 5：市场复杂性增强了 CEO 创业想象力（包括创造性想象力、社会性想象力和实用性想象力）与企业双元创新之间的关系。

市场不确定性（Market Uncertainty）。市场的不确定性决定了 CEO 面临不可预测和不稳定环境的程度（Finkelstein 和 Boyd，1998；Hambrick 和 Abrahamson，1995）。这种不确定性可能包括市场竞争不稳定的程度（Grimm 等，2006）或竞争对手的行为不可预测程度（Ferrier，2001）。Hambrick（2007）提出，当因果关系模糊性较高时，管理层的自主权会得到增强。相比之下，当市场信息稳定可靠时，CEO 的权力范围会明显受到限制（Hambrick 和 Finkelstein，1987）。因此，当一个市场没有提供可靠的信息时，CEO 管理自主权会有所增强。增强的自主权使 CEO 能够更加有力地影响公司的决策和结果。根据"奈特氏不确定性"的观点，企业的利润作为对企业承担不确定性的报偿，其主要来源是无法被衡量期望值、不能被计算或然率、无法被预知的风险。因此，不确定性能够推动企业创新行为。由于市场不确定的情形下，尤其是 CEO 无法准确预测未来走势，但对未来市场发展抱有期望时，无疑增加了其做出增强研发强度、加大创新力度的选择，以获取竞争优势，抢占市场先机。基于以上分析，本研究提出如下假设：

假设 6：市场不确定性增强了 CEO 创业想象力（包括创造性想象力、社会性想象力和实用性想象力）与企业双元创新之间的关系。

（二）组织层面的因素

企业年龄（Firm Age）。组织内部惯性在极大程度上排除了 CEO 的自由选择权，因为内部的惯性力量在很大程度上驱动着 CEO 的行为决策，对企业未来的发展方向和命运具有决定性作用（Tushman 和 Romanelli，1985）。企业成立年龄被认为是衡量组织惯性的一个重要指标（Hambrick 和 Finkelstein，1990）。

首先，组织积累的惯例和规则随着年龄的增长而变得持久和可复制（Majumdar，2004），这会限制探索性搜索行为。相比成熟企业，相对年轻的公司由于缺少相应的制度和规范限制，规模较小，没有特别的过程管理资源和知识，他们的战略决策和市场反应更加灵活、柔性。而随着公司成立年限的增长，CEO 更习惯遵循既定惯例（Hannan 和 Freeman，1984；Nelson 和 Winter，1982 年），并且限制企业的探索性搜索行为（Lavie 和 Rosenkopf，2006）。

其次，随着公司运营年限的增长，自身的规模化、程序化和制度化趋势，会对有效行动产生更多阻碍，产生更多僵化的沟通模式（Barron，West 和 Hannan，1994；Guille'n，2002）。此外，随着公司成立年限的增加，企业会形成固化的等级结构和规则程序，由此形成的组织惯性使 CEO 的判断能力受限，对于高管的探索性行为形成限制（Lavie 和 Rosenkopf，2006）。Zahra 等（2006）认为，相较于新公司，老公司在使用新知识和解决新问题时采取的行为更加谨慎。

因此，公司成立时间越长，由于组织制度化、程序化，使其组织惯性越大，而日益增强的组织惯性不仅会弱化 CEO 对战略决策的影响力度，而且越可能促使 CEO 的心理认知效应减弱，形成固定思维行为模式，而非打破惯性，这直接导致了 CEO 推动创新的意愿和抱负减弱。基于上述分析，本研究提出如下假设：

假设 7：企业的年龄削弱了 CEO 创业想象力（包括创造性想象力、社会性想象力和实用性想象力）与企业双元创新之间的关系。

企业规模（Firm size）其实是组织惯性的决定因素之一（Hambrick 和 Finkelstein，1987）。Finkelstein 和 Hambrick（1990）提出，当公司规模较小而不是较大时，高管以及 TMT 团队对公司战略和绩效产生的影响将会更大。

以往研究结果表明，组织规模越大，越可能面临"大企业病"。组织惰性是大企业病常有的表现之一。组织惰性越大，管理自主权的范围也越小。最新的研究也表明：企业规模越大，其 CEO 影响战略决策的难度越大，管理自主权被弱化的可能性越大（Prasad 和 Junni，2017）。大型组织通常难以进行重大变革（Aldrich，1979），因为它们更有可能建立常规和多层次的结构（Nelson 和 Winter，1982）。同时，大规模的企业具有更强的官僚主义、层级更多的组织结构以及更为繁杂的规章制度（Xie，2014）。

在一项对日本造船业的研究中，Audia 和 Greve（2006）证明了大公司比小公司更惰性，因为前者在扩大业务方面的主动性较低。而相较于大企业，小企业由于结构简单，程序简化，组织成员越容易接纳 CEO 的观点（Vaccaro 和 Jasen 等，2012），CEO 对企业的影响力更大。从组织理论的角度看，组织设计的目的就是为了秩序、预测和减少不确定性（Weick，2005）。组织的设计受理性规范的约束，受计划、常规和程序的支配，而组织的这些要素可能会产生固定的期望，还有产生一些抑制想象力的盲点，可缩小 CEO 的视野，阻止他们"预见未来"（Patriotta，2019）。由于企业规模越大，组织依赖原有知识和经验的惯性越大，同时，CEO 做出创新决策的程序也越复杂，难度也越大。因此，在大规模企业中，CEO 创业想象力对企业双元创新的影响效应相对较弱。基于上述分析，本研究提出以下假设：

假设 8：企业规模削弱了 CEO 创业想象力（包括创造性想象力、社会性想象力和实用性想象力）与企业双元创新之间的关系。研究假设汇总详见表 4-1-1。

表 4-1-1　研究假设汇总

假设	假设内容
H1a	创造性想象力与探索性创新正相关。
H1b	创造性想象力与利用性创新正相关。
H2a	社会性想象力与探索性创新正相关。
H2b	社会性想象力与利用性创新正相关。
H3a	实用性想象力与探索性创新正相关。
H3b	实用性想象力与利用性创新正相关。
H4	市场宽裕度增强了 CEO 想象力（包括创造性想象力、社会性想象力和实用性想象力）与企业双元创新之间的关系。
H5	市场复杂性增强了 CEO 创业想象力（包括创造性想象力、社会性想象力和实用性想象力）与企业双元创新之间的关系。
H6	市场不确定性增强了 CEO 创业想象力（包括创造性想象力、社会性想象力和实用性想象力）与企业双元创新之间的关系。
H7	企业年龄削弱了 CEO 创业想象力（包括创造性想象力、社会性想象力和实用性想象力）与企业双元创新之间的关系。
H8	企业规模削弱了 CEO 创业想象力（包括创造性想象力、社会性想象力和实用性想象力）与企业双元创新之间的关系。

综上所述，本章基于高阶理论，从 CEO 个体认知特征的角度，探讨了 CEO 创业想象力及其三个子维度对企业双元创新的影响，与此同时，引入管理自主权这一概念，从环境层面和组织层面系统分析管理自主权对 CEO 创业想象力与企业双元创新关系中起到的调节作用，据此构建了 CEO 创业想象力、管理自主权

与双元创新之间关系的理论模型，如图 4-1-1 所示：

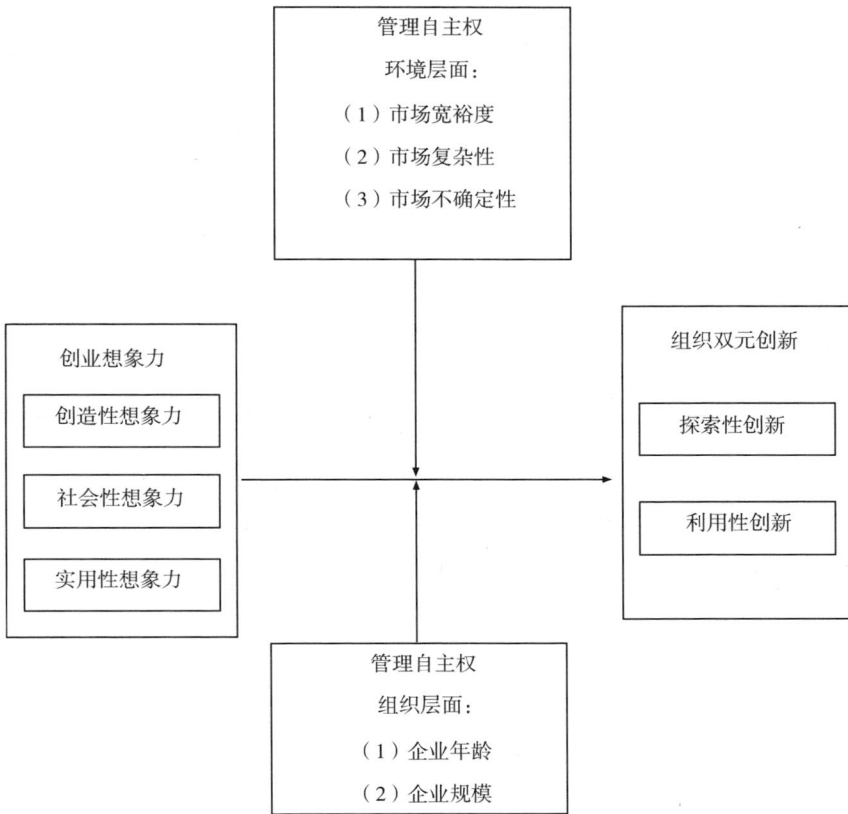

图 4-1-1　本文的理论模型图

第二节　数据分析

一、数据质量分析

统计数据是科学决策的前提。数据质量通常是指数据值的质量，包括准确性、完整性和一致性。数据的准确性是指数据不包含错误或异常值，完整性是指数据不包含缺失值，一致性是数据在各个数据源中都是相同的。广义的数据质量还包括数据整体的有效性，例如，数据整体是否是可信的、数据的取样是否合理等。本文的数据质量分析，是指对原始数据值的质量进行分析，以检查数据的质量。没有可信的数据，数据分析将是空中楼阁，因此，数据分析的前提就是要保证数据质量是可信的。统计数据质量高低直接决定了科学研究所得出的统计结论的可信性和有效性。通常情况下，原始数据中都会存在不完整（有缺失值）、不一致、数据异常等问题，这些脏数据会降低数据的质量，影响数据分析的结果。因此，在进行数据分析之前，需要对数据进行清洗、集成、转换等处理，以提高数据的质量。对于内容未知和不一致的数据，通常需要人工识别，进而才能确定处理方法。因此为了确保数据质量，本研究在获取相关数据之后，通过多重数据质量检验方法和流程，全方位检测调查数据质量。其中，数据质量检验方法包括信度检验、效度检验、同源方差检验、正态分布检验等，数据质量检验流程则严格按照统计规范，确保流程规范、严谨和完整。

二、信度检验

通常情况下，统计信度代表了检测结果的一致、可靠和稳定。统计的信度值越高就说明数据的可信性、可靠性和稳定性越好。信度检验是指问卷的可靠性检验，指采用同样的方法对同一对象重复测量时所得结果的一致性程度，也就是反映实际情况的程度。信度指标多以相关系数表示，大致可分为三类：稳定系数（跨时间的一致性）、等值系数（跨形式的一致性）和内在一致性系数（跨项目的一致性）。因此，在研究时确保数据的信度，是研究的前提也是基础工作。本研究主要通过量表的建构信度（下称 CR）和 Crobach's α 一致性系数进行信度检测。根据以往研究结论，CR 值至少应该为 0.5 的统计临界值，Crobach's α 一致性系数至少应该为 0.7 的统计临界值。若研究数据符合这两个信度检测标准，则可以说明数据信度良好。通过系列统计分析，研究发现所使用的成熟量表的 CR 和 Crobach's α 一致性系数都符合相应的统计标准，具体分析结果见表 4-2-1。

CEO 想象力的测量量表包括三个维度：创造性想象力、社会性想象力和实用性想象力。其中，创造性想象力的测量量表的构建信度值为 0.89，Crobach's α 一致性系数达 0.85；社会性想象力的测量量表的构建信度值为 0.86，Crobach's α 一致性系数达 0.78；实用性想象力的测量量表的构建信度值为 0.87，Crobach's α 一致性系数达 0.83；CEO 想象力的总测量量表的 Crobach's α 一致性系数为 0.90。由此可见，CR 值均在 0.80 以上，而且 Crobach's α 一致性系数都是大于 0.70，符合测量量表的信度统计要求。

组织双元创新包含了两个维度：探索性创新和利用性创新。其中，探索性创新量表的构建信度值是 0.90，Crobach's α 一致性系数 0.86；利用性创新的测量量表的构建信度值为 0.91，Crobach's α 一致性系数是 0.87；组织双元创新的总测量量表的 Crobach's α 一致性系数为 0.90。由此可见，CR 值均在 0.9 以上，另外，Crobach's α 一致性系数都大于 0.8，符合测量量表的信度统计要求。

表 4-2-1　信度分析结果

变量	因子	负荷	CR	Crobach's α	
创造性想象力	CZX1	0.89			
	CZX2	0.86			
	CZX3	0.79	0.89	0.85	
	CZX4	0.54			
	CZX5	0.65			
	CZX6	0.81			
社会性想象力	SHX1	0.72			
	SHX2	0.50			
	SHX3	0.76	0.86	0.78	0.90
	SHX4	0.78			
	SHX5	0.77			
	SHX6	0.72			
实用性想象力	SJX1	0.73			
	SJX2	0.76			
	SJX3	0.79	0.87	0.83	
	SJX4	0.80			
	SJX5	0.64			
	SJX6	0.67			

变量	因子	负荷	CR	Crobach's α	
探索性创新	TSC1	0.85	0.90	0.86	
	TSC2	0.87			
	TSC3	0.87			
	TSC4	0.76			0.90
利用性创新	LYC1	0.85	0.91	0.87	
	LYC2	0.88			
	LYC3	0.82			
	LYC4	0.86			

三、效度检验

(一)聚合效度

若研究在使用的不同测量方法时,却能够得到相似度较高的测量结果,说明测量的聚合效度较好。聚合效度又被称为收敛效度,是用来测量相同概念的测验指标是否落在某个共同因素上的重要指标。为了检验聚合效度,本研究在根据上一步骤的因子负荷和 CR 分析基础上,结合每个概念的平均变异抽取值(下简称 AVE)指标,对研究所采用的测量量表的聚合效度进行综合判断。研究结果见表 4-2-2。从分析的结果可以得到(表 4-2-1),每个概念对应的测量题项的因子负荷值都在 0.5 临界值以上,所有概念的 CR 值都在 0.8 以上。计算各个变量的平均变异抽取值(AVE),均大于 0.7。综合以上评价指标可以看出,本研究采用的测量量表均具有良好的聚合效度,符合研究要求。

表 4-2-2 变量的平均变异抽取值(AVE)汇总表

变量	AVE	变量	AVE
创造性想象力(CZX)	0.75	探索性创新(TSC)	0.70
社会性想象力(SHX)	0.73	利用性创新(LYC)	0.73
实用性想象力(SJX)	0.74		

(二)区分效度

以往研究认为,若理论上某测量题项与某个概念之间没有关系,那么在统计上该测量题项应与某个概念没有相关，这便是研究经常提到的区分效度。区分效度经常被用来衡量概念之间在测量题项上存在明显差异性。区分效度越高，那么概念在测量题项上的差异就越明显。区分效度：在一项测验中，如果可以在统计上证明那些理应与预设的建构不存在相关性的指标确实同此建构没有相关，那么这项测验便具有区分效度。例如，如果一项测验的理论假设创意性和智力有很大区别，而相关测验中的创意性得分和智力没有显著相关关系，那么就可以认为这项测验具有良好的区分效度。为检验概念间的区分效度，研究中采用的是验证性因子分析（CFA），以及比较变量的平均变异抽取值（AVE）平方根与相关系数值的大小关系两种方法对区分效度进行检验。

首先，通过 CFA 分析检验各概念之间的区分效度。研究构建了从单因子到五因子的五个模型，具体分析结果见表 4-2-3。从表中的分析结果可以看出，五因子模型中的各个指标明显优于其他因子模型，说明研究模型具有良好的拟合结果，各个变量间的区分效度较好。

表 4-2-3　第一种区分效度检验结果

模型	χ^2	df	χ^2/df	RMSEA	CFI	TLI
五因子：CZX，SHX，SJX，TSC，LYC	670.803	289	2.321	0.071	0.912	0.903
四因子：CZX，SHX，SJX，TSC+LYC	787.450	293	2.688	0.086	0.835	0.817
三因子：CZX+SHX+SJX，TSC，LYC	1023.817	296	3.459	0.104	0.758	0.734
二因子：CZX+SHX+SJX，TSC+LYC	1135.541	298	3.811	0.111	0.721	0.696
单因子：CZX+SHX+SJX+TSC+LYC	1802.456	299	6.028	0.149	0.499	0.456

注：CZX 代表创造性想象力；SHX 代表社会性想象力；SJX 代表实用性想象力；TSC 代表探索性创新；LYC 代表利用性创新。

其次，通过对比各个概念的 AVE 值的平方根和变量之间的相关系数值的大小，以此检验各个概念的区分效度。以往研究指出，如果各个概念的 AVE 值平方根比各个概念间的相关系数值大，则表明概念间具有较好区分效度。观察表 4-2-4 中的数据，概念 AVE 平方根明显比概念间的相关系数要大，这说明这些之间存在明确的区分，因此，研究中的各个概念间的区分效度较好。

表 4-2-4　第二种区分效度检验结果

	创造性想象力	社会性想象力	实用性想象力	探索性创新	利用性创新
创造性想象力	(0.79)				
社会性想象力	0.521**	(0.73)			
实用性想象力	0.534**	0.641**	(0.74)		
探索性创新	0.631**	0.213**	0.328**	(0.70)	
利用性创新	0.260***	0.207**	0.318**	0.660**	(0.73)

注：** 表示 $P<0.01$。

四、同源方差检验

同源方差又被称为共同方法偏差（Common Method Variance），它描述了一种系统误差，主要是同样的数据来源或同一个评分者导致的自变量和结果变量存在着某种程度的共变关系，对研究结论产生负面影响。由于本研究采取的是同一时段由相同的 CEO 填写的调查问卷，有可能存在共同方法偏差。比如，同一个评分者的一致性填写倾向造成的打分相同情况。虽然本研究事先通过问卷设计，如使用标签变量尽量减少调查对象可能出现的一致性倾向，但是，不一定能够避免同源方差。为此，本研究仍采取类似于小规模调查所使用的 Harman 单因子检验方法，来进行事后的同源方差统计检验。Harman 单因子检验法将所有概念的测量题项放到一起进行降维，然后进行探索性因子分析，若非旋转的主成分分析析出的第一个因子解释的方差量占比析出的所有主成分因子解释的方差变异量不到50%，则说明研究不存在严重同源方差问题（Podsakoff 等，2003）。依据 Harman 单因子检验法，本研究在探索性分析之后，在未旋转的情况下，一共析出了 8 个主要因子，8 个主要因子解释的方差变异总量为 67.917%，其中第一个因子解释的方差变异量是 25.853%，占比不到 50%，因此，本研究不存在严重同源方差问题。

五、正态分布检验

数据正态分布是统计学最常见的数据分布之一，也是数据使用和分析的基本理论前提假设之一。正态分布检验，即判断一样本所代表的背景总体与理论正态分布是否没有显著差异的检验，具有最重要的意义，也是应用最为广泛的检验方法，是参数统计分析的前提。如果调查研究数据不是严格服从正态分布，则研究分析结果不具有严谨性和科学性的特征，其研究分析结论会受到质疑。因此在正式数据分析之前，本研究检验了数据的正态分布，对量表中的每个测量条目进行偏度和峰度检验。具体结果见下表。以往研究指出，研究在进行正态分布检验时，首先要进行 K-S 检验，并且对测量条目进行偏度和峰度检验。其中，每个测量题项的偏度绝对值要小于 3，峰度绝对值需要小于 10，只有这些题项的相关数据都处于限定的区间范围内分布时，才符合相应的统计学检验标准，详见表 4-2-5 至表 4-2-10。

表 4-2-5　CEO 创造性想象力测量题项的统计性描述

	N	均值	标准差	偏度		峰度	
	统计量	统计量	统计量	统计量	标准差	统计量	标准差
CZX1	227	5.41	1.236	−0.688	0.162	0.047	0.322
CZX2	227	5.44	1.178	−0.836	0.162	0.686	0.322
CZX3	227	5.49	1.086	−0.704	0.162	0.345	0.322
CZX4	227	5.79	1.233	−1.303	0.162	1.745	0.322
CZX5	227	4.70	1.392	−0.386	0.162	−0.294	0.322
CZX6	227	5.00	1.255	−0.542	0.162	0.293	0.322

表 4-2-6　CEO 社会性想象力测量题项的统计性描述

	N	均值	标准差	偏度		峰度	
	统计量	统计量	统计量	统计量	标准差	统计量	标准差
SHX1	227	5.48	1.074	−0.716	0.162	0.182	0.322
SHX2	227	4.51	1.625	−0.393	0.162	−0.768	0.322
SHX3	227	5.43	1.055	−0.560	0.162	−0.057	0.322
SHX4	227	5.70	1.043	−0.709	0.162	0.156	0.322
SHX5	227	5.32	1.136	−0.712	0.162	0.467	0.322
SHX6	227	5.18	1.173	−0.480	0.162	0.527	0.322

表 4-2-7　CEO 实用性想象力测量题项的统计性描述

	N	均值	标准差	偏度		峰度	
	统计量	统计量	统计量	统计量	标准差	统计量	标准差
SJX1	227	5.31	1.164	−0.538	0.162	0.197	0.322
SJX2	227	5.05	1.155	−0.382	0.162	−0.125	0.322
SJX3	227	5.48	1.010	−0.894	0.162	1.149	0.322
SJX4	227	5.28	1.064	−0.450	0.162	0.444	0.322
SJX5	227	5.16	1.102	−0.298	0.162	−0.538	0.322
SJX6	227	5.29	1.024	−0.533	0.162	0.069	0.322

表 4-2-8　组织探索性创新测量题项的统计性描述

	N	均值	标准差	偏度		峰度	
	统计量	统计量	统计量	统计量	标准差	统计量	标准差
TSC1	227	3.96	0.778	−0.729	0.162	1.180	0.322
TSC2	227	4.03	0.731	−0.665	0.162	1.088	0.322
TSC3	227	4.15	0.719	−0.519	0.162	0.018	0.322
TSC4	227	3.96	0.769	−0.469	0.162	0.312	0.322

表 4-2-9　组织利用性创新测量题项的统计性描述

	N	均值	标准差	偏度		峰度	
	统计量	统计量	统计量	统计量	标准差	统计量	标准差
LYC1	227	4.12	0.736	−0.400	0.162	−0.438	0.322
LYC2	227	4.00	0.781	−0.449	0.162	0.104	0.322
LYC3	227	3.98	0.804	−0.484	0.162	0.074	0.322
LYC4	227	4.03	0.781	−0.552	0.162	0.327	0.322

表 4-2-10　管理自主性测量题项的统计性描述

	N	均值	标准差	偏度		峰度	
	统计量	统计量	统计量	统计量	标准差	统计量	标准差
SCKYD	227	3.89	1.111	−0.142	0.162	−0.644	0.322
SCFZX	227	3.72	1.205	−0.193	0.162	−0.669	0.322
SCBQD	227	3.94	1.154	−0.227	0.162	−0.553	0.322
QYNL	227	2.269	1.021	−0.307	0.169	−0.422	0.336
QYGM	227	4.153	1.907	0.568	0.164	0.862	0.327

六、探索性因子分析

探索性因子分析法（EFA）是一项用来找出多元观测变量的本质结构，并进行处理降维的技术。因而，EFA 能够将具有错综复杂关系的变量综合为少数几个核心因子。对于主因子分析法来说，不存在异常值、等距值、线性值、多变量常态分配以及正交性等情况。探索性因子分析法可以通过主成分分析法，进行最大方差法旋转，提取特征值大于 1 的因子，从而对测量量表的结构维度和信度进行有效分析。由于本研究采用成熟的测量量表，需要对这些量表的情境适用性、研究对象适用性、测量量表科学性进行全方位检验。由于管理自主性每个维度均有一个题项，因此将之排除分析。具体检验结果见下表。

（一）CEO 创造性想象力的探索性因子分析

对 CEO 创造性想象力的测量量表进行 EFA 分析，结果表明该测量量表的 KMO 值为 0.838，Bartlett 的球形度检验结果为近似 Chi-Square 值 = 643.049，显著性 P 值 = 0.000，符合 EFA 分析的相关统计要求。

CEO 创造性想象力的 EFA 分析结果见表 4-2-11，从表中结果可以发现，量表的六个因子载荷值都在 0.5 以上，累计方差贡献率达 58.532%。说明该量表的结构维度在本研究样本中得到了有效验证。

表 4-2-11　CEO 创造性想象力的 EFA 分析结果

CEO 创造性想象力	成分
测量题目	1
CZX1	0.89
CZX2	0.86
CZX3	0.79
CZX4	0.54
CZX5	0.65
CZX6	0.81

（二）CEO 社会性想象力的探索性因子分析

对 CEO 社会性想象力的测量量表进行 EFA 分析，结果表明该测量量表的

KMO 值为 0.755，Bartlett 的球形度检验结果为近似 Chi-Square 值＝474.390，显著性 P 值＝0.000，符合 EFA 分析的相关统计要求。CEO 社会性想象力的 EFA 分析结果见表 4-2-12，从表中结果可以发现，量表的六个因子载荷值均高于 0.5，累计方差贡献率达到 50.979%。说明该量表的结构维度在本研究样本中得到了有效验证。

表 4-2-12　CEO 社会性想象力的 EFA 分析结果

CEO 社会性想象力	成分
测量题目	1
SHX1	0.72
SHX2	0.50
SHX3	0.76
SHX4	0.78
SHX5	0.77
SHX6	0.72

（三）CEO 实用性想象力的探索性因子分析

对 CEO 实用性想象力的测量量表进行 EFA 分析，结果表明该测量量表的 KMO 值为 0.820，Bartlett 的球形度检验结果为近似 Chi-Square 值为 472.725，显著性 P 值为 0.000，符合 EFA 分析的相关统计要求。

CEO 实用性想象力的 EFA 分析结果见表 4-2-13，从表中结果可以看到，六个因子载荷值都高于 0.5，累计方差贡献率达 54.083%。说明该量表的结构维度在本研究样本中得到了有效验证。

表 4-2-13　CEO 实用性想象力的 EFA 分析结果

CEO 实用性想象力	成分
测量题目	1
SJX1	0.73
SJX2	0.76
SJX3	0.79
SJX4	0.80
SJX5	0.64
SJX6	0.67

（四）探索性创新的探索性因子分析

对探索性创新进行 EFA 分析，结果表明该测量量表的 KMO 值为 0.810，Bartlett 的球形度检验结果为近似 Chi-Square 值＝420.339，显著性 P 值为 0.000，符合 EFA 分析的相关统计要求。探索性创新的 EFA 分析结果见表 4-2-14，因子载荷值高于 0.5，累计方差贡献率达到 70.510%。说明该量表的结构维度在本研究样本中得到了有效验证。

表 4-2-14　探索性创新的 EFA 分析结果

探索性创新	成分
测量题目	1
TSC1	0.85
TSC2	0.87
TSC3	0.87
TSC4	0.76

（五）利用性创新的探索性因子分析

EFA 分析的结果表明该测量量表的 KMO 值为 0.790，Bartlett 的球形度检验结果为近似 Chi-Square 值为 459.471，显著性 P 值为 0.000，符合 EFA 分析的相关统计要求。利用性创新的 EFA 分析结果见表 4-2-15，因子载荷值都高于 0.5，累计方差贡献率达到 72.232%。说明该量表的结构维度在本研究样本中得到了有效验证。

表 4-2-15　利用性创新的 EFA 分析结果

利用性创新	成分
测量题目	1
LYC1	0.85
LYC2	0.88
LYC3	0.82
LYC4	0.86

七、验证性因子分析

验证性因子分析是对社会调查数据进行的一种统计分析。它测试一个因子与相对应的测度项之间的关系是否符合研究者所设计的理论关系。验证性因子分析往往通过结构方程建模来测试。在实际科研中，验证性因子分析的过程也就是测度模型的检验过程。验证性因子分析（下称 CFA）能够检验测量量表中的各个概念的收敛效度和模型适配情况。本研究选取 χ^2/df、RMSEA、GFI、NFI、IFI 和 CFI 等关键指标判断。由于管理自主性量表的每个维度只有一个测量题项，将之排除在外，分析结果如表 4-2-16 至 4-2-20 所示。

（一）CEO 创造性想象力的验证性因子分析

表 4-2-16　CEO 创造性想象力量表的验证性因子分析

测量题目	非标准化路径	标准化路径	显著性
CZX1	1.000	0.903	***
CZX2	0.906	0.858	***
CZX3	0.727	0.746	***
CZX4	0.683	0.616	***
CZX5	0.667	0.534	***
CZX6	0.801	0.712	***

拟合指数：$\chi^2/\mathrm{df}=5.14$；RMSEA=0.09；CFI=0.942；TLI=0.903；SRMR=0.048

*** 代表 $P<0.001$ 时显著

从表中可以发现 RMSEA=0.09，小于阈值 0.10，CFI 和 TLI 都是高于 0.90，所有路径系数都在 0.50 以上，并且是显著的，$\chi^2/\mathrm{df}=5.14$ 介于临界值 5 附近，所以 CEO 创造性想象力量表的收敛效度和拟合度符合数据分析要求。

（二）CEO 社会性想象力的验证性因子分析

表 4-2-17　CEO 社会性想象力量表的验证性因子分析

测量题目	非标准化路径	标准化路径	显著性
SHX1	1.000	0.677	***
SHX2	0.942	0.638	***
SHX3	1.124	0.761	***
SHX4	1.175	0.795	***
SHX5	1.082	0.765	***
SHX6	0.801	0.733	***

拟合指数：$\chi^2/\mathrm{df}=4.12$；RMSEA=0.08；CFI=0.934；TLI=0.910；SRMR=0.074

*** 代表 $P<0.001$ 时显著

从表中可以发现，RMSEA = 0.08，小于阈值 0.10，CFI 和 TLI 都是大于 0.90，所有路径系数都在 0.50 以上，并且是显著的，$\chi^2/df = 5.14$ 介于临界值 5 附近，所以 CEO 社会性想象力量表的收敛效度和拟合度符合数据分析要求。

（三）CEO 实用性想象力的验证性因子分析

表 4-2-18　CEO 实用性想象力量表的验证性因子分析

测量题目	非标准化路径	标准化路径	显著性
SJX1	1.000	0.681	***
SJX2	1.027	0.705	***
SJX3	0.956	0.750	***
SJX4	1.016	0.756	***
SJX5	0.738	0.531	***
SJX6	0.754	0.584	***

拟合指数：$\chi^2/df = 6.04$；RMSEA = 0.112；CFI = 0.903；TLI = 0.838；SRMR = 0.055

*** 代表 $P < 0.001$ 时显著

从表中可以发现，RMSEA = 0.112，比阈值 0.10 高一点儿，CFI 和 TLI 都是在阈值 0.90 左右，所有路径系数都在 0.50 以上，并且是显著的，$\chi^2/df = 6.04$ 介于临界值 5 附近，所以 CEO 实用性想象力量表的收敛效度和拟合度符合数据分析要求。

（四）组织探索性创新的验证性因子分析

表 4-2-19　探索性创新量表的验证性因子分析

测量题目	非标准化路径	标准化路径	显著性
TSC1	1.000	0.808	***
TSC2	0.984	0.845	***
TSC3	0.933	0.815	***
TSC4	0.791	0.646	***

拟合指数：$\chi^2/df = 2.79$；RMSEA = 0.07；CFI = 0.991；TLI = 0.974；SRMR = 0.018

*** 代表 $P < 0.001$ 时显著

如表所示，RMSEA = 0.07，低于阈值 0.10，CFI 和 TLI 都高于 0.90，所有路

径系数都在 0.50 以上，并且是显著的，$\chi^2/df = 2.79$ 介于临界值 5 附近，所以探索性创新量表的收敛效度和拟合度符合数据分析要求。

（五）组织利用性创新的验证性因子分析

表 4-2-20　利用性创新量表的验证性因子分析

测量题目	非标准化路径	标准化路径	显著性
LYC1	1.000	0.809	***
LYC2	1.118	0.853	***
LYC3	0.981	0.728	***
LYC4	1.024	0.781	***

拟合指数：$\chi^2/df = 4.79$；RMSEA = 0.107；CFI = 0.954；TLI = 0.861；SRMR = 0.034

*** 代表 $P < 0.001$ 时显著

从表中可以看出，RMSEA = 0.107，比 0.10 略大，CFI 和 TLI 都是在阈值 0.90 附近，所有路径系数都在 0.50 以上，并且是显著的，$\chi^2/df = 4.79$ 介于临界值 5 附近，所以组织利用性创新量表的收敛效度和拟合度符合数据分析要求。

第三节　假设检验

一、主效应检验

为了验证中小企业的 CEO 想象力与组织双元创新的关系，以及管理自主性在二者之间发挥的调节作用，本研究运用了分层回归分析方法。第一步，本研究结合以往的文献资料，确定了 6 个主要控制变量，包括企业发展阶段、企业注册类型、企业发展战略规划、企业资产总额、CEO 年龄和 CEO 文化程度，这些控制变量被证实与组织双元创新有着重要关系。第二步，研究中把这些控制变量引入组织双元创新（探索性创新和利用性创新）的回归模型中，由此得到模型 M1 和 M5。第三步，将 CEO 想象力的三个维度创造性想象力、社会性想象力、实用性想象力分别放入组织双元创新的回归模型中，具体结果见表 4-3-1。

表 4-3-1　主效应检验

自变量	探索性创新				利用性创新			
	M1	M2	M3	M4	M5	M6	M7	M8
第一步								
企业发展阶段	-0.052	-0.052	-0.063	-0.047	-0.112*	-0.111*	-0.125*	-0.106
企业注册类型	0.011	0.015	0.016	0.009	0.041	0.044	0.047	0.039
企业发展战略规划	0.073*	0.050	0.063*	0.058	0.056	0.036	0.044	0.039
企业资产总额	-0.054*	-0.048*	-0.054*	-0.059*	-0.017	-0.012	-0.017	-0.022
CEO 年龄	0.006	0.008	0.006	0.006	0.006	0.008*	0.007	0.007
CEO 文化程度	0.048	0.005	0.035	0.013	-0.062	-0.098*	-0.077	-0.099*
第二步								
CEO 创造性想象力		0.236***				0.196***		
CEO 社会性想象力			0.148**				0.172***	
CEO 实用性想象力				0.244***				0.259***
R^2	0.059	0.170	0.095	0.147	0.057	0.127	0.102	0.149
调整 R^2	0.033	0.143	0.066	0.120	0.031	0.099	0.073	0.121
ΔR^2		0.111	0.036	0.089		0.07	0.045	0.092
ΔF		28.734***	8.649**	22.363***		17.209***	10.770***	23.127***

注：*** 表示 $P<0.001$；** 表示 $P<0.01$；* 表示 $P<0.05$（双侧检验）。

二、CEO 创造性想象力和组织双元创新之间的关系

为了验证中小企业的 CEO 创造性想象力与组织双元创新的关系，研究在 SPSS 22.0 软件中，分别以探索性创新和利用性创新为因变量，CEO 创造性想象力为自变量，建立回归分析模型，并放入企业发展阶段、企业注册类型、企业发展战略规划、企业资产总额、CEO 年龄和 CEO 文化程度等 6 个控制变量。

根据表 4-3-1 的结果显示，当以探索性创新为因变量，CEO 创造性想象力为自变量时，在 M1 模型的基础上，加入 CEO 创造性想象力得到的回归方程模型 M2，得到的分析结果显示，CEO 创造性想象力对组织探索性创新产生显著的正向影响（$\beta=0.236$，$P<0.001$），与假设 H1a 相符。

同样，当以利用性创新为因变量，CEO 创造性想象力为自变量时，在 M5 模型的基础上，加入 CEO 创造性想象力得到的回归方程模型 M6，得到的分析结果显示，CEO 创造性想象力对组织利用性创新产生显著的正向影响（$\beta = 0.196$，$P<0.001$），与假设 H1b 相符。

三、CEO 社会性想象力和组织双元创新之间的关系

为了验证中小企业的 CEO 社会性想象力与组织双元创新的关系，研究在 SPSS 22.0 软件中，分别以探索性创新和利用性创新为因变量，CEO 社会性想象力为自变量，建立回归分析模型，并放入企业发展阶段、企业注册类型、企业发展战略规划、企业资产总额、CEO 年龄和 CEO 文化程度等六个控制变量。

根据表 4-3-1 的结果显示，当以探索性创新为因变量，CEO 社会性想象力为自变量时，在 M1 模型的基础上，加入 CEO 社会性想象力得到的回归方程模型 M3，得到的分析结果显示，CEO 社会性想象力对组织探索性创新产生显著的正向影响（$\beta = 0.148$，$P<0.001$），与假设 H2a 相符。

同样，当以利用性创新为因变量，CEO 社会性想象力为自变量时，在 M5 模型的基础上，加入 CEO 社会性想象力得到的回归方程模型 M7，得到的分析结果显示，CEO 社会性想象力对组织利用性创新产生显著的正向影响（$\beta = 0.172$，$P<0.001$），与假设 H2b 相符。

四、CEO 实用性想象力和组织双元创新之间的关系

为了验证中小企业的 CEO 实用性想象力与组织双元创新的关系，研究在 SPSS 22.0 软件中，分别以探索性创新和利用性创新为因变量，CEO 实用性想象力为自变量，建立回归分析模型，并放入企业发展阶段、企业注册类型、企业发展战略规划、企业资产总额、CEO 年龄和 CEO 文化程度等 6 个控制变量。

根据表 4-3-1 的结果显示，当以探索性创新为因变量，CEO 实用性想象力为自变量时，在 M1 模型的基础上，加入 CEO 实用性想象力得到的回归方程模型

M4，CEO 实用性想象力对组织探索性创新产生显著的正向影响（$\beta = 0.244$，$P <$ 0.001），与假设 H3a 相符。

同样，当以利用性创新为因变量，CEO 实用性想象力为自变量时，在 M5 模型的基础上，加入 CEO 实用性想象力得到的回归方程模型 M8，得到的分析结果显示，CEO 实用性想象力对组织利用性创新产生显著的正向影响（$\beta = 0.259$，$P < 0.001$），与假设 H3b 相符。

总之，综合表 4-3-1 的结果看，CEO 创造性想象力对组织探索性创新产生显著的正向影响（$\beta = 0.236$，$P < 0.001$），与假设 H1a 相符；CEO 创造性想象力对组织利用性创新产生显著的正向影响（$\beta = 0.196$，$P < 0.001$），与假设 H1b 相符；CEO 社会性想象力对组织探索性创新产生显著的正向影响（$\beta = 0.148$，$P <$ 0.001），与假设 H2a 相符；CEO 社会性想象力对组织利用性创新产生显著的正向影响（$\beta = 0.172$，$P < 0.001$），与假设 H2b 相符；CEO 实用性想象力对组织探索性创新产生显著的正向影响（$\beta = 0.244$，$P < 0.001$），与假设 H3a 相符；CEO 实用性想象力对组织利用性创新产生显著的正向影响（$\beta = 0.259$，$P < 0.001$），与假设 H3b 相符。从以上研究结果可以看出，假设 H1、H2、H3 均得到了实证支持。

五、调节效应检验

本研究中假设了管理自主性在 CEO 想象力与组织双元创新之间发挥了调节作用，并具体提出了 H4~H8 五个研究假设。为了检验这些假设，对自变量、调节变量进行中心化处理，由此避免变量间的多重共线性问题，从而避免由于数据的多重共线性导致的研究结论不准确。在中心化处理之后，本研究继续通过构建去中心化后的自变量和控制变量之间的乘积项，将之放入组织双元创新的回归分析模型之中，运用分层回归分析方法验证本文假设。

（一）市场宽裕度对 CEO 想象力和组织双元创新之间关系的调节

首先，原始数据的初步处理。本研究通过均值处理得到 CEO 想象力自变量和组织双元创新因变量；将 CEO 想象力与市场宽裕度进行去中心化处理，并构建二者的乘积项。

其次，构建回归模型 M1。将企业的发展阶段、企业注册类型、企业发展战略规划、企业资产总额、CEO 年龄、CEO 文化程度等 6 个主要控制变量引入组织双元创新的回归方程之中，得到基础模型 M1。结果详见 4-3-2 显示，企业发展战略规划和组织双元创新之间具有显著的影响关系。

表 4-3-2　市场宽裕度对 CEO 想象力和组织双元创新关系的调节作用检验结果

自变量	组织双元创新			
	模型 M1	模型 M2	模型 M3	模型 M4
第一步				
企业发展阶段	-0.082	-0.087^{+}	-0.095^{*}	-0.108^{*}
企业注册类型	0.026	0.030	0.035^{+}	0.033
企业发展战略规划	0.065^{*}	0.041	0.032	0.032
企业资产总额	-0.035	-0.035	-0.027	-0.026
CEO 年龄	0.006^{+}	0.007^{*}	0.008^{*}	0.009^{**}
CEO 文化程度	-0.007	-0.048	-0.034	-0.046
第二步				
CEO 想象力		0.238^{***}	0.214^{***}	0.204^{***}
第三步				
市场宽裕度			0.116^{**}	0.106^{**}
第四步				
CEO 想象力 * 市场宽裕度				0.087^{*}
R^2	0.060	0.184	0.216	0.232
调整 R^2	0.034	0.157	0.186	0.199
ΔR^2	—	0.124	0.032	0.016
ΔF	—	32.725^{***}	8.649^{***}	4.448^{***}

注：*** 表示 $P<0.001$；** 表示 $P<0.01$；* 表示 $P<0.05$，+表示 $P<0.10$（双侧检验）。

然后，研究分别将 CEO 想象力、市场宽裕度引入组织双元创新的回归方程之中，分别得到模型 M2 和 M3，发现 CEO 想象力、市场宽裕度均对组织双元创新产生显著的正向影响。其中，模型 M2 发现，CEO 想象力对组织双元创新能产生显著的正向影响（$\beta=0.238$，$P<0.001$）；模型 M3 发现，市场宽裕度对组织双元创新产生显著的正向影响（$\beta=0.116$，$P<0.001$）。

最后，将 CEO 想象力 * 市场宽裕度引入组织双元创新的回归方程之中，得到模型 M4。发现 CEO 想象力 * 市场宽裕度的系数显著（$\beta = 0.087$，$P < 0.05$），并且 $\Delta R^2 = 0.016$，$P < 0.05$，以上数据说明市场宽裕度在 CEO 想象力和组织双元创新之间发挥了调节作用。此外，本文发现 CEO 想象力的系数依然显著。综合以上结果，市场宽裕度调节了 CEO 想象力和组织双元创新间的关系，且随着市场宽裕度的数值增加，CEO 想象力对组织双元创新的影响越来越强，假设 H4 得到证实。

根据以上研究结果，绘制了市场宽裕度对 CEO 想象力和组织双元创新之间关系的调节效应图，具体如图 4-3-1 所示。从图中可以看出，市场宽裕度越高的情况下，CEO 想象力对组织双元创新具有越强的正向作用。

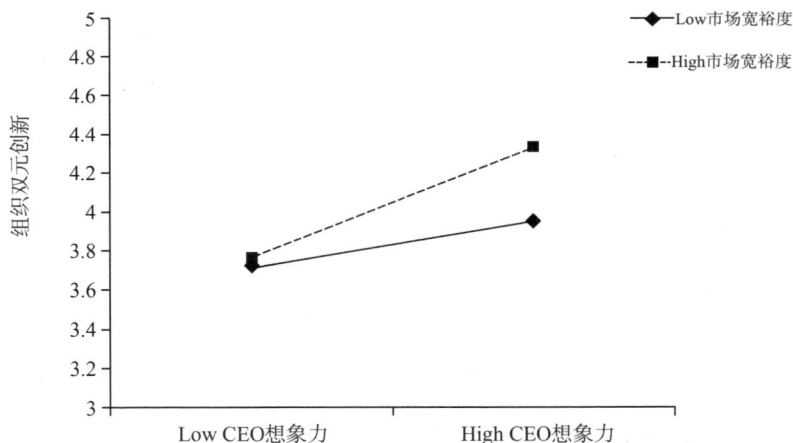

图 4-3-1 市场宽裕度对 CEO 想象力和组织双元创新之间关系的调节作用图

（二）市场复杂性对 CEO 想象力和组织双元创新之间关系的调节

首先，原始数据的初步处理。本研究通过均值处理得到 CEO 想象力自变量和组织双元创新因变量；将 CEO 想象力与市场复杂性进行去中心化处理，并构建二者的乘积项。

其次，构建回归模型 M1。将企业的发展阶段、企业注册类型、企业发展战略规划、企业资产总额、CEO 年龄、CEO 文化程度等六个主要控制变量引入组织双元创新的回归方程之中，得到基础模型 M1。数据结果显示，企业发展战略规划与组织双元创新有着显著影响。

然后，研究分别将 CEO 想象力、市场复杂性引入组织双元创新的回归方程之中，分别得到模型 M2 和 M3，CEO 想象力与组织双元创新具有显著正向效应。但其中，模型 M2 发现，CEO 想象力对组织双元创新发挥了显著的正向作用（β=0.238，$P<0.001$）；模型 M3 发现，市场复杂性未对组织双元创新产生显著的正向影响（β=-0.029，$P>0.10$）。

最后，将 CEO 想象力＊市场复杂性引入组织双元创新的回归方程之中，得到模型 M4。发现 CEO 想象力＊市场复杂性的系数不显著（β=0.068，$P>0.10$），并且 ΔR^2=0.008，$P>0.05$，说明市场复杂性在 CEO 想象力和组织双元创新之间的关系中未起到显著的调节作用。综合以上结果，市场复杂性在 CEO 想象力和组织双元创新之间的关系中未起到调节作用，且随着市场复杂性的数值增加，CEO 想象力对组织双元创新的影响并未越强，假设 H5 未得到证实，详见表 4-3-3。

表 4-3-3　市场复杂性对 CEO 想象力和组织双元创新关系的调节作用检验结果

自变量	组织双元创新			
	模型 M1	模型 M2	模型 M3	模型 M4
第一步				
企业发展阶段	-0.082	-0.087[+]	-0.084[+]	-0.091[+]
企业注册类型	0.026	0.030	0.030	0.027
企业发展战略规划	0.065[*]	0.041	0.044	0.043
企业资产总额	-0.035	-0.035	-0.037[+]	-0.036
CEO 年龄	0.006[+]	0.007[*]	0.007[*]	0.008[**]
CEO 文化程度	-0.007	-0.048	-0.050	-0.058
第二步				
CEO 想象力		0.238[***]	0.245[***]	0.232[***]
第三步				
市场复杂性			-0.029	-0.037
第四步				
CEO 想象力＊市场复杂性				0.068
R^2	0.060	0.184	0.186	0.194
调整 R^2	0.034	0.157	0.155	0.160
ΔR^2	—	0.124	0.002	0.008
ΔF	—	32.725[***]	0.521	2.239

注：[***] 表示 $P<0.001$；[**] 表示 $P<0.01$；[*] 表示 $P<0.05$，+表示 $P<0.10$（双侧检验）。

根据以上研究结果，绘制了市场复杂性对 CEO 想象力和组织双元创新之间关系的调节效应图，具体如图 4-3-2 所示。从图中可以看出，当市场复杂性越高时，CEO 想象力对组织双元创新的正向影响并未越强。所以，假设 H5 不成立。

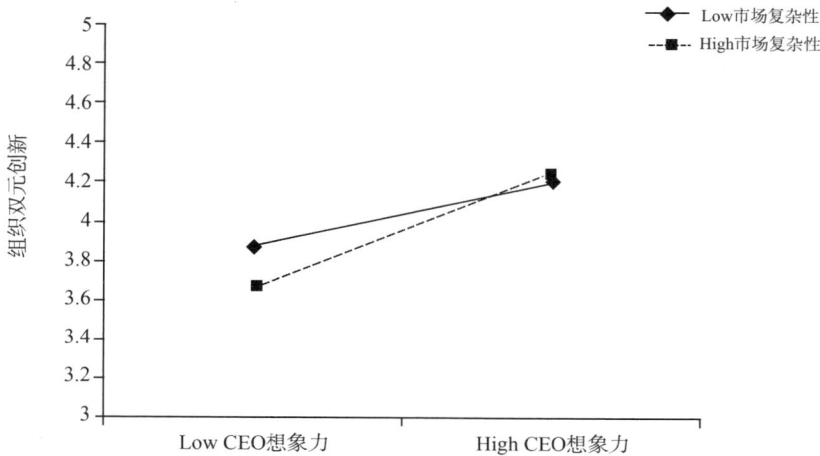

图 4-3-2　市场复杂性对 CEO 想象力和组织双元创新之间关系的调节作用图

（三）市场不确定性对 CEO 想象力和组织双元创新之间关系的调节

首先，原始数据的初步处理。本研究通过均值处理得到 CEO 想象力自变量和组织双元创新因变量；将 CEO 想象力与市场不确定性进行去中心化处理，并构建二者的乘积项。

其次，构建回归模型 M1。将企业的发展阶段、企业注册类型、企业发展战略规划、企业资产总额、CEO 年龄、CEO 文化程度等 6 个主要控制变量引入组织双元创新的回归方程之中，得到基础模型 M1。数据检验发现企业发展战略规划对于组织双元创新发挥了显著影响。

然后，研究分别将 CEO 想象力、市场不确定性引入组织双元创新的回归方程之中，分别得到模型 M2 和 M3，得到 CEO 想象力与组织双元创新正向相关的结论，然而，市场不确定性与组织双元创新间不存在显著正向相关关系。其中，模型 M2 发现，CEO 想象力对组织双元创新能产生显著的正向影响（$\beta = 0.222$，$P < 0.001$）；模型 M3 证实市场不确定性对组织双元创新未产生显著的正向影响

$(\beta=0.074，P>0.05)$。

最后，将 CEO 想象力 * 市场不确定性引入组织双元创新的回归方程之中，得到模型 M4。发现 CEO 想象力 * 市场不确定性的系数显著（$\beta=0.087$，$P<0.05$），并且 $\Delta R^2=0.015$，$P<0.05$，市场不确定性调节了 CEO 想象力与组织双元创新的关系。此外，研究发现 CEO 想象力的系数依然显著。综合以上结果，市场不确定性在 CEO 想象力与组织双元创新两者关系中起到调节作用，即当市场不确定性越高时，CEO 想象力对组织双元创新发挥的影响也越强，假设 H6 得到证实。详见表 4-3-4。

表 4-3-4　市场不确定性对 CEO 想象力和组织双元创新关系的调节作用检验结果

自变量	组织双元创新			
	模型 M1	模型 M2	模型 M3	模型 M4
第一步				
企业发展阶段	−0.082	−0.087[+]	−0.095[*]	−0.106[*]
企业注册类型	0.026	0.030	0.030	0.027
企业发展战略规划	0.065[*]	0.041	0.032	0.031
企业资产总额	−0.035	−0.035	−0.029	−0.029
CEO 年龄	0.006[+]	0.007[*]	0.008[*]	0.008[*]
CEO 文化程度	−0.007	−0.048	−0.037	−0.047
第二步				
CEO 想象力		0.238[***]	0.222[***]	0.211[***]
第三步				
市场不确定性			0.074[+]	0.068[+]
第四步				
CEO 想象力 * 市场不确定性				0.087[*]
R^2	0.060	0.184	0.197	0.212
调整 R^2	0.034	0.157	0.167	0.179
ΔR^2	—	0.124	0.013	0.015
ΔF	—	32.725[***]	3.466[+]	4.154[*]

注：[***] 表示 $P<0.001$；[**] 表示 $P<0.01$；[*] 表示 $P<0.05$，+表示 $P<0.10$（双侧检验）。

根据以上研究结果，绘制了市场不确定性对 CEO 想象力和组织双元创新之间关系的调节效应图，具体如图 4-3-3 所示。从图中可以看出，市场不确定性越高，CEO 想象力对组织双元创新产生的正向影响越强。所以，假设 H6 成立。

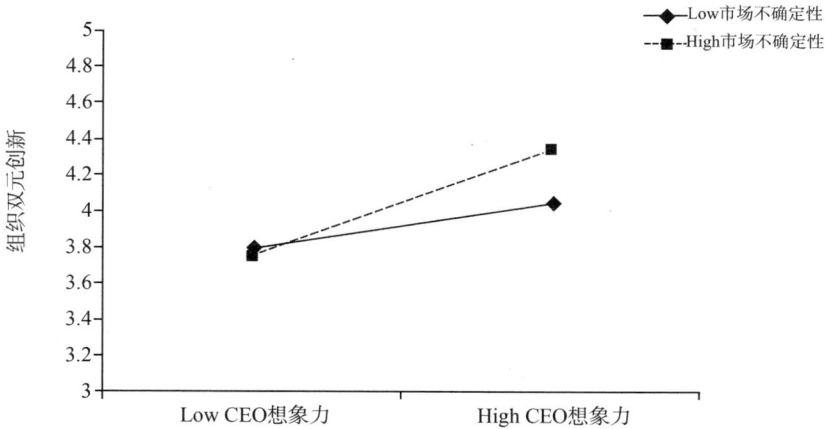

图 4-3-3　市场不确定性对 CEO 想象力和组织双元创新之间关系的调节作用图

（四）企业年龄对 CEO 想象力和组织双元创新之间关系的调节

首先，原始数据的初步处理。本研究在问卷调查时，请调查对象按照企业成立的年份计算填写数值，再通过 ln 进行对数字化处理。之后，通过均值处理得到 CEO 想象力自变量和组织双元创新因变量；将 CEO 想象力与企业年龄（ln）进行去中心化处理，并构建二者的乘积项。

其次，构建回归模型 M1。将企业的发展阶段、企业注册类型、企业发展战略规划、企业资产总额、CEO 年龄、CEO 文化程度等 6 个主要控制变量引入组织双元创新的回归方程之中，得到基础模型 M1。结果显示，企业发展战略规划对组织双元创新产生显著的影响。

然后，研究分别将 CEO 想象力、企业年龄引入组织双元创新的回归方程之中，分别得到模型 M2 和 M3，发现 CEO 想象力与组织双元创新间的正相关关系，然而，企业年龄与组织双元创新之间没有显著的相关关系。其中，模型 M2 发现，CEO 想象力对组织双元创新能产生显著的正向影响（$\beta = 0.226$，$P < 0.001$）；模型 M3 发现，企业年龄对组织双元创新未产生显著的正向影响（$\beta = 0.043$，$P > 0.05$）。

最后，将 CEO 想象力 * 企业年龄引入组织双元创新的回归方程之中，得到模型 M4。发现 CEO 想象力 * 企业年龄的系数不显著（$\beta = -0.040$，$p > 0.05$），并且 $\Delta R^2 = 0.003$，$p > 0.05$，说明企业年龄在 CEO 想象力和组织双元创新之间的关系中未起到调节作用。综合以上结果，企业年龄在 CEO 想象力和组织双元创新之间的关系中未起到调节作用，即随着企业年龄的数值增加，CEO 想象力对组织双元创新的影响并未越强，假设 H7 未得到证实。详见表 4-3-5。

表 4-3-5　企业年龄对 CEO 想象力和组织双元创新关系的调节作用检验结果

自变量	组织双元创新			
	模型 M1	模型 M2	模型 M3	模型 M4
第一步				
企业发展阶段	-0.134*	-0.131**	-0.151**	-0.145**
企业注册类型	0.009	0.023	0.025	0.025
企业发展战略规划	0.070*	0.047	0.039	0.038
企业资产总额	-0.025	-0.028	-0.034	-0.033
CEO 年龄	0.004	0.006+	0.005	0.005
CEO 文化程度	-0.011	-0.054	-0.060	-0.061
第二步				
CEO 想象力		0.226***	0.233***	0.234***
第三步				
企业年龄			0.043	0.041
第四步				
CEO 想象力 * 企业年龄				-0.040
R^2	0.062	0.171	0.174	0.177
调整 R^2	0.034	0.142	0.140	0.139
ΔR^2	——	0.109	0.003	0.003
ΔF	——	25.916***	0.715	0.708

注：*** 表示 $P < 0.001$；** 表示 $P < 0.01$；* 表示 $P < 0.05$，+表示 $P < 0.10$（双侧检验）。

　　根据以上研究结果，绘制了企业年龄对 CEO 想象力和组织双元创新之间关系的调节效应图，具体如图 4-3-4 所示。可见，企业年龄越高，CEO 想象力对组织双元创新的正向影响并未削弱。所以，假设 H7 不成立。

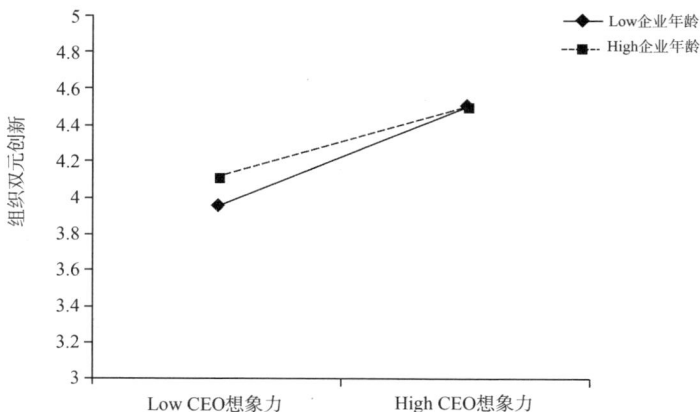

图 4-3-4　企业年龄对 CEO 想象力和组织双元创新之间关系的调节作用图

（五）企业规模对 CEO 想象力和组织双元创新之间关系的调节

首先，原始数据的初步处理。本研究在问卷调查时，请调查对象按照员工人员如实填写数值，再对 ln 进行数字化处理。之后，通过均值处理得到 CEO 想象力自变量和组织双元创新因变量；将 CEO 想象力与企业规模（ln）进行去中心化处理，并构建二者的乘积项。

其次，构建回归模型 M1。将企业的发展阶段、企业注册类型、企业发展战略规划、企业资产总额、CEO 年龄、CEO 文化程度等六个主要控制变量引入组织双元创新的回归方程之中，得到基础模型 M1。

然后，研究分别将 CEO 想象力、企业规模引入组织双元创新的回归方程之中，分别得到模型 M2 和 M3，CEO 想象力与组织双元创新间存在正向相关关系，然而，企业规模对组织双元创新并不具有显著正向影响。其中，模型 M2 发现，CEO 想象力对组织双元创新能产生显著的正向影响（$\beta=0.239$，$P<0.001$）；模型 M3 发现，企业规模对组织双元创新未产生显著的正向影响（$\beta=0.046$，$P>0.05$）。

最后，将 CEO 想象力 * 企业规模引入组织双元创新的回归方程之中，得到模型 M4。发现 CEO 想象力 * 企业规模的系数显著（$\beta=-0.102$，$P<0.05$），并且 $\Delta R^2=0.016$，$P<0.05$，说明企业规模在 CEO 想象力和组织双元创新关系中起调节作用。综合以上结果，企业规模负向调节了 CEO 想象力和组织双元创新之间的关系，即随着企业规模的数值增加，CEO 想象力对组织双元创新的影响越弱，

假设 H8 得到证实。详见表 4-3-6。

表 4-3-6　企业规模对 CEO 想象力和组织双元创新关系的调节作用检验结果

自变量	组织双元创新			
	模型 M1	模型 M2	模型 M3	模型 M4
第一步				
企业发展阶段	-0.094^+	-0.101^*	-0.107^*	-0.111^*
企业注册类型	0.012	0.021	0.023	0.021
企业发展战略规划	0.058^+	0.036	0.031	0.033
企业资产总额	-0.035	-0.034	-0.047^+	-0.048
CEO 年龄	0.006^+	0.007^*	0.007^*	0.007
CEO 文化程度	0.008	-0.039	-0.045	-0.040
第二步				
CEO 想象力		0.239^{***}	0.245^{***}	0.236^{***}
第三步				
企业规模			0.046	0.052
第四步				
CEO 想象力 * 企业规模				-0.102^*
R^2	0.056	0.181	0.183	0.200
调整 R^2	0.029	0.153	0.152	0.165
ΔR^2	—	0.125	0.003	0.016
ΔF	—	31.816^{***}	0.724	4.26^*

注：*** 表示 $P<0.001$；** 表示 $P<0.01$；* 表示 $P<0.05$，+表示 $P<0.10$（双侧检验）。

根据以上研究结果，研究绘制了企业规模对 CEO 想象力和组织双元创新之间关系的调节效应图，具体如图 4-3-5 所示。如图所示企业规模越高时，CEO 想象力与组织双元创新的正向关系有所减弱。所以，假设 H8 成立。

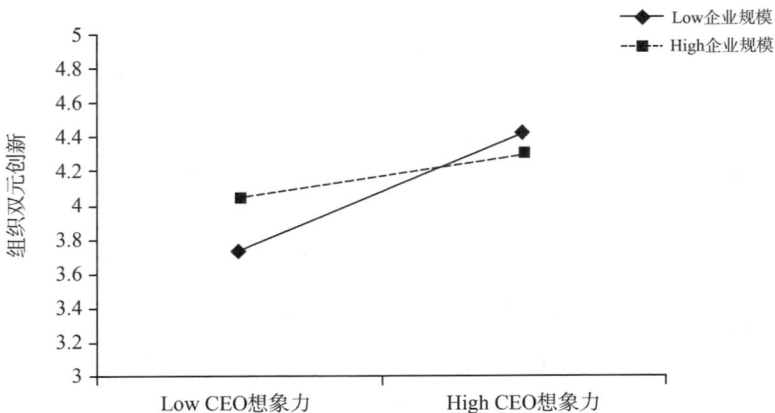

图 4-3-5　企业规模对 CEO 想象力和组织双元创新之间关系的调节作用图

第四节　结论与讨论

管理启示与讨论

本文通过实证研究，发现了中小企业 CEO 创业想象力对组织双元创新的影响机制，为进一步深化对 CEO 认知体系的认识和管理，进一步激活 CEO 的创业想象力，保持中小企业的创新和创业活力，进而提升组织绩效，具有重要的管理启示和指导价值。同时，本文认为，为了促进企业做出有价值的创新，不仅需要深度激活并充分发挥中小企业 CEO 潜在的创业想象力，同时还要合理控制 CEO 的管理自主权范围。据此，为企业管理实践提出以下几个方面的建议。

（一）激活 CEO 个体的创业想象力

2018 年以来，由于经济增长存在不确定性，消费支出放缓、投资活动低迷和外需疲软等因素，直接导致了中小企业的生产活动在某种程度上受到拖累，发展速度放缓。在此背景下，中小企业要突破发展困境，在危机中找到新的机会，唯有"另辟蹊径"——增强"创新是引领发展的第一动力"的创新意识，提高自主创新能力，开展有效的创新活动。而创新在本质上根植于个体的想象力之中，也发展于个体的想象力之中。想象力是基于尚未出现过的有关事物或情况，创造、进化和利用心理模拟的能力，是抓住和创造新机会以及寻找新的增长路径的关键因素。中小企业的 CEO 如果能充分挖掘自己的想象力，将更多的丰富想象由概念变为现实，才有可能在寻求企业复苏的同时，于重重困难之中"枯木逢春"，重新找到企业创新发展的"快车道"。

第一，要激活 CEO 的创业想象力。从 CEO 个体的角度来说，要勇于提出积极开放式的问题。在危机中，企业可能不会立即得到正确的答案，因此，作为 CEO 的最高管理者需要更好地提出开放性问题。危机中，往往需要提出最基本的问题，例如："竞争环境改变的情况下，我们的行业会发生什么改变？"然而，只有当 CEO 提出积极而有价值的问题，比如：如何创造新的选择？企业应该如何实现新的发展？哪些需求或产品正处于市场的中心位置？有哪些客户需求当前没有解决方案？我们没有为我们的客户做什么？如果现在重新开始，我们会建立什么样的公司和提供什么样的产品服务？以及类似的问题时，才可能促进对企业有利发展结果的形成。想象力涉及超越先例和已知的替代方案，去提出问题来探索新的想法和颠覆性的解决方案。当 CEO 敢于提出问题，勇于寻求答案时，才能充分激活自身的想象力，从而产生更好的行动方案。

第二，CEO 要保持开放的心态，加强深度学习的能力，在瞬息万变的市场中与时俱进。想象力由问题触发，但经深入研究创业想象力，不难发现在本质上想象力也深受主体自身动机、知识、经验、思维方式等因素的影响。此外，想象力与创造力紧密相关，而创造力也是想象力的一种表现结果。借鉴创造力的研究，本研究认为知识、经验和动机对 CEO 个人创业想象力的形成具有重要作用。因此，CEO 要从常规的、目标驱动的、聚焦的工具式方法中解脱出来，在新的事物之间建立联系，将现有知识重新排列为有用的新组合。这个过程不仅需要 CEO 个体有强烈的求知欲，更需要具有相关知识、经验和直觉的深厚积累。同时，本文通过研究发现，CEO 三个维度的创业想象力并非是均匀分布的。而且创造性想象力、社会性想象力和实用性想象力所需的知识储备和技能要求并非一样，因此储备不同类型的想象力、增强对跨界知识的求知欲、促进即兴创作和灵感迸发的潜力是在挖掘未知领域时所需要的重要技能。

第三，在企业建立一个分享想法的管理系统。在企业中，高层管理者很可能会快速因为面对的环境发生变化，而迅速意识到需要调整战略方向或被迫尝试新的做事方式。而事实上，想象力不仅仅单独发生在 CEO 个体层面，新奇的思想可能发生在不同代际的员工之间，也可以通过在个体头脑间的跳跃而进化和传播。公司可以促进集体想象，允许新想法在开发阶段即实现在组织内部的共享。然而，在中国"一把手"文化和等级观念根深蒂固的大背景下，企业僵化的内部沟通机制往往会扼杀员工的想象力和新奇思想的传播，不利于开放、非限制式思想的表达和传播。而事实上企业为了满足客户对创新产品的需求，不困于原来的思维模式，应该建立富有想象力想法的交流渠道，比如创建一个供组织内成员交流新想法的论坛，然后及时筛选、整理、评估并扩展可行性大的创新性想法。当一个创新想法在企业内部达成共识时，会快速促进创新行为的产生。

（二）设计敏捷型的组织

本文的研究结论也发现，CEO 的创业想象力转化为组织的创新行为受到了其所管理自主权的调节，即当管理自由度高，组织惯性小时，他们对组织的影响大。反之，当管理自由度低，组织惯性小时，他们对组织的影响则弱。从实践角度来说，CEO 对企业战略的掌舵和把控的程度受到组织架构设计的影响。一般而言，组织规模越大，组织层级越多，其敏捷性越低。然而，在创新经济驱动的环境中赢得先机并非易事，必须要做出快人一步的创新行为。为此，中小企业要深度思考企业创新的"速度与激情"，从组织管理方式的角度看，务必要扎实推进敏捷组织建设。首先，要打破沟通不畅的科层式组织形态和官僚治理结构，设计更轻盈、灵动、敏捷的组织。敏捷性的组织形态不仅有利于 CEO 自上而下的创新行为能得到快速开展，而且能让组织内部成员的个性得到充分舒展，想象力得以激活，全组织的创新潜力得到绽放，让组织之间人和人的连接变得更加直接和紧密，想法和创意的传达变得更加简单。其次，要设计敏捷型组织的沟通流程。在组织内部要实现信息即时共享，构建开放式的沟通流程。不仅给予 CEO，也给予组织成员能有同样表达想象力和创造力的机会。企业从中选出最佳创新方案，建立样板做法，通过论证和获取客户反馈后正式变为企业的创新选择。中小企业要充分通过组织架构和沟通流程建设"双管齐下"的做法，取得敏捷型组织转型的成功。

（三）推崇大胆创新的企业文化

企业文化直接反映了企业的经营理念和价值取向，对中小企业内部员工的认知体系、思维方式和行为选择有着潜移默化的影响。激发创新行为的发生，首先要在企业内部推崇大胆创新的企业文化，让创新精神激发创新行为的发展，并让创新成为企业实现弯道超速的"秘密武器"。

第一，鼓励全员开展创新试验。尽管前瞻性的创新试验不一定成功，但鼓励试验仍然很重要——企业的可持续增长往往来自新技术、新产品和新模式。试验常常会产生意想不到的结果，不仅可以应对在现实世界中经受考验，还能激发进一步的思考和新想法。乐高的创立就是最好的例子。乐高的品牌创始人奥尔·科克·克里斯蒂安森（OleKirk Christiansen）最初生产家庭和家用产品时，如木梯和熨衣板，一直到 20 世纪 30 年代的大萧条时期，才迫使他开始试验、尝试做玩具。在考察了以木制品为主的国际玩具市场之后，克里斯蒂安森引入一种由新型颠覆性材料——塑料制成的玩具，再次进行试验。尽管处于第二次世界大战后的紧缺时期，他还是将全年的利润重新投资到新的机器和工具上，首先制造传统玩具，然后制造积木。到 1958 年，它们演变成今天众所周知的"组装型"乐高积木。事实证明，这个举措获得了巨大的成功，此后，该公司放弃了所有木制玩具和其他玩具，加倍投入到乐高积木玩具建筑体系中并创造了销售奇迹。

第二，创造允许试错、包容错误的企业文化氛围。充分给予员工一定的空间和授权，创新不可能都是成功的，具有一定的风险。允许试错就是允许创新。在企业内部建立快速试错、纠错、迭代系统，在试错的过程中校准，在试错中学习，慢慢找到公司需要的创新做法，继续打造和完善新项目。允许试错的做法在大公司也被广泛推崇。例如，任正非称："在华为，把创新做出来的人叫天才，这样的人很少。努力做创新没做出来的，叫人才，这是我们公司需要的。"事实证明，包容试错的公司往往具有非常强的创造力，这在推动创新的进程中大有裨益。

第三，构建全方位的激励体系，促进创新者各尽其能。提供激励措施也是促进企业创新的重要手段。首先，可以采用传统的激励方式（比如物质奖励、金钱奖励、奖励表彰等方式）吸引和激发员工探索未知因素，勇于做出创新行为；其次，企业可以定制个性化的激励方案来促进创新，比如定制为创新做出贡献人才的专项考核奖励办法，对创新人才给予充分的授权和信任，提供资源和支持，为创新人才提供技能拓展项目；再次，拓展创新人才在企业的晋升路径，对于创新绩效突出的员工给予精准激励的方法，比如建立"破格晋升"的通道，帮助他们找到工作的意义、实现自己的目标等，这些对建设推崇创新的企业文化都有着极大的影响力。

（四）建立系统的人才管理机制

建立完整且全面的人才管理机制，在一定程度上能够更好地吸引到具有高质量和高素质的人才。而且在这期间，对于行业的一些相关领导者来说，必须对当前公司内部的人才选拔机制进行针对性的完善和补充，基于不断优化的基础之上，通过多种人才引进策略的有效实施来招揽更多的行业人才。从当前创业型的科技公司的角度来看，建立完善的人才管理机制能够更好地使公司长期稳步地向前推进。就人才管理机制而言，主要划分为两个层面：第一是内部管理；第二是外部招聘。对于内部管理而言，主要是针对当前行业内部的管理机制进行丰富和完善，从员工自身的切实利益出发，利用多种方式和途径激发员工的工作积极性和工作热情，为其营造一个健康向上的工作环境，使其能够更加积极主动地去工作，去凸显自己的价值，提升自身的能力。从外部招聘这一方面来看，必须针对当前的人才选拔机制进行丰富和完善，对员工起到一定的激励作用。对人才招聘的成本也要进行合理有效的把控，确保招聘的质量能够得到很好的保障。此外，CEO 要保持开放的心态，加强深度学习的能力，在瞬息万变的市场中与时俱进。CEO 应从常规的、目标驱动的、聚焦的工具式方法中解脱出来，在新的事物之间建立联系，将现有知识重新排列为有用的新组合。这个过程不仅需要 CEO 个体有强烈的求知欲，更需要具有相关知识、经验和直觉的深厚积累。同时，CEO 应根据企业资源秉性确定不同阶段的发展战略导向，有意识地储备相应类型的想象力。

对于创业型的科技公司而言，一方面要对当前的人才进行多方面的培养和保护，另一方面也要搭建科学合理的创新激励机制。这种激励制度的建立对于创业科技人才的潜能激发具有积极的影响。首先，要对科技人才本身的劳动成果持有一种尊重的态度，在此基础之上，建立与之实际贡献比较匹配的利益分配关系。对于科技创新人员来说，其自身的创新活动属于一种高智能活动，需要在长期学习及不断研究和探索的基础之上进行积累，进而实现质的飞跃。对于科技人才而言，就其自身所有的科研成果在进行分配期间，不能只是简单地依照劳动标准进行报酬的回应，而是应该设置一些特殊的待遇，比如说在利益分配这一层面上，可以通过 28 制或者是 37 制的形式，将 80% 或者 70% 的奖金提供给这些人才，这能更好地吸引和留住人才。其次，对于科技人才而言，可以通过股份制的形式进行奖励，以股权或者优先认股权等形式进行分配，让科技人才能够根据自己的科研成果获得相应的产权。这种产权制度的建立能够更好地激发科研人员的工作积极性。最后，可以通过事业或者是情感等方式的奖励。为了确保创新型企业人才管理的创新工作得以有效开展，使人才的自我价值得以有效的体现，给予员工一个能力展示的平台和空间。

第五节　研究的结论与未来研究方向

一、研究结论

2020 年，自新冠疫情在全球范围内的广泛传播，引发了前所未有的社会和全球经济危机。以新冠疫情为代表的突发事件给企业敲响了警钟，尤其给在市场竞争中本就不具备规模优势的中小企业带来了更加复杂、不确定的外部环境。因此，本文考虑在复杂、不确定性为主要特征的外部环境如何通过影响中小企业 CEO 的管理自主权，由此进一步影响到中小企业生存和发展，可谓是恰得其所，恰逢其时。在此情境下，本研究尝试基于高阶理论，提出了 CEO 的认知能力在促进中小企业创新发展起到的关键作用。

研究认为，越是需要面对突发、复杂、不确定的外部环境，CEO 作为中小企业的领头羊和掌舵者，越应该认识到这些突发事件的严峻性和挑战性，也越需要其充分运用自身的战略领导力，保持企业的抗压韧性和可持续发展能力。而作为中小企业的掌舵者，CEO 的思维模式和认知体系每时每刻都在潜移默化地影响着中小企业未来的创新定位和战略选择。而创新的前提是创新的主体在认知能力上突破原有惯性的束缚，获得解放，寻找全新的做法，以实现突破性发展。结合以上两点，本研究立足于中国"百年未有之大变局"的时代背景，基于高阶理论探讨中小企业的 CEO 创业想象力如何与管理自主权共同作用于企业的双元创新，以此构建基于"CEO 认知—创新"系统的分析框架。

本节的核心研究问题是探讨中小企业的 CEO 创业想象力对企业双元创新的影响机制。结合以往的文献研究，本研究将高阶理论（Upper Echelons Theory）作为理论指导，从中小企业的 CEO 个体认知特征的新视角切入，分别探讨了包含创造性想象力、社会性想象力和实用性想象力三个子维度的创业想象力如何影响企业双元创新的机制，并引入管理自主权这一情境因素，探讨相应的理论边界条件。为了解决以上研究问题，研究中细化成了三个子问题，分别进行探讨：第一，中小企业 CEO 的创业想象力及其三个子维度对组织探索性创新的影响机制，换言之，CEO 的创造性想象力、社会性想象力和实用性想象力是如何导致了企业探索性创新行为的产生；第二，基于高阶理论的观点，分析中小企业 CEO 的创业想象力及其三个子维度对组织利用性创新的影响机制，换言之，CEO 的创造性想象力、社会性想象力和实用性想象力是如何导致了企业利用性创新行为的产生；第三，结合以往的文献研究，在 CEO 创业想象力影响企业双元创新的模型中，探索环境层面和组织层面管理自主权的调节效应，即管理自主权在 CEO 个体认知特征与组织创新的关系中起到什么作用。

本研究通过理论模型的建构、文献回顾和理论假设、问卷调查以及标准化的数据统计分析过程，包括数据的信度检验、效度检验、同源方差检验、正态分布检验等，采用成熟检验方法与科学工具检验研究假设，得出了以下几个方面的结论。

（一）CEO 创业想象力对探索性创新产生显著的影响作用

数据分析结果表明，CEO 创业想象力及其三个维度均能够对中小企业探索性创新产生显著的影响作用。研究发现，CEO 创造性想象力对组织探索性创新产生显著的正向影响（$\beta = 0.236$，$P < 0.001$），CEO 社会性想象力对组织探索性创新产生显著的正向影响（$\beta = 0.148$，$P < 0.001$），CEO 实用性想象力对组织探索性创新产生显著的正向影响（$\beta = 0.244$，$P < 0.001$）。这个结果充分说明，当中小企业的 CEO 创业想象力越丰富时，企业越有可能采取探索性创新，这一结论符合探索性创新的基本逻辑。近两年，如习近平总书记指出的，"中国正经历百年未有之大变局"。传统经济社会发生巨变，数字化、智能化等技术变革突如其来，对于企业的 CEO 来说，他们没有任何前例可循，只能"摸着石头过河"，在不确定性中求发展，在激烈的市场竞争中求突破。面对快速变化和不确定性的外部环境，中小企业家必须摆脱原有的思维方式和认知理念，舍弃不再适应新形势的陈旧做法，需要依靠想象力对形势进行判断，并实施全新的行动计划。这也验证了Kier 和 Mumullen（2018）的观点，CEO 想象力不同于以往 CEO 认知体系中的动机、知识和经验等概念，它将对组织行为具有独特的预测效应和解释力。

与此观点一致，有效性理论（Effectuation Theory）也指出，企业家必须采取一套给定的手段，并且专注于利用这套手段在可能创造的效果之间进行选择（Sarasvathy，2001）。而在采用有效手段发现和开发具有高度不确定性的新市场机会时，如果中小企业 CEO 缺乏能力去想象如何更好地利用这些手段，不管他多么渴望达到一个特定的目的，哪怕拥有更多的手段，也不一定有更好的目标。从数据处理结果来看，创造性想象力、社会性想象力和实用性想象力都能预测出很高的探索性创新水平。同时，这一研究结论也论证了这三种形式的创业想象力作用效果不尽相同。而此前，有效性理论假设想象力是普遍存在的和均匀分布的。而数据表明，实际上每个人拥有的三种形式的创业想象力在形式和数量上都是不同的。创造性想象力允许个人在看似不相关的信息之间建立联系，形成新的"手段—目的"关系，从而促进了颠覆性的创新想法。社会性想象力允许个人理解他人的需求，这增加了对更多需要解决问题的识别，从而刺激、触发了全新视角的产生，进而发生了探索性创新行为。实用性想象力允许个人识别需要解决方案的问题，激发产生创意的感知需求，并根据对这种需求的显著性产生探索性创新的想法。

（二）CEO 创业想象力对利用性创新产生显著的影响作用

本研究从 CEO 个体认知特征的角度，探讨了中小企业创新的关键起点——创业想象力，并试图揭示创业想象力是否、如何以及为什么是企业利用性创新的基础。分析结果表明，CEO 创业想象力及其三个子维度均对利用性创新产生显著的影响，但每个维度的显著程度稍有差异。其中，CEO 创造性想象力对组织利用性创新产生显著的正向影响（$\beta = 0.196$，$P < 0.001$），CEO 社会性想象力对组织利用性创新产生显著的正向影响（$\beta = 0.172$，$P < 0.001$），CEO 实用性想象力对组织利用性创新产生显著的正向影响（$\beta = 0.259$，$P < 0.001$），从以上结果可以粗略归纳，实用性想象力对组织利用性创新的影响更强。这个结果充分说明，当中小企业 CEO 创业想象力越丰富时，企业越有可能采取利用性创新。在一个组织中，如果只采用探索性的创新行为，势必会产生风险过大，产生太过激进的战略决策和行为，如研发投入过大。所以，无论是中小企业还是成熟企业来说，CEO 的首要任务是根据企业自身的资源、能力情况，平衡激进与保守战略决策和行为，确保在企业不同的生命周期或在内部不同的职能部门之间采取不同的创新形式。想象力包括心智模拟，用于发现模式、调整市场和技术、应用推理、预见不同的观点，甚至对尚未创建的东西进行即兴发挥。想象力也可以与反事实思维联系起来，而反事实思维是心理模拟的一个子集（Roese，1997），或者场景的想象心理构建（Kahneman 和 Tversky，1982；Taylor 和 Schneider，1989）。企业家只有通过反思过去的已采取的行动或未进行的行动来想象未来事件的不同进展。根据 Schutz（1967）的观点，人们通过回顾过去的事件并进行回顾性分析来理解信息。言下之意，过去的事件和行动不可避免地会影响到现在解释和重新审视信息的视角，并进一步影响其行动方案。从这个角度也能更好地理解研究结论：企业家进行想象时，受原有信息、事件的影响，所以倾向采取基于原来基础上的小幅度利用性的创新行为。可能由于实用性想象力自然倾向于编辑或筛选创新行动的可行性，因此，相较于其他两个维度的创业想象力，对利用性创新会产生更直接的影响。

（三）管理自主权的调节作用

管理自主权一直是战略理论的重要话题。已有的研究也已经证实，管理自主权确实会对公司层面的创新产生重要影响（Doohee Chung，2018）。本研究测试了包含外部环境层面和组织内部环境层面的管理自主权因素对 CEO 创业想象力和企业双元创新之间关系的调节作用，探讨了二者关系的理论边界。研究结果表明：

（1）当中小企业面临较高市场宽裕度的外部环境的情况下，CEO 创业想象力对组织双元创新的正向影响越强。研究发现，在组织双元创新的回归模型中，CEO 想象力 * 市场宽裕度的系数显著（$\beta = 0.087$，$P < 0.05$），且 $\Delta R^2 = 0.016$，$P < 0.05$，具有显著的增量解释力度，说明市场宽裕度在 CEO 想象力和组织双元创新之间的关系中起到一定的调节作用。而这一研究结论恰恰说明，相比较低的市场宽裕度，企业处于较高的市场宽裕度时，往往意味着现有市场存在着"蓝海"，为企业生存和发展提供了更多的机会和资源。而在这种宽裕的市场环境下，企业往往绩效都比较好，因此，企业更倾向于赋予 CEO 更多的自主权，让其一展拳脚。且在此环境下，CEO 个体也容易产生乐观、积极的认知，更倾向于果断地开展丰富的想象活动，进行更为大胆的战略决策和行为，从而有利于企业开展相应的创新活动。

（2）市场复杂性在中小企业的 CEO 创业想象力和组织创新之间的调节作用并不显著。本研究将 CEO 想象力 * 市场复杂性引入组织双元创新的回归方程之中，发现 CEO 想象力 * 市场复杂性的系数不显著（$\beta = 0.068$，$P > 0.10$），并且 $\Delta R^2 = 0.008$，$P > 0.05$，说明市场复杂性在 CEO 想象力和组织双元创新之间的关系中未起到显著的调节作用。这可能是因为随着市场复杂性的增加，市场的竞争对手变多，CEO 更可能倾向于规避失败风险，以应对复杂的外部环境，因此，在进行战略决策时更可能保存现有市场份额，不敢于舍弃原有的经验和做法，不会贸然采取创新行为。

（3）当企业面临较高不确定性的外部环境的情况下，中小企业的 CEO 创业想象力对组织双元创新的正向影响越强。研究发现，市场不确定性在CEO创业想象力和组织双元创新之间的关系中起到调节作用。研究将CEO想象力*市场不确定性引入组织双元创新的回归方程之中，发现CEO想象力*市场不确定性的系数显著（$\beta = 0.087$，$P < 0.05$），并且$\Delta R^2 = 0.015$，$P < 0.05$，具有显著的增量解释力度，说明市场不确定性在CEO想象力和组织双元创新之间的关系中起到强化作用。面对高度不确定性的市场环境，执行哪种决策始终是摆在CEO面前的一道难题，无论是选择还是放弃，都需要CEO借助想象力，结合企业的实际情况进行选择。

（4）企业年龄在中小企业的CEO创业想象力和组织创新之间的调节作用并不显著。研究将CEO想象力*企业年龄引入组织双元创新的回归方程之中时，发现CEO想象力*企业年龄的系数不显著（$\beta = -0.040$，$P > 0.05$），并且$\Delta R^2 = 0.003$，$P > 0.05$，解释力度并不明显。这个结论说明中小企业年龄在CEO想象力和组织双元创新之间的关系中未起到调节作用。一方面，可能是因为研究所调查的大多是中小企业，企业年龄都偏小。而年龄意味着企业的规范化、制度化进程并未成熟，组织惯例并未形成，因此，可能对CEO想象力和组织创新的调节作用并不显著。另一方面，可能是因为中小企业创业者已经清醒地意识到，传统的组织架构导致企业离客户太远，决策重心偏高，难以对客户个性化需求做出敏捷响应，从而对沟通模式和决策过程进行了改进和完善，打破了原有的组织惯例，从而对二者关系影响并不显著。

（5）随着中小企业规模的增加，CEO创业想象力对组织双元创新的影响减弱。研究将CEO想象力*企业规模引入组织双元创新的回归方程之中，发现CEO创业想象力*企业规模的系数显著（$\beta = -0.102$，$P < 0.05$），并且$\Delta R^2 = 0.016$，$P < 0.05$，具有显著的增量解释力度，这在一定程度上可以证明，组织规模才是测量企业组织惯例的有效工具。即随着中小企业组织规模的增大，企业各部门之间的协调与合作难度将会加大，这无形中产生企业的部门壁垒，而传统的组织结构和运作模式依然是CEO打破常规、不拘一格进行创新的重大障碍。因为在此组织情境下，企业家利用丰富的想象对未来行动进行规划将面临更加复杂

的流程和规范，容易受到组织惯性的羁绊。

二、研究局限与未来研究方向

本研究通过问卷调查法对 227 名中小企业 CEO 进行了调研，围绕中小企业 CEO 的创业想象力及其子维度对企业双元创新的影响这一核心问题展开实证分析，并验证了管理自主权在这一过程中的调节作用。尽管本文的研究具备一定的理论意义和实践意义，但是由于个人基础、研究时间和研究条件等各方面客观因素的制约和影响，本研究仍有诸多不足：

第一，样本具有局限性。由于研究资源有限，样本的取样仅仅放在江苏、北京、上海、浙江、广东等省市，客观上存在一定的地域局限性。事实上，不同地区的制度环境和文化氛围差距较大，加之近阶段国家层面鼓励"一城一策"，这可能造成调研的不同地区的中小企业实际情况有所差异，这些差异都会影响企业的双元创新的行为。因此，影响本研究结果的并非具有普适性。

第二，纵向研究的相对缺乏。尽管本研究为了控制同源方差，提升研究的信度和效度，在大规模调研之前进行了小规模的预调研，但是，由于研究层面是企业层面，客观上增加了调查的难度，后续的大规模调研仅是在某一个时间节点上集中对问卷进行的发放与收集。因此，做出的研究结果仅能体现某个时间横截面的横向研究结果，难以清楚判定随着时间的推移 CEO 创业想象力与管理自主权及双元创新之间的关系是否会发生变化。

第三，研究工具具有一定的局限。本研究中的量表主要采用国外的量表，由于国家之间政治因素差异以及资本市场的差异，国外开发的量表在国内的匹配度如何并没有得到论证，可能会造成量表不一定能够很好地反映中国中小企业 CEO 的现状。

第四，同源方差问题。受研究条件的限制，这些 CEO 在自我汇报时，可能存在一致性倾向、以默认方式答题等主观因素填写的情况，有时候不可避免地产生一定程度的同源方差。

第五，本研究以创业想象力为起点，验证了 CEO 创业想象力对企业双元创新的影响，从高阶理论的视角，找到了管理自主权作为调节变量，但并不代表这是唯一的解释机制。

为了突破以上局限，未来研究可从以下方面进行优化和改进，以期研究结论更具科学性。

第一，扩大样本收集地域的多样性。未来的研究拟在样本选择上关注更多不同地域的影响，使其包括中国各个地区 CEO 样本。通过随机的抽样，增强样本的代表性，提高研究结论的普适性。也可以做出不同地区（如珠三角地区与长三角地区）中小企业 CEO 的对比分析，以便进行更好的归纳分析。

第二，考虑采用纵向研究的方法。本研究建议可以采用时间序列的研究方法，通过面板数据来研究变量之间的因果关系，获得更加真实的数据，提高研究结论的一致性和准确性。

第三，使用配对问卷。为尽量避免同源方差的影响，在今后的研究中将可以使用主观自我评价和同事（或领导、下属）互评的方法来考量 CEO 创业想象力对公司双元创新的影响，并尝试引入客观评价组织绩效的调查方法，以克服自我认知不准确导致的结论问题。

第四，引入更多的变量。未来的研究有待进一步引入其他中介变量或调节变量，对 CEO 创业想象力和企业双元创新二者之间的关系做出更为系统的解释和验证，以丰富创业想象力和双元创新的相关研究。

第五章　CEO 创业认知能力对企业创新影响的经济学分析

CEO 创业认知能力主要从供给和需求两个方向影响企业创新。从需求侧来看，CEO 创业认知能力能有效识别市场需求、企业自身需求以及国家发展战略需求，调整企业的生产活动；从供给方看，CEO 创业认知能力通过扩大生产要素种类、改变企业的生产组织方式、开拓新的市场以及产生新的生产形式调整供给方的生产活动，促进企业创新。因此本文主要从上述这些方面分析 CEO 创业认知能力对企业创新活动的影响。详见图 5-1。

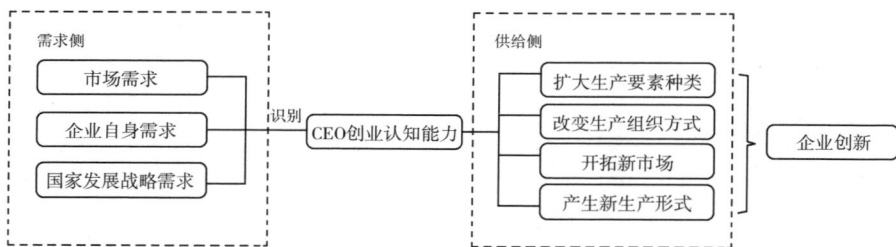

图 5-1　CEO 创业认知能力对企业创新影响的框架

第一节　CEO 创业认知能力是破解需求侧制约企业创新的关键因素

一、CEO 创业认知能力识别市场需求

个体需求是指个体消费者在某一价格水平下愿意而且能够购买的某种产品的

数量。需求的构成需要两个条件：一是消费者要有购买意愿；二是消费者要有购买能力。换句话说，需求是消费意愿和消费能力的统一。以价格变化为例，对于个体消费者来说，当产品价格上涨，需求发生两种变化：一是该产品的相对价格提高，消费者购买该产品的数量减少，其他产品的购买量将增加；二是价格的增加降低消费者的购买能力，导致其需求的下降。对于正常产品，产品价格、消费者收入、替代品和互补品价格、消费者偏好和预期变动都对需求产生影响。

所有个体需求之和构成了市场需求，换言之，市场需求是个人需求的总和。需求曲线表明一种物品的需求量如何对其价格的变动做出反应。市场需求或需求曲线产生于消费者个人选择其最偏好的产品和服务组合的过程。对于正常产品，随着市场中的个体消费者数量的增加，市场曲线向右移动。由于个体消费者对每种产品的需求受价格和货币收入的影响，因此，总需求也受价格和收入分配的影响。以收入为例，对于某种产品，如果对于个体消费者而言是正常产品，在其他条件保持不变的情况下，如果采用代表性消费者模型，总收入增加的任何经济变动，都会增加市场对该产品的需求（余秀江，2007）。

CEO 的创业认知能力能够分辨不同类型的消费者在不同预算约束下的需求，同时对企业生产的产品的替代品、互补品、消费者偏好与预期做出相应的判断，进而识别个人需求加总的市场需求。技术创新理论认为"需求拉动论"是作为"技术推动论"的对立面而出现的，该理论认为市场需求是企业创新事件的起因，研发行动受到市场需求的拉动。Baumol（2014）有力地证明了市场的拉动作用是创新的关键引擎。Lotz（1993）对医疗创新的研究表明，当消费者无法清楚表明需求时，有效的市场需求开发可以创造新市场并带来收益显著增长的预期。CEO 创业认知能力通过对"市场需求"的识别进而对企业创新的拉动作用体现在 CEO 创业认知能力能够识别企业潜在市场需求，并将之转化为具体的技术需求。这一过程可以为企业的创新行动提供导向。通过 CEO 创业认知能力，采取产品开发行动，企业将模糊的市场需求，转化为确定需求参数、价格区间、价格弹性以及产品的功能和性能等。在这一过程中，CEO 明确市场的机会空间，使得应用领域和潜在市场被不断发掘。然而，市场的环境各有不同，一些产品的市场需求一目了然，而另一些则需要 CEO 的创业认知能力进行有效识别。因此，在创新资源有限的情况下，企业的创新需要 CEO 创业认知能力对市场需求做出识别。

二、CEO 创业认知能力识别企业自身需求

近些年来，我国企业创新主要来自于两种渠道：一种是自主创新；一种是引进国外先进技术，通过技术外溢效应对国外引进技术进行消化和吸收。外商直接投资规模的不断扩大不仅给我国带来了更先进的技术，还带来了更前沿的管理方式以及更积极的创新氛围。一般来说，外商直接投资主要通过竞争效应、示范效应以及关联效应对我国企业产生技术溢出效应。在外商直接投资对创新的影响因素方面，国内外学者有着不同的观点。大部分学者认为外商直接投资能够有效促进东道国创新活动。这些学者认为外商直接投资规模的扩大加剧了市场竞争，企业面对激烈的市场竞争不得不加大创新投入，提高创新效率，从而提高自身的综合竞争力（Sepideh Solhi，Emadeddin Rahmanian Koshkaki，2016）。但是有部分学者认为外商直接投资不仅不会对东道国产生技术外溢效应，还会抑制东道国的创新。这些学者认为外商直接投资导致的市场竞争加剧不会让企业增加创新投入，反而由于企业竞争压力增大，利润减少，会对创新投入产生抑制效应，从而降低创新效率。

在企业持续发展方面，随着我国经济的快速发展，市场体制不断完善，企业曾经享有的垄断地位逐渐消失，企业生产技术不高，因此企业要加快创新，围绕企业创新的技术方面，加强科研攻关，提高企业的创新力。

在国际市场上，西方国家为了将我国部分企业限制在全球价值链中低端，不惜持续发起贸易保护主义、单边主义。以美国为首的西方国家为了抢占发展先机，旨在将中国全面限制在全球贸易与分工体系的中低端及科技创新的外围环节，实施各类规则脱钩措施，极大破坏了贸易规则，并不断实施针对我国企业的技术封锁、创新围堵，给我国企业的实体经济部门自主创新能力体系建设、全球价值链攀升带来阻碍、抑制效应。近年来美国对中国实施了贸易打压，马来西

亚、越南、印度尼西亚、菲律宾等东盟国家成为受益者，40%的公司有把生产地移至东南亚的计划，产业链中部分企业已部分转移到越南、马来西亚等。全球企业为了降低成本、提升竞争力，垄断企业在母国进行核心技术研发，通过掌控关键核心技术优势不断抢占各国企业市场的高技术、高附加值环节（Jocelyn Olivari，2016）；为保持垄断优势，在母国总部布局全球生产、研发网络，加强与主要的竞争对手开展平台共享和技术合作，搭建平台和技术战略联盟。逐渐将生产环节进行剥离，实现了全球独立的大型供应商和供应网络。对于技术含量低、标准化程度更高的生产环节则布局在要素成本更加低廉的国家或者地区。不断通过合资、并购等形式来提升研发、设计和生产的能力，形成了全球性的供应网络。

在国内市场上，我国在国际国内两个循环中要素禀赋发生改变。一方面，我国在劳动力、土地等传统要素优势减弱；另一方面，我国强大的企业配套和产能、经济韧性、超大市场规模优势，提升了我国产业链、供应链和价值链的内生性，增强了对跨国公司的吸引力，影响全球价值链的空间延伸。我国正面临传统比较优势衰退的压力。企业依靠劳动力、资源比较优势的传统模式已经不可持续。大数据、以工业机器人为特征的智能化生产线等快速运用，国际企业竞争转向新兴领域。

在国内国外的环境下，CEO 创业认知能力亟须识别企业自身技术变革方向，提早布局，从而获取更大的"经济剩余"（崔荣芳，2011）。后发企业通过合资合作或者技术模仿，只能被动从事低附加值环节生产。

三、CEO 创业认知能力识别国家发展战略需求

国家发展战略在企业创新发展中有着举足轻重的地位，在国家发展的大背景下，从企业自身发展角度来说，需要不断突破技术壁垒，并通过创新进一步增强自身的实力。CEO 创业认知能力能识别国家战略需要，使企业发展向着节能环保、环境污染小等可持续发展理念创新，更具发展优势。

（一）可持续发展战略

企业是人类社会和经济活动的重要组成部分，但企业的生产活动对生态环境

造成了许多负面甚至破坏性的影响。可持续发展是当今世界发展的主题，建设绿色环保的生产方式，实现可持续发展的生产体系，是解决越来越严重的环境问题的重要举措。

可持续发展需求要求一种可持续的生产体系，其在发展过程中既要克服生产中可能产生的环境问题与社会问题，实现可持续的经济和社会发展，又能保持企业本身的持续竞争力，实现企业本身的可持续发展（Claudio Baltazar Correa de Mello 等，2018）。现有的企业中，一些企业能耗系数虽然比较低，但企业的发展也一直处于发展不足的形势下，因此需要一种新的绿色环保的生产方式完善现有的生产体系。而新的绿色环保的生产方式，可以改善现有生产的能源消耗结构，优化企业生产体系，实现可持续的生产体系。这种绿色环保的生产方式的选择，还需 CEO 创业认知能力，在我国尚且缺乏这方面的生产技术的情况下，推动企业的相关技术创新。

（二）经济发展战略

我国的国内投资、政府支持政策、自由贸易区等经济政策对企业创新存在明显的引致效应。这些经济政策提供了企业生产相关的基础设施，使得潜在的生产要素流动在企业之间，企业共处在具有不同程度有机联系的统一体中，这些政策将促进企业之间的资源有效配置，促进企业创新活动。

CEO 创业认知能力充分识别了国家可持续发展、经济发展等战略需要，将企业创新活动与我国国情和可持续发展战略相契合，为企业创新打下基础。

第二节　熊彼特创新理论视阈下 CEO 创业认知能力对供给侧分析

一、CEO 创业认知能力扩大生产要素范围

（一）生产要素种类

1. 普通劳动力

普通劳动力是指借助自身体力直接或间接从事生产活动的劳动力，这种劳动力通常被称为"劳工"或者"产业工人"。普通劳动力的"普通"二字是为了与借助脑力进行劳动的劳动力进行区分。普通劳动力不需要训练或仅需要简单训练就能具备从事劳动的基本能力，同时普通劳动力也不需要经过较多年限、较高水平的教育，因此企业获取普通劳动力的客观条件要求最低，仅与企业需要的劳动适龄人口数量直接相关（Aryaningsih，2017）。然而，在科学技术高度发达的今天，各种劳动岗位对劳动者的专业技能和素质提出了越来越高的要求，仅仅借助体力从事生产的普通劳动者越来越难以适应企业的发展需要，甚至出现机器人取代普通劳动力的趋势，普通劳动力在生产活动中贡献越来越少，所得报酬收益也越来越低。

2. 土地与自然资源

土地与自然资源都来自于自然界或前人的馈赠，能够直接或间接满足人们需要的有形或无形之物，属于不可再生的生产要素。土地与自然资源多种多样，不仅存在形态的差别，更存在着层级上的差异，例如土地可以分为贫瘠土地与肥沃土地，作为能源用途的自然资源有燃料木料、石油天然气乃至放射性元素矿藏。从现实状况来看，土地与自然资源的分布并不均匀，例如地球上 80% 的可开采石油资源集中在中东地区，高品质的铁矿石主要集中在澳大利亚和巴西两个国家。

在高新技术逐渐渗透到各行各业的今天，土地与部分自然资源的重要性有所降低，但诸如稀有金属等部分自然资源的重要性逐渐上升。土地与自然资源的相对重要性决定其报酬收益，因此不同土地与自然资源报酬收益也时刻发生着变化。

3. 货币资本

资本的存在形态多种多样，有专利技术形态、土地资源形态等，货币资本就是特指以货币形态而存在的资本，也是最普通的资本形态。在生产活动中，货币资本是最为重要的一种资本，其能够购买绝大多数其他形态的资本，同时也是资本进行跨区域流动的最便捷形态。从地域上看，货币资本的分布极其不均匀，主要集中在发达国家以及发达国家的跨国企业，而货币资本在广大发展中国家和不发达国家属于极度稀缺的生产要素，这种现象的出现不仅有历史上的原因，更有现实的因素。货币资本这种生产要素的报酬收益与其稀缺性紧密相关，由于货币资本在不同国家的稀缺性差异巨大，这也造成各国资本报酬率存在差别。在当前国际经济环境下，货币资本的流动愈加频繁，这一方面是因为货币资本的跨国流动很少受到管制，另一方面也是由于货币资本报酬率的国际差异依然存在。

4. 高端劳动力

高端劳动力是指主要利用自身的脑力直接或间接参与生产活动的劳动力，这种劳动力经常被称为"高端人才""脑力劳动者"。与一般劳动力不同，培育高端劳动力需要完善的教育体系，使其掌握必要的知识与技术。培育高端劳动力还需要优良的软硬件条件，为其发挥自身的脑力优势提供必要的保障。当前，在科学技术深入渗透到各行各业的背景下，高端劳动力越来越成为技术创新、产业发展乃至一国抢占发展制高点的决定性生产要素，其重要性越来越高。由于各国的经济水平和发展阶段差异巨大，造成各国的教育水平和培育高端劳动力的软硬件条件有较大悬殊，因此高端劳动力这一生产要素在全球范围内的分布十分不均匀，绝大多数掌握前沿科技的高端劳动力主要集中在少数发达国家，而发展中国家和不发达国家仍处在高端劳动力极度稀缺的境地。

5. 科学技术

不论是新古典经济增长理论还是近来流行的内生经济增长理论都认为科学技术才是经济保持可持续增长的动力，从现代的企业发展理论也可以看出，科学技术是企业发展、企业创新的核心推动力量，对于微观企业来说，科学技术也是企业进行专利研发、新产品制造、谋求市场优势地位的重要依靠，因此科学技术生产要素的重要性不言而喻。科学技术生产要素的培育需要一定的前提条件，一方面科学技术的研究开发需要掌握相关知识技能的高级研发人员，另一方面科学技术尤其是前沿性科学技术的研发需要大量的资金支持和时间投入（Clainos Chidoko，2017）。因此，这也决定了科学技术等生产要素的培育不是任何企业都能胜任的，科学技术等生产要素主要掌握在少数发达企业的手中。在当代知识产权保护体系逐渐完善的背景下，科学技术等生产要素可以通过申请专利得到保护，同时允许其他国家或企业通过支付专利使用费的形式有偿使用相关专利，对于一些基础性而又必要性的专利，其专利所有者能够通过此途径获取巨额的经济报酬。

（二）CEO 创业认知能力通过数据等新型要素的投入促进企业创新

与以往企业创新不同，现代企业创新的核心要素是数据，数据引发全球企业的深刻变革。产品从传统的产品转变成移动智能化产品，需要 CEO 创业认知能力把控和完善补偿新增要素物质。结合新的技术方向和技术特征，从劳动者的平均熟练程度、科学技术的发展程度、生产过程的组织和管理、生产资料的规模和效能等方面出发，利用数据等高级或创新要素对有形要素进行嵌套或者组合，特别是充分发挥智能化等最新科学技术的倍增效应，以智能化技术等新的知识、技术对企业现有的物质资本、劳动者素质和管理进行改进提升（李月起，2021），将其应用到生产工具、劳动对象、劳动者、社会生产的组织和管理等各方面，优化资本有机构成，实现生产要素整合与重组，提升要素的配置和利用效率，进而提升企业创新活动。

（三）企业创新是 CEO 创业认知能力通过生产要素重组的系统工程

习近平总书记指出，一些重要科学问题和关键核心技术已经呈现出革命性突破的先兆，带动了关键技术交叉融合、群体跃进，变革突破的能量正在不断积累。企业创新可以通过不同的方式方法去使用现有的资源，利用这些资源去做新的事情，而不在于这些资源的增加与否。在生产要素给定的情况下，不同的配置方式，可以产生不同的效果（李琦，2006）。在创新的过程中，CEO 处于发动的地位。就是 CEO 先创造一种理念，让企业实施，然后再产生相应的产品和服务。近年来，以数字化、智能化、网联化、新能源等为代表的新一轮工业革命，在历经 30 多年的技术沉淀后，现阶段已由导入期逐渐转入拓展期，云计算、物联网、5G、人工智能、新能源、量子计算等成为企业创新的活跃方向并向传统企业渗透，改变企业现有的要素结构和组合方式成为全球企业创新的新引擎。

CEO 创业认知能力通过关键技术交叉融合，扩大要素范围，使投入要素的生产率因技术外溢而实现边际提升。CEO 创业认知能力是以科技要素为核心对现有的资本、劳动力等要素进行新组合。一方面，企业创新过程是企业生产过程中劳动者与劳动工具相互作用的过程，创新的内在动力源于劳动者、劳动工具等生产力构成要素之间的作用。企业整体劳动要素生产率提升主要来源于人力资本积累产生的知识外溢与干中学效应，包括投入创新要素、提升要素质量和调整要素转化方式。在企业生产过程中起到主导作用的 CEO 创业认知能力为了提升劳动效率而不断将技术要素投入到生产工具中，如生产线自动化、智能化程度不断改进，人工智能在企业生产和管理环节运用场景越来越广阔和普及（钟春平，徐长生，2005）。在改进生产条件的同时，劳动力的经验与技能也会进一步提升，为提升生产效率会进一步改进企业生产线。因此，CEO 创业认知能力以生产要素重组为特征的技术创新助推了企业创新。

二、CEO 创业认知能力改变生产组织方式

（一）生产组织模式变迁的回顾与分析

生产活动是人类经济生活中最为重要的活动，生产活动的组织形式自 14 世纪以来一直处于变迁过程之中。封建社会末期，随着商品经济的发展，在城市行

会手工业发展的同时，西欧产生了包买商制度，通过包买商制度，商人资本逐渐控制了城市行会手工业和农村的家庭生产组织。随着商品经济的进一步发展，一方面商人手中积累了大量的货币资本，另一方面，小生产者的分化产生了可供雇佣的自由劳动力。此后，地理大发现和由此带来的海外贸易的拓展，推动了市场的扩大，产生了新的盈利机会，这些因素刺激了手工业扩大生产规模，这样手工工场出现了，手工工场的出现意味着资本主义生产组织的诞生。

手工工场内部分工的发展促使了技术创新的发展，并最终导致了近代以来占主导地位的资本主义生产组织——建立在机器大工业基础之上的工厂制度的建立。工厂制度于18世纪首先出现在英国，这种以机器大工业为基础的近代工厂制度代表了当时世界上最先进的生产组织形式。工厂制度这种史无前例的生产组织形式的出现，技术进步在其形成和发展过程中起到了非常重要的作用。虽然随着蒸汽动力和机器的采用，机器工厂这种生产组织的规模在不断扩大，但和后来的福特制生产组织形式下的企业相比，还是呈现出生产规模小、数目多、资本少的特点，每个机器工厂在本行业中所占的份额很小，生产和资本的集中程度非常低，在绝大多数行业中，见不到垄断和寡占的市场结构（夏爽，王浩，2015）。例如，直至19世纪70年代至90年代，在当时号称"世界工厂"的英国，几乎所有的生产组织都是小规模的、采用个人业主制和合伙制的家族生产组织。

随着工业革命在欧美的扩散，欧美等国以手工劳动为基础的前资本主义生产组织形式也逐渐转变为以机器生产为基础的机器工厂制度下的生产组织形式。适应于美国标准化产品需求的扩张，在新材料、新能源以及标准化设备和方法相继发明和科学管理运动开展的基础上，工厂内部连续机械化和流水线作业的采用，进一步扩大了机器工厂内部的直接劳动分工，产生了U型管理活动分工。大规模生产通过横向一体化、纵向一体化，又形成了多单位和跨地区的大型企业，使得企业内部的U型管理活动分工向M型管理活动分工演变，并在20世纪20年代最终形成了占主导地位的福特制生产组织形式的产生（朱慧明等，2021）。福特制生产组织模式最为典型的特征是利用生产过程中的流水线作业实施大规模生产，并不断降低生产成本，它充分利用了企业生产中的规模经济和范围经济，又称为福特模式。这种生产组织模式与 19 世纪中叶形成的"制造业的美国模式"有一定的继承关系，但又截然不同。福特制生产组织模式在高效率低成本方面比 19 世纪中叶开始形成的所谓美国模式更为著名，并在其形成后的近半个世纪的时间内成为世界范围内企业的主要生产组织模式。

20 世纪 70 年代以后，由于市场环境的变化、技术创新速度的加快以及其他经济、社会和政治因素的影响，福特制生产组织模式出现危机，发达国家开始了近 20 年的经济结构调整。受限于也得益于自身的历史条件，日本丰田汽车公司在二战后并没有走上福特制生产组织模式的道路，而是在通用性机器、多技能工人团队合作和外部供应商分包协作模式的基础上，形成了低成本、多品种、小批量的精益生产组织模式。与此同时，"第三意大利"等地区的生产组织方式也显示出很强的竞争力。

20 世纪的最后十年，美国企业在吸收精益生产组织模式的基础上，结合信息技术的发展，逐渐形成了大规模定制的生产组织模式。在汽车、家用电器、消费电子、服装等企业中，美国的生产组织模式开始向大规模定制转变，通过企业组织内部变革和利用分包与供应商之间的合作等外部资源整合方式，美国产生了以低成本的规模生产和多品种、弹性化的网络化生产组织。网络组织内部各生产组织之间采用了社会分工的长期规范和互换原则，适应了快速变动的市场环境和技术环境，具有动态的效率优势。

（二）企业生产组织方式转变

伴随着全球经济一体化和网络经济的深化和发展，企业的外部经营环境发生了若干重大变化，从而引发了我国企业生产组织方式的创新。CEO 创业认知能力依据企业外部经营环境的重大变化改变企业的生产组织方式。

第一，CEO 创业认知能力根据顾客需求的变化改变生产组织方式。顾客需求的变化表现在两个方面：一是顾客的需求越来越个性化。顾客不仅要求产品或服务具有一流的质量和较高的性能价格比，而且对产品和服务提出了越来越多的个性化要求（王金营，2000）。二是顾客对提供产品和服务的时间要求越来越高。

企业必须在短时间内满足顾客的需求，否则企业将被顾客所抛弃。

第二，CEO 创业认知能力依照市场的快速变化改变生产组织方式。在多样化和个性化客户需求的驱动下，市场竞争日益激烈。在激烈的竞争中，市场快速多变且难以预测，这使得企业在经营过程中面临更大的不确定性，传统的以不变应万变的经营管理模式，难以适应快速变化的市场和日益激烈的竞争环境。

第三，CEO 创业认知能力依据经济全球化改变生产组织方式。经济全球化主要指经济资源在全球范围内的大规模和高速度的流动，其标志是 20 世纪 90 年代以来全球统一市场的最终形成。经济全球化首先表现为生产和消费的全球化。生产的全球化意味着企业的竞争对手不再仅限于本国国内，而是世界范围最优秀的企业（Michael Fritsch 等，2014）；消费全球化则意味着消费者可以按照效用最大化原则，在全球范围内选择产品价格、质量和服务。其次，经济全球化表现为市场规则和技术标准的全球化。这将进一步打破国际贸易中可能存在的非贸易和技术壁垒，促进企业之间的有效竞争。在全球竞争过程中，产品的生产成本是持续下降的。

第四，CEO 创业认知能力按照网络技术的广泛应用改变生产组织方式。信息技术的应用表现在两个方面：一是在企业内部，通过计算机辅助设计、辅助制造和信息管理系统的普及和运用，提高了企业设计、生产和销售的效率和产品创新速度；二是在企业外部，通过网络化的信息传播和管理手段，改变了企业之间的传统协作关系和资源配置方式。

第五，CEO 创业认知能力识别竞争方式的变化来改变生产组织方式。客户需求的个性化、市场的快速变化、经济全球化和信息网络技术的运用直接影响并导致企业之间竞争方式的变化。这种变化首先表现为竞争范围的扩大，企业不仅面临来自于区域内的企业竞争，而且面临着来自全球范围内优秀企业的挑战（S. Weiss 等，2020）；不仅面临着传统大规模企业的竞争威胁，也面临着众多以先进信息技术武装起来的中小企业的竞争。其次，这种变化还表现在竞争的深度上，时间和速度已经取代成本和质量成为第一竞争要素。企业已经进入了一个速度竞争的时代。

CEO 创业认知能力使得企业生产方式逐渐发展到以"智能化"引领的方式，生产工具向智能化、虚拟化方向发展，个性化程度提升，调整产品设计和生产流程，企业与企业、企业与用户关系发生改变。以产品生产为中心向以"生产+服务"转变，企业生产和服务结构深度调整。

（三）CEO 创业认知能力促进绿色化生产方式

在我国企业规模增长期，以 GDP 增速为主要考核导向，加速资源消耗、环境破坏与污染。CEO 创业认知能力优化生产过程的集约效应，提升企业生产效率，替代资源低效消耗的生产方式和传统产能，促进由要素驱动向创新驱动的质量转变进程。CEO 创业认知能力的作用在于制定和出台排污制度等实现传统模式转型，根据我国提出的碳达峰、碳中和目标，制定严格的排污标准等取代高污染高耗能的生产模式，提升经济集约程度，形成环境保护投资的乘数效应。

三、CEO 创业认知能力开拓新市场

市场最早产生于原始社会末期剩余产品的交换，是一切交换关系的总和。分工和私有制是市场产生的两个基本条件，随着分工的深化和社会化商品大生产的不断扩大，市场日益成为调节经济运行的主要方式。尽管研究市场的历史可追溯到古希腊柏拉图、色诺芬及亚里士多德等关于交换问题的讨论，但真正从经济学意义上讨论市场问题则起源于 18 世纪晚期亚当·斯密的"看不见的手"理论。该理论认为，市场就像一只"看不见的手"，能自发地调节经济运行，使各种经济因素达到平衡状态。因而，不要对市场进行强制性干预，应由市场自发地配置社会资源，自动地协调经济运行。这一思想奠定了整个西方市场理论的基础。18世纪末期，西斯蒙第最早认识到市场运动的盲目性造成分配不公及生产过剩等缺陷，打破了"市场万能论"的神话。随后，古典学派李嘉图、马克思逐步建立了劳动价值论，形成价值决定价格，价格随市场供求关系波动的市场价值理论。马歇尔、瓦尔拉斯等新古典学派以边际效用价值论为基础建立了市场均衡的价格理论。20 世纪 30 年代，经济大危机的发生使人们认识到自由市场机制调节经济的

弊端，新古典学派进一步分化出众多学派，如主张国家干预的凯恩斯学派；反对政府干预、信奉经济自由主义的伦敦学派；主张自由市场机制调节和国家有限干预的弗莱堡学派；市场是基本制度安排，利用交易成本及产权界定说明企业与市场替代问题的新制度学派；信奉新自由主义哲学，强调市场机制调节的芝加哥学派；克服信息分散和不对称实现激励相容的市场机制设计学派等。一般地，关于市场的流派主要可分为自由派和干预派。自由派的主要观点是：斯密开创的"看不见的手"市场原理是正确的，资源只有通过市场机制配置才是最有效率的；尽管市场本身确实存在难以克服的缺陷，如垄断、外部性、公共产品、信息不完全不对称、分配不公、国民经济失衡、经济周期性波动、地区发展不平衡、无法甄别有害产品生产等，但纠正市场缺陷的唯一有效办法是采取各种措施来完善市场本身的机制，而不是依赖于市场以外的力量（Wasim Abbas 等，2019）；市场失灵是政府过度干预，只要减少政府干预，充分自由的竞争市场机制自然能发挥应有作用；干预派的主要观点：市场不是万能的，由于存在不完备市场、不完全信息、不完全竞争，市场不会自己达到帕累托最优状态；市场运行具有迂回性、滞后性及风险性，是一种事后调节，对于公共产品、分配不公、经济周期波动、改动、生态环境等社会性问题需政府发挥经济职能来实现；政府不是万能的，但政府在纠正市场失灵方面具有明显相对优势，如征税权、处罚权、禁止权及节约交易成本等。

CEO创业认知能力所识别的市场被定义为商品交易的场所及其产生的一切交换关系总和，具有时空范畴和社会属性。因而，市场的构成必然包括交易主客体及交易载体等基本要素和其他辅助因素。

交易主体由所有参与市场交换活动的个人和组织组成，包括生产者（包含参与商品流通的中介者）和消费者。生产者在利润驱使下从事生产经营活动，提供产品或服务，其基本组织单位为企业，遵循成本最小、利润最大的生存法则。通常，生产者的数量多寡影响着市场集中度、价格水平及进退难易程度等，进而决定了完全竞争、垄断及不完全竞争等市场结构形态。消费者在满足欲望的驱使下购买商品实现消费，其群体包括个人、家庭及政府等，追求"物美价廉"的生活理念。通常，消费者的需求数量、购买欲望、支付能力决定市场机会和市场规模大小。

交易客体是指交接主体之间进行交易的对象，表现为有形的商品和无形的服务。交易客体是市场形成的基础和前提。随着工业化、产业化、城镇化、信息化、网络化等社会化大生产的推进，交易客体的范围和形态发生了翻天覆地的变化，由最初的有形商品为主发展成有形商品与无形服务平分秋色的境况。知识、技术、信息、网络、通信等众多服务企业脱颖而出。通常，交易客体如商品、服务、生产要素等构成各自市场。通过相互影响和联结形成统一的市场体系，而市场体系的整合状况和规模大小成为市场经济发达程度的重要衡量尺度。

交易载体是指交换双方交易标的物的平台，包括时间、地点、空间、场所及其他相关辅助设施等，其中，场所包括具体的地理空间场所和无形媒体、网络等交易平台；辅助设施如仓储、展览、运输工具、电信传导工具（广播、电视、手机、计算机等）等。交易载体是商品流通领域的重要"窗口"，关系到交易成本的大小及交易过程的通畅与否。作为交易平台的重要构成——商业运营模式的探索与创新正日趋成为市场主体角逐的主战场。市场构成要素在市场机制的调节下，发挥各自作用的同时相互影响、相互协调配合共同促进市场正常有序的运行。

现代企业在发展过程中还存在市场盲目性较大问题，基于此，CEO 创业认知能力有效识别新市场，改革企业创新思路，为企业的产品服务市场搭建网络。一方面，CEO 创业认知能力通过市场细分再细分，寻找到其他企业触角伸不到的经营缝隙，企业再根据自身所特有的资源优势，选一个尚未被满足或有待进一步挖掘市场需求的较小的产品或服务领域，集中力量进入并通过专业化经营成为该领域的领先者，促进企业市场的创新。另一方面，在全球化的浪潮中，CEO 创业认知能力通过自建和投资的方式积极拓展海外市场，日益扩大起企业的海外影响力。

四、CEO 创业认知能力促进新生产形式的产生

新生产形式是企业发展的动力。企业创新对生产形式创新的依赖性很强，没

有技术就没有产品，产品的生产过程本身就是技术的应用过程，产业链延伸的程度直接取决于技术创新程度。在技术不发达的情况下，很多产品无法生产，只有技术发展到一定程度，许多创新型产品的生产才成为可能。从这个意义上讲，产品任何环节的生产形式，都是高新技术，都处于技术前沿。目前，我国企业仍处于低端发展阶段，主要依靠以价格争市场、以规模求增长的竞争手段推动产业扩张，其附加价值和利润率趋向下降，创新活动不足。因此，要构建企业的持久竞争力和持续增长企业创新活动空间，须以新生产形式为动力源，推动企业向高层次、高技术的生产价值链优化升级，实现以技术求效益、以创新求发展的企业发展战略。以新生产形式带动企业发展，是我国企业转型升级和转变发展方式的途径。

根据技术创新经济学相关分析和研究，新生产形式主要分为静态和动态两种。静态的新生产形式是指一种科技新设想（包括概念、发现、发明和其他成果）转变而成的新的或改进的可销售的新产品或新工艺，即新产品和新工艺的发明和改进。动态的新生产形式概念是指重新设计提出至新产品销售流程中的全部创新环节，包括了技术研发、工程设计、生产制造和市场销售等。它强调过程性：新生产形式是新设想、新发明产生的过程（Ulrich Jürgens 等，2019）；新生产形式是一种把新的技术设想转变成新产品或新工艺的转化过程；新生产形式是技术与市场相结合的过程。

新生产形式的产生具有路径依赖性、局部外部性和内生性，会导致生产系统的渐变。戴维在新生产形式的产生中引入了路径依赖概念，指出企业通过学习和改进特定技术在局部引入技术变革，局部技术变革构成了新生产形式的路径依赖性；在一种技术路径中，每一种新工艺引入的可能性不仅取决于先前的创新和积累的技术能力，而且取决于其他要素必要的互补性，比如资本存量的不可逆程度和局部知识外部性的获得条件。新生产形式产生的重要性在于，在一个有益的企业环境中，创新者会与上游或下游的其他互补创新者相互影响，构成网络状的外部性，新技术生产中供给方的报酬递增促进了需求方在技术采用过程中的报酬递增。新生产形式产生的内生性则是指，技术变革只有在远离均衡的市场条件中才有可能出现，因此技术变革是非均衡条件的内生结果。

新生产形式在产品生产过程中的直接作用结果表现为增加产品种类、提高产品生产效率、扩大产品生产范围，以及发现可替代产品。企业新生产形式通过企业生产水平增加产量，新生产形式产生新工艺、新方法通过降低生产成本和提高资源回收利用能力提高资源使用效率，新生产形式通过研发资源的新特性和新用途扩大产品的使用范围，科技革命通过发现和开发新的生产形式解决资源短缺问题，在企业资源约束企业创新新资源发现的交替更换中实现企业创新活动。

企业生产形式创新的方向包括偏向劳动密集型方向的创新和资本密集型方向的创新、偏向根本性变革方向的通用生产形式创新和偏向局部累进方向的生产形式创新。创新发展的环境特指生产要素禀赋、相对价格所构成的创新环境。目前，我国企业发展所面临的创新环境主要表现为：企业资源禀赋与劳动力禀赋分布不对等，技能型人力资本和物质资本相对匮乏。就生产要素的禀赋结构而言，在资本租金相对成本较低的资本丰富企业，资本密集型生产形式创新或劳动节约型生产形式创新将带来全要素生产率的更大提升，有利于加快企业的创新发展。而在工资水平较低、劳动力丰富的企业，劳动密集型或资本节约型的生产形式具有更加明显的积极影响；对于资本密集型生产形式，首先其扩散难度较大，其次是全要素生产率提升空间也较小。由此可见，在特定企业内，企业内生产要素禀赋、相对价格、产出弹性所形成的创新环境与生产形式的方向存在双向互动影响。静态中，对于给定的企业技术水平，存在一个最优的相对价格和生产要素相对禀赋体系，即对于劳动密集型生产形式，劳动力丰富的区域将成为最优的要素市场（Craig Morton，Jillian Anable 等，2018）；反之，对于既定的要素禀赋和相对价格体系，存在某一领域的最优企业技术，即对于资本要素禀赋丰裕的企业，资本密集型方向上的生产形式创新最优。动态中，生产形式创新方向和要素相对价格存在互动变化，从而形成企业的生产形式创新方向。通用生产形式创新的引入，将企业全要素生产率提升，进而通过要素市场影响要素相对价格和产出弹性；专用生产形式创新的引入，则引致生产要素产出弹性的局部变化，从而通过要素市场影响生产要素的相对价格变化。

CEO 创业认知能力通过改变企业生产形式推动了企业的创新。我国在新中国成立初期推行的是重工业优先发展的赶超战略，国家鼓励支持重工业使重工业在我国改革开放初期占支配地位。随着我国改革开放以来经济转型的进行，国家逐渐开放市场，鼓励企业创新，由于改革初期私营经济规模比较小，资本比较匮乏，私营经济中 CEO 创业认知能力使得创新的主要方向是劳动密集型产业，这是符合当时我国资源禀赋下的比较优势的。随着企业创新活动的进行，资本的不断积累，劳动力相对变得稀缺，劳动力成本逐渐上升，CEO 创业认知能力使得创新的重点开始向资本密集转变（Audretsch David Bruce，2022）。大量新技术得到广泛应用，劳动力成本的逐渐上升，以资本替代劳动，并依靠技术进步来提高生产效率是企业创新的关键。而正是 CEO 群体的持续性创新活动，推动了我国在经济转型过程中，企业由劳动密集型向资本密集型产业过渡。

第三节　管理自主权对 CEO 创业认知能力与企业创新关系的调节作用

一般而言，管理自主权主要从市场和企业两个方向调节 CEO 创业认知能力与企业创新关系。其中，市场影响因素是指市场宽裕度越大，消费者对产品的需求变化越快，企业需要不断地更新产品和服务，因此企业需要不断对 CEO 进行培训，企业培训丰富 CEO 创业认知能力。除此之外，市场不确定性的存在，使得企业迫切需要创新来提高企业的竞争力，通过增加企业家的收入，激发 CEO 创业认知能力；企业影响因素是指企业年龄越大，组织惰性的存在不利于增加 CEO 创业认知能力。因此本文主要从上述这些方面分析管理自主权对 CEO 创业认知能力与企业创新关系的调节作用。详见图 5-3-1。

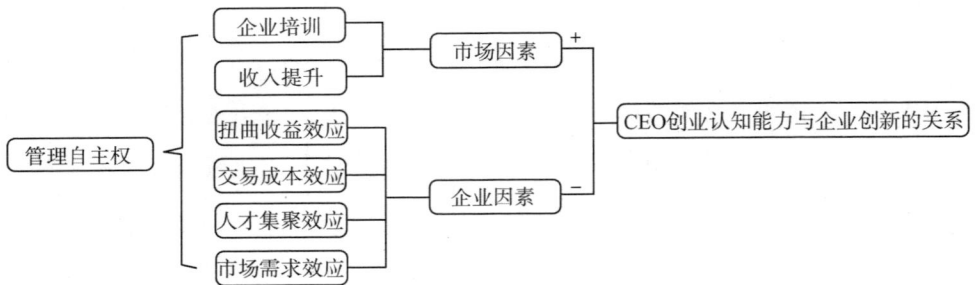

图 5-3-1　管理自主权对 CEO 创业认知能力与企业创新关系的调节作用框架

一、企业培训增加 CEO 创业认知能力

尽管企业对培训的投入对任何企业都是重要的，但各个企业创新实践告诉我们，在企业经济发展的不同阶段，企业培训投入所发挥的作用是有重大差异的，进而企业对 CEO 培训重视的程度也不同。但不同行业的企业均呈现出首先注重劳动和资本，再注重 CEO 创业认知能力培训等人力资本投资的基本特征。这些共性的经济现象背后，实际上蕴含着基本的经济学原理，即在经济发展不同时期，影响企业创新的各要素投入产出比较效益不同。在远期农耕社会，甚至于在早期的工业化阶段，由于当时人们所依赖的基本生产要素资本和劳动的极度稀缺，使得他们边际收益率居高不下，因此那时的企业可以在技术进步并不十分显著的情况下保持一定的持续性，对劳动力培训的投入需要并不紧迫（V. I. Golik，Z. M. Khasheva，L. P. Shulgaty，2016）。当一国经济发展完成了资本积累，当资本存量达到一定规模后，特别是当它的经济发展阶段进入后工业化阶段时，资本边际收益递减的规律就会显现出来。在资本边际收益递减的情况下，一国经济会遇到旧的发展模式难以持续的困难，在这一阶段，企业通过增加培训投入，从而改善资本和劳动的质量，实现创新动能"换挡"，成为企业不断创新的基本出路。从改革开放算起，中国经济已经在大规模资本和劳动投入的支撑下，实现了长达近 40 年的高速增长（苗龙等，2021）。而一旦面临资源环境制约、人口红利消失、劳动力成本上升时，高速增长态势难以持续，甚至会影响到整个经济的发展

能力，这既是很多国家掉进"中等收入陷阱"的重要原因之一，也是近年来我国企业加快增加 CEO 创业认知能力培训投入、尽快补齐短板的主要动力。

在企业创新的过程中，生产对 CEO 的创业认知能力提出了越来越高的要求，只有不断提高的 CEO 创业认知能力才能成为合格的生产要素而进入生产函数。随着经济的发展，产品变动日益频繁和迅速，CEO 的流动和重新配置也更为普遍，在这个过程中，CEO 原有的专用性创业认知能力面临着成为沉没成本的巨大风险。另一方面，随着科学技术的进步，即使 CEO 从事的行业没有发生变化，但行业的迅速发展也对 CEO 创业认知能力提出了越来越高的要求（卜婷婷，2021）。在这种背景下，原来那种单一创业认知能力显然难以满足企业创新对 CEO 创业认知能力的需要。要满足企业创新对 CEO 创业认知能力的需要，企业必须要有一定的规模基础，使 CEO 不仅能在就业前获得创业认知能力，而且还能在以后的职业生活中有机会提高其创业认知能力，掌握新的认知能力，从而更好地适应企业创新的需要。因此，适应企业的创新还需强大的企业规模提供技术培训以不断丰富 CEO 创业认知能力。

企业培训提高了 CEO 专业技能及综合素质，CEO 创业认知能力是 CEO 专业技能及综合素质的体现，CEO 创业认知能力直接决定了创新活动能否顺利进行。一方面，企业培训使得 CEO 专业技能和综合素质较高，当 CEO 专业技能和综合素质较高时，CEO 掌握的专业技能可以提高 CEO 创业认知能力进而转换为生产力。另一方面，CEO 的专业技能及综合素质越高，CEO 创业认知能力外溢效应也就会越明显，从而带动 CEO 整体的创业认知能力素质的提高，间接提升了生产效率。因此，企业培训提高 CEO 创业认知能力有利于创造良好的创新氛围，对企业的创新活动有促进作用。

二、收入提升促进 CEO 创业认知能力

要发挥 CEO 创业认知能力在企业创新中的作用，除了要有满足社会需要的各层次、各类型 CEO 并将其配置到合适的岗位外，还必须使 CEO 创业认知能力

得到有效的使用。在这个过程中，合理的收入是较为关键的。合理的收入不仅有利于发挥 CEO 创业认知能力在使用过程中的积极性和创造性，引导 CEO 的合理流动，而且还通过使 CEO 投资获得应有的回报，提高人们进行 CEO 投资的积极性。

合理的收入实质上就是要实现 CEO 创业认知能力的全部价值，这种实现不仅仅是维持 CEO 创业认知能力再生产的需要，还是对 CEO 创业认知能力消耗的补偿。CEO 获取的报酬，是由 CEO 的特性和在生产中的作用决定的。一方面，CEO 的形成需要经过教育、培训、医疗保健、迁移等途径，这些活动都需要进行投入，作为企业，显然希望通过投资获取收入。另一方面，在生产过程中，CEO 的使用过程实质上是劳动者的劳动过程，也是 CEO 与物质资本相结合，创造出新价值的过程。由于不同的劳动者包含不同的人力资本，劳动者的劳动表现出截然不同的性质，创造的价值也完全不同（欧阳新年，2004）。在农业社会，创造价值的劳动主要是以体力为主的劳动；在工业社会，创造价值的劳动则主要表现为科技劳动和管理劳动。随着劳动形式的不断变化，劳动者的收入水平在不断提高，人力资本的价值日益得到体现。

教育等投资所形成的 CEO 创业认知能力的提高和生命周期的延长也是促进企业创新的一种形式。合理收入通过影响 CEO 对教育、健康和营养状况的投资来影响 CEO 创业认知能力积累，进而影响企业创新。收入不合理的企业意味着 CEO 有更低的报酬，他们对影响创业认知能力的教育所带来的未来收益有较高的贴现率，会减少自己的受教育投资（Alpaslan，2021）。而收入合理的企业的 CEO 将会有更多自身投资，进而促进更多的创业认知能力。

不合理的收入对 CEO 创业认知能力会造成一定的影响。不合理收入最直接的反映是低收入使得 CEO 对企业公平丧失信心，产生消极心理，对企业的不满情绪增加，给企业创新带来不确定性。企业的保障制度不够完善，CEO 的收入与付出不对等，消极懈怠心理不利于激发 CEO 创业认知能力，导致企业创新停滞或后退。不合理的收入也是犯罪的高发原因，可以导致直接的经济犯罪，给企业的生产经营性活动带来影响。

三、企业年龄不利于调节 CEO 创业认知能力与企业创新的关系

（一）企业年龄的影响

年龄较大的企业一般企业资源配置偏离企业的福利最大化水平。企业年龄较大会产生直接影响和间接影响两种：直接影响是指企业通过政策管制直接干预企业的正常运行；间接性影响则指企业本意是为纠正企业创新发展中的问题，但在实际过程中却因过度干预而加重了企业原本的问题。从效果来看，当经济处于更高的发展阶段后，企业年龄较大往往会阻碍 CEO 创业认知能力对资源的有效配置，不利于生产效率的提高。

要素市场扭曲是企业年龄较大的主要弊端，而 CEO 创业认知能力扭曲又是要素市场扭曲的一个重要方面。从企业年龄较大的内涵可以细化推论，企业年龄较大主要指：企业的不完善和企业的不当干预导致企业的要素配置机制失灵，劳动力要素的价格和配置偏离其最优均衡状态，进而产生效率损失现象。

（二）企业年龄较大的表现形式

从表现形式来看，企业年龄较大带来的影响具体体现在配置和价格两个维度。对于劳动力配置方面，主要指各种非市场性壁垒导致劳动力难以按照市场机制在部门间以及企业间自由配置，具体又可分为劳动力配置的绝对影响和相对影响。配置的绝对影响是指身份歧视等非市场性因素导致部分劳动力（如 CEO）难以进入某些优势行业；配置的相对影响是指即使劳动力群体可以进入优势行业，也会因歧视性因素而面临工作年龄较大、晋升机会缺乏等问题。对于劳动力方面的影响，同样也可分为劳动力价格的绝对影响和相对影响（常建新，2015）。劳动力价格的绝对影响是指劳动力价格并不是按照"边际原则"进行定价，劳动力的工资显著偏离其边际产出；劳动力价格的相对影响是指身份歧视等非市场性因素导致不同部门间以及企业间的同质劳动力具有差异化工资。

（三）企业年龄影响 CEO 创业认知能力的机制分析

通过对既有文献的梳理归纳，可以定性分析出企业年龄较大可能会通过以下

几种机制影响 CEO 创业认知能力。

1. 扭曲收益效应

企业年龄较大所产生的扭曲收益不利于 CEO 创业认知能力的提高。企业年龄较大削弱了企业机制对创新资源的配置功能，导致了企业 R&D 投入产出的低效率，进而使企业无法从均衡企业中获得应有的创新收益（Marchiori Danilo Magno 等，2022）。因此，在劳动力企业存在价格扭曲和配置扭曲条件下，出于对"成本—收益"的权衡，企业更倾向于通过获取低成本的扭曲收益而不是增加高风险的创新投入来提高企业竞争力，进而抑制了 CEO 的创业认知能力，阻碍了企业创新水平的提高（Anselmo Ferreira Vasconcelos，2015）。此外，企业年龄较大所带来的扭曲收益还会诱使企业更多地投入廉价的劳动力要素，由此降低了对资本要素以及附着于资本品之上的技术创新的需求，导致企业的生产活动集中于技术门槛和附加值较低的劳动力密集行业，抑制了 CEO 的创业认知能力的应用和企业创新（何钰子等，2022）。更为严重的是，当地区存在劳动力等要素的企业扭曲时，一些创新效率较高的企业会由于政治关联较弱而得不到应有的企业份额和资源，最终会导致该地区企业的整体创新水平下降。

2. 交易成本效应

年龄较大的企业需要在生产经营活动中支付更高的交易成本，进而可能对 CEO 创业认知能力产生抑制作用，不利于企业创新。一方面，创新的复杂性和不确定性导致企业的创新活动面临较大风险。一旦创新活动失败，包括交易成本在内的前期投入都将变成沉没成本，给企业造成巨大财务损失（Byoungho Ellie Jin，2020）。另一方面，在总投入资金给定的情况下，较高的交易成本会对企业的创新投入产生"挤出效应"，不利于企业创新水平的提高。从企业性交易成本来看，企业年龄较大会导致价格信号失真，价格不能准确反映该地区劳动力要素的真实供求状况（Barnes.，2018）；企业年龄较大会制约劳动力的自由流动，导致劳动力不能按照企业机制在企业间进行合理配置，并有可能造成创新型人才的可得性降低（Xiao Hongjun 等，2021）。在此背景下，企业为获取创新活动所需的劳动力和人才，需要支付额外的搜寻成本和议价成本。当企业存在较为严重的劳动力扭曲时，往往说明该企业年龄较大程度更强烈，企业制度的执行力度较弱，CEO创业认知能力无法完全被激活。企业年龄较大意味着企业为获取创新资源不仅提高了企业的交易成本，还分散了CEO创业认知能力实施创新战略的精力（Piotr-Misztal，2020）；企业年龄较大意味着企业产权制度和契约制度的不完善，也意味着企业为防范创新产品被模仿抄袭并规避交易活动中的违约风险，需要支付更高的监督成本和契约执行成本，在一定程度上也抑制了企业创新活动的开展。

3. 人才集聚效应

企业创新活动的开展需要以雄厚的创新型人才储备作为支撑，企业年龄较大对人才集聚的抑制作用可能会阻碍CEO创业认知能力，抑制企业创新水平的提高。如前文所述，企业年龄较大会从人才积累和人才流动两方面对人才集聚产生影响：从人才积累角度，CEO进入劳动力市场前的人力资本水平会受到企业的歧视性预期影响（Alexander M. Danzer，Robert Grundke，2020）。当企业的就业前景不明朗，企业的年龄较大导致工资收入难以弥补其努力成本时，CEO便会主动降低人力资本投资水平。而对于那些已进入企业的CEO，企业的年龄较大的收入效应同样会削弱其通过学习和培训来提高自身人力资本水平的动力，长期来看不利于CEO创业认知能力的提高和企业的创新活动（Zaruchnikova N. O.，Glukhov V. V.，2020）。此外，年龄较大的企业环境还会增加CEO的离职概率，提高企业的职业培训成本，打击了企业对人才培养的积极性，不利于企业创新型人才的集聚。从人才流动角度，企业制度等因素导致的劳动力配置扭曲降低了创新型人才的配置效率，同时也可能会制约企业对CEO等创新型人才的市场需求。更为重要的是，CEO在劳动力市场具有较大的就业选择空间，其流动受企业间相对工资报酬的影响较大。在年龄较大较为严重的企业，较低的工资报酬会抑制其他企业创新型人才的流入，并有可能加剧创新型人才的流出，进而降低了该企业的人才集聚水平，导致企业的创新活动缺乏必要的人才支撑。

4. 市场需求效应

市场需求是影响企业研发投入水平和自主创新能力的重要因素。"需求引致创新"理论认为只有市场的需求规模和需求层次达到一定程度，企业才有动力从事创新型产品的研发和技术革新以获取更高的收益。"本土市场效应"理论和"市场范围"假说均认为，足够规模的产品市场需求可以使企业生产实现规模报酬递增，促进企业生产的专业化和技术创新能力的提高。然而，企业年龄较大降低了包括 CEO 在内的劳动者的消费能力和需求层次，限制了企业创新型产品的市场需求规模。企业年龄较大导致劳动者拥有相对更少的可支配收入，理性的消费者会选择收紧家庭预算约束，减少非必要的高端产品和创新型产品的市场需求。不仅如此，根据"持久收入假说"，劳动者的消费水平还受到预期收入的影响（Du ErLe，Ji Meng，2021）。企业年龄较大会增加劳动者未来收入的不确定性，在社会保障体系尚不完善的条件下，劳动者将通过增加预防性储蓄来应对未来的不确定性，进而降低了劳动者的消费水平，削弱 CEO 的创业认知能力和企业的创新动力。

第四节　本章小结

综上所述，本章借鉴经济学的相关理论，从经济学的角度分析了 CEO 创业认知能力对企业创新的影响以及管理自主权对 CEO 创业认知能力与企业创新之间关系的调节作用。

CEO 创业认知能力对企业创新的影响主要从供给和需求两个方向分析。从需求侧来看，CEO 创业认知能力能有效识别市场需求、企业自身需求以及国家发展战略需求，调整企业的创新活动；从供给侧来看，基于熊彼特创新理论，CEO 创业认知能力通过扩大生产要素种类、改变企业的生产组织方式、开拓新的市场以及产生新的生产形式调整供给方（企业）的创新活动，促进企业创新。

管理自主权主要从市场和企业两个方向调节 CEO 创业认知能力与企业创新

关系。其中，市场影响因素是指市场宽裕度引致的企业培训及市场不确定性引致的提高 CEO 的收入对 CEO 创业认知能力与企业创新关系的影响；企业影响因素是指企业年龄导致的组织惰性通过扭曲收益效应、交易成本效应、人才集聚效应、市场需求效应调节 CEO 创业认知能力与企业创新关系。具体机制见图 5-4-1。

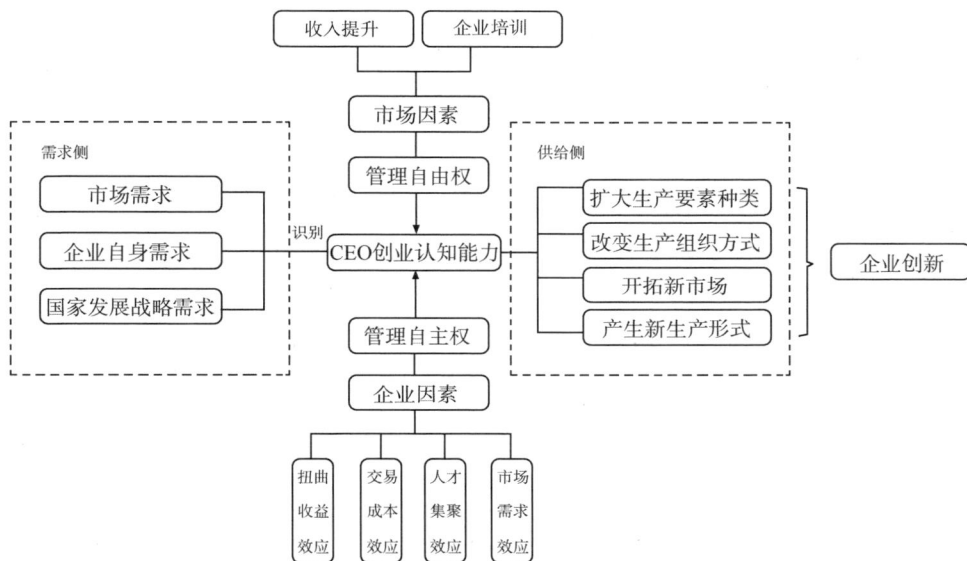

图 5-4-1　CEO 创业认知能力对企业创新影响的经济学分析机制

第六章　创新进程中的中国企业 CEO

第一节　解读转型创新

自 1912 年，奥地利经济学家约瑟夫·熊彼特（Joseph Alois Schumpeter）在其《经济发展理论》一书中开创性地提出了创新理论，并提出了"创新"和"企业家精神"这两个概念后，创新理论得到了蓬勃的发展。总结熊彼特的观点，所谓"创新"就是建立一种新的生产函数，他认为一个国家的经济发展在本质上来源于创新，而创新来源于企业家。企业家的主要贡献在于不断地突破自己的认知边界，推动了"创造性破坏"（Creative Destruction），从而不断创造出新的产品、新的技术、新的市场、新的原材料和新的组织方式。

早在 100 多年前熊彼特研究的增长理论中，企业家即处于中心地位。他提出，市场并不是自然存在的、谁都可以看得见的，市场是被发现、挖掘和创造出来的。企业家的一个重要职能就是看见市场、发现市场和创造市场。此外，企业家还创造了市场细分和专业化。因为创造新的市场、新的产业，靠的是企业家的创新。经济增长之后，要把增加的财富变成新的市场，也要靠企业家的创新。

此后，随着经济的变迁和发展，在经济发展、人们收入提高以后，企业家不断地创造新的市场、创造新的产品用来克服生产原来的产品所造成的"产能过剩"，带来了经济的持续增长。自 18 世纪以来，世界已经经历了三次工业革命。第四次工业革命已然来临。事实上，这四次工业革命都是企业家创新的结果。从哥伦布发现新大陆开始，到逐步全球一体化，市场在不断扩大，现在的分工已经变局成为一个全球价值链，每个国家只是产业链中的一个节点。推动过去一百多年的技术进步的主要贡献来源于企业家。正由于企业家的创新，才使人类积累的无形知识转变成现实的生产力。进一步，企业家的创新也带动了科学技术的进步和发展。比如，热力学就是研究蒸汽机的产物、化工学专业是石油化工的产物。

放眼当下，中国正处于 VUCA 时代，全球不确定性因素陡然增加，新冠疫情的持续冲击叠加世界"百年未有之大变局"，企业的发展不再遵循原有的框架和逻辑。当我们谈论经济增长和企业成长时，要清醒地认识到，是微观层面的企业家认知和进一步的行动决定了企业的长足发展，进一步，推动了整个国家的经济增长。在此情境下的中国企业推动转型创新，意义非凡。基于 CEO 对创新的认知、理解和行为的探究，本小节采用半结构化访谈的方式针对"CEO 对外部竞争的感知、创新策略的选择以及创新资源的配备"的问题进行了深度访谈。

访谈问题："创新是引领发展的第一动力，更是一个企业发展的根本基因。"在您公司的发展史上，特别是 2020 年新冠疫情暴发以来，公司做出了哪些创新？创新的机遇是什么？挑战是什么？

1. 刘 ** 农业

对于我的公司，有三件事是我要抓的核心战略点：第一，积极推动数字化创新。我出生于 20 世纪 70 年代初，数字化是我们这代人绕不过去的新浪潮。它也不仅仅是上几台机器人或者改几套程序这么简单，而是涉及组织结构层面上的变革，是持续的过程。第二，坚持人才的阶梯式培养。从我的公司创立开始，就非常注重人才梯队的持续年轻化。人才梯队对企业发挥着承前启后的作用，是一定要坚持做下去的。第三，高质量发展与机构规范化。在当下的时代，企业不能仅仅追求规模，更要追求质量，提高竞争壁垒，这是我们这一代的使命。未来中国的企业管理方式不是一味地学习西方，而是要持续地去挖掘与沉淀我们中国特色的管理方式与管理智慧。

回顾过去历程，我的企业抓住的第一个重要时代机遇就是农村广阔潜力。我们在很早的时期就选择了去农村发展，这与当时在大城市创业的潮流是截然不同的。在看到机会之后，不去想别人有多美丽的翅膀，不是赶时髦，而是扎扎实实把看到的机会把握好。在后来的发展历程中，我们一直在把握"仰望星空"和"脚踏实地"的平衡。为了在农业产业中保持头部企业的地位，我们在多元化、前沿研发、品牌塑造和传播等各方面都做了先知先觉的安排。

在当下，我们正面临着行业变革、疫情频发与全球局势多变的种种压力，挑战和困难是空前的。行业的供应链端、销售端、渠道端都在快速变化，预计未来的不确定性会比现在更大。目前人才管理也面临很大的挑战。其实人才管理的真正挑战在于企业的人才观。企业做大了，高层领导者非常容易产生一种"我很牛""我做对了"的盲目感觉。因此，一定要持续保持自省：一方面，企业内部要修炼，要认识到每一个人都有优点和弱点，要看到自己不足的一面；另一方面，在不同阶段都要引进丰富多样的外来人才。这一点反而是比较难的、是需要修炼的。

2. 张 ** 制造业

创新一定是企业永远的主题。一方面是产品的创新，一定要努力做出与众不同、具备亮点的产品，形成产品的生态链；另一方面是商业模式的创新。例如，未来我们公司要启动"出海战略"，提升海外业务的占比，建立海外的总部经济，以此来联动中国强大的供应链。在企业管理层面，企业要建立三大机制：人才梯队建设；财务共享中心；规则机制建设。这三大支撑机制相辅相成，共同形成"以 IT 流程与规则为主体，以人才梯队与财经体系为辅助"的支撑平台。机制建设的未来方向是清晰的，但不是一蹴而就的，需要循序渐进地推动。我是一个家族企业聘任的 CEO，作为拥有家族企业血脉的企业，我们会格外做好三方面：一是坚守家族价值观与文化传承；二是科学掌握家族成员之间的利益平衡；三是提前安排好长期的传承规划。

回顾过去，"创新"决定了公司的发展上限，"质量"是公司坚守的底线，我们通过"分享"实现了公司的价值。我们公司先后抓住了三个时代发展的机遇。首先是节能技术的颠覆性创新。我们从 20 世纪 90 年代就开始注意到并致力于研发注塑机的节能技术，到了 2000 年后就取得了全系列的成功，实现注塑机用电量减半，并把技术开放给其他企业学习。其次是全体员工的质量意识。我们从 90 年代开始就非常注重质量，公司上下的每个员工都坚守质量的"高压线"，最后是收益与股东和员工共享。华为的任正非说"华为通过财散人聚实现了企业发展"。其实，分钱比赚钱更难，赚钱之后的分钱是一门艺术。我们在这方面一直是非常大度的，与更多人分享财富、走共同富裕的道路。展望未来，我们依然要响应国家"专精特新"与高质量发展的号召，更要做国家共同富裕大目标的践行者。民营企业一定要掌握核心技术、积极实现创新才能实现长期繁荣。

我们在转型发展过程中遇到的最大挑战首先是要有破釜沉舟的勇气与信念。其次要不断提升自己的能力。此外还有一大挑战，对于企业而言，组织能力是以员工为重要载体的。就是平衡"老员工"和"新员工"的关系。老员工通过经验、忠诚性和文化方面所带来的贡献，对组织能力产生影响，但也会在一些方面带来潜在的负向影响。对于个体而言，一个普遍的趋势是随着年龄以及经验的增加，创造力易于出现逐渐下降的趋势；在组织中工作的年限不断增长的过程中，会在某个时间点出现职业倦怠感；由于企业成长达到的高度以及在业务核心上的转变，"老员工"的能力如果未能同步提升的话，将会跟不上企业发展的步伐和需要。如何平衡老员工和新员工的待遇和地位，避免老员工负面影响的产生也是我们要着重思考的问题。

3. 施 ** 化妆品行业

目前，我们公司正聚焦于可持续增长的战略。其内涵是企业不仅需要关注当下的投入产出比，提升短期销售额，更需要拥有长期运营消费者的偏好变化的战略和能力。为了同时达到这两点目标，我们的答案是"数据驱动"的方法和"以消费者为中心"的理念。具体来说，企业需要提升品牌资产的精细化运营能力，强化消费者洞察能力，更加精准触及目标人群，更要与消费者建立长期的情感共鸣，实现品效合一，最终给品牌生意带来长效增长，做大品牌溢价。这种精细化的运营，首先需要企业从内部建设发力，先修炼好内功。当然，数字营销能力的提升，光靠自己是远远不够的，还需要有效借助外力的支持。在向数字化营销转型的过程中，除了依靠自身数据能力的搭建和平台的助力，需要改变的还有传统的组织结构，让数字化的逻辑真正实现落地生根。当然，在这个过程中，清晰的组织架构至关重要。

互联网发展驱动着营销数字化进程，平台的数据能力也随之蓬勃发展。科学的营销体系能够帮助品牌从可量化的 ROI 和科学营销的角度，持续优化投资组合，真正把钱花在刀刃上。对我们来说，在可持续、健康的新增长策略下，这一点显得尤为重要。在这个数据驱动增长的时代里，我们准备启动首席信息官（CDO）制度，我们想通过这项制度，向公司内外部释放一种信号：数字化能力关系到企业未来的前途，企业有必要拥抱新平台、采取新技术、引用新模式，我们将用数字化品牌建设来赢得新一轮增长。

从中国的营销数字化转型发展阶段看，大致可以分为三个阶段，1.0 阶段，是走上以纯卖货为主的平台；2.0 阶段，大家会看到很多以消费者价值为导向的社交或者兴趣平台，这时候我们通过加强内容营销或者自己搭建一些数据平台，能够更精准地触及到目标客户群。3.0 阶段，就类似元宇宙，以沉浸式体验为主。目前我们还处在数字化转型的 2.0 阶段，致力于以消费者为中心，通过打造自己的数据体系，推动整个营销效能的提升。因此，对处于化妆品行业的我们来说，当下的首要任务就是搭建属于自己的 DTC 数据中台。

4. 董** 计算机服务业

面对接踵而至的风险和国际形势的急剧变化，目前公司面临增长困境，而当前深入用户市场是增长的关键。当然，增长是公司的一项长期战略。短期要根据市场变化灵活调整，但从企业的长期发展方向来看，一旦一个战略定下来之后就会按照长的主线来发展，不管是三年还是五年。在不断变化的商业环境中，我们一直尝试构建适合自己的科学增长模型，并提出增长三力，即数据力、社群力和情感力。这三力的作用，在公司游戏产品的诞生中已经初见端倪，而在当下的复杂环境中，更凸显出其作用。数据力层面，我们不断尝试应用数字科学工具、开发数据模型，以实现降本增效。社群力层面，正通过社群构建和运营更好地理解消费者，并将品牌与消费者紧紧地连接在一起。情感力所承载的是长期的品牌建设和文化建设，将品牌的基因跟真正理解、喜欢这个基因的人做配对、结合。这三个肯定不能脱离开来运作，当发现这三个力量都充分发挥的时候，它们一定是互相做支撑、赋能的。

　　我们一开始就格外重视根据获取的消费者习惯来定制产品。如今，公司全系列产品都是以消费者的偏好与习惯为主进行定制和开发的，现在，我们在致力于开发全球市场，准备销往全球。这种回归用户、数据驱动的科学模式一直延续到现在，对公司突破当前新的增长困境来说，这一模式同样功不可没。这一信号也让我们看到了短期内市场需求的某些变化，进而通过及时调整供销产品和市场策略，来更好地实现短期的业务目标。

　　科学的增长模式一定需要兼顾短期和长期的增长。这是营销最大的两个任务。营销是为品牌而生的，从长期的角度来讲，一定要更好地树立品牌，让品牌和消费者做无缝的链接，让消费者更理解品牌。而在执行过程中，也要考虑怎样转化到短期的销售，怎样把"人、货、场"这件事情看得更通透，把产品放在消费者面前，从而带来更好的转化，这就要不断利用各种数字营销手段来实现。其中的关键是，要将"品"和"效"在不同时期做更好的搭配。当品效最终合一，企业的可持续性增长才能真正实现。

　　5. 叶 ** 食品行业

　　在动荡的市场环境面前要取得先机，我们的做法是从两件事入手：一是紧贴消费者变化；二是与整个供应链、消费链共进退。从消费者端来看，绝大部分消费者对食品饮料的需求并没有因为外部的环境而产生巨大的改变，改变的更多是他们的购买习惯、购买途径或者是使用场景。而在供应链方面，共生共存的合作伙伴同样需要密切关注。

　　对品牌的打磨、对用户心智的全方位理解，应该成为企业长期的坚守。为此，我们有一套经典的品牌营销方法，至今仍在沿用。第一个层次是做好品牌的定位。每个品牌都有自己的角色和使命，品牌就像一个人一样，首先要很清楚地定义其定位和人设是什么。认清每个品牌的角色，才能做出不同的规划。产品本身以及品牌沟通是第二个层次。当品牌有了清晰的定位后，品牌之下的产品需要满足给予消费者的承诺，再通过品牌广告、社交媒体和用户口碑，向外传达自身的特色，去精准触达目标人群。第三个层次是转化和购买，看消费者通过哪些渠道可以买得到产品。三个层次结合在一起，构成了一个完整的营销模式，也是我们取得持续增长的底层逻辑。随着技术手段的进步，除了传统的营销模式，一些科学工具也在越来越多地应用于营销领域，成为一股新的潮流，推动企业实现创新增效。而对我们来说，科学手段的加持正在三个方面发挥着重要作用：优化投放、贴近用户、开拓新玩法。

在我看来，正确的心态是，既要认识到外部的环境变化本身就要始终作为业务上的一个重要因素来考虑；当然也要看到，这种变化往往具有两面性，既能产生不利的影响，实际上也会给企业带来一些暗藏的机会。所以，最重要的是如何做适当的调整，重新把握新的机遇带来的增长机会。

总之，变化是不断出现的，但对所有的企业来说，既要与时俱进，也要有所坚守，这其中最关键的就是要具备灵活性，包括思维的灵活和行动的敏捷。

6. 汪 ** 养老服务行业

由于我国 1949—1970 年的第一、二波婴儿潮正逐步老龄化，而 80 年代计划生育政策使得新生人口数量骤降，未来 20 年中国老龄化进入加速期，我国老年人口的数量不断增长，人口老龄化形势严峻。为了解决这一社会问题，我们成立了现在的公司，积极采取了一系列措施，以期回应社会的诉求。针对目前社会老龄化的问题凸显、一系列关联问题频发的现象，我们构建了多层次、立体化养老服务体系。公司在政府各项政策的支持和大力保障下，构建了适合自己发展的多元化养老服务供给体系以及多路径的产业人才培养模式。在具体举措上，我们分层次、分途径、分理念打造了"积极老龄化"的立体养老服务体系。第一，通过构建多元化服务供给体系，满足了社会面多层次养老需求；第二，通过建立分层次需求评估体系，建立了服务需求评估机制，甚至为行业进步做出了贡献；第三，通过创新多路径养老服务人才培养模式，加强了公司人才梯队建设；第四，在公司内部实行内控制度，通过构建全方位养老服务综合监管格局，形成了公司内部规范监督体系；第五，通过倡导自助养老理念，积极助力"老有所为"，鼓励老年人从事自己力所能及的事。

目前中国养老服务市场确实已取得实质性的进展，也为未来养老服务更高质量和更好品质地发展奠定了坚实基础。然而，在我们目前的服务中仍然发现，当前的养老服务体系仍然面临一些问题和挑战。第一，养老服务多层次需求增长迅速，养老供需失调凸显；第二，多支柱养老保险体系结构失衡，二、三支柱有待扩面；第三，养老产业链整合程度不高，标准有待统一化；第四，养老服务人才与质量"双失衡"，阻碍养老服务高质量发展；第五，养老服务监管体制机制匮乏，主体协同动力不足。作为公司价值的实现者和社会进步的推动者，我们将和社会各方力量一同协同推进，促进社会的发展、行业的进步。

7. 黄** 金融行业

与行业的头部企业相比，我所在的投资公司在品牌、资金体量、团队规模上均不占优势。随着同质化竞争越来越激烈，我的团队发现，"面面俱到"无法做到卓越，必须"断舍离"，能以更高的效率和更好的效果为某一狭窄的细分市场服务，从而超越在较广阔范围内竞争的对手。我们要将投资聚焦，才有望脱颖而出。在本土创投走向细分、前移的趋势下，公司决定将投资战略从行业宽度转向专业纵深，启动"专注地去挖一口小而深的井"的聚焦投资策略。正因为此，公司决定在医疗领域深耕细作，在这个行业真正聚焦"前沿""创新""未来"。2016 年，我们即联合国内顶尖大学，启动"智慧医疗创业课程"，目前每年如期进展，已经办到了第七期。此外，公司还与知名大学和科研院所等建立深度合作关系，在此过程中，接触到了大量优秀的从业者。

得益于医改、三保合一等国家政策的支持，以及资本的推动，国内医疗健康产业蓬勃发展。在研究了美国资本市场过去 30 年的发展轨迹后，团队发现，医疗健康指数一直居高不下，只有在 20 世纪 90 年代出现互联网和科技股泡沫时被短暂超越，医疗健康很快成为被锁定的目标。

医疗健康领域虽是一片前景广阔、蕴藏巨大投资机遇的"蓝海"，但并不意味着资金随意投下去，就能自然获得优良回报。要想获得成就，必须在洞察未来、把握全局的基础上，选择更细分的投资领域。要在风起云涌的资本市场中行稳致远，必须找到优质投资项目，这是摆在公司面前的新挑战。早期，公司确定了以精准医疗为主线的投资策略。那时候恰逢中国科技部于 2015 年 3 月召开"国家精准医疗战略专家会议",成立国家精准医疗战略专家委员会,精准医疗在中国上升为"国家战略"。一时间,精准医疗站在世界潮头,引国内外医药巨头纷纷抢滩。这是当时公司起步的浪潮和机遇。

展望未来,要在风起云涌的资本市场中行稳致远,必须要把持续找到优质投资项目的投资价值观固化下来。较之"单打独斗",我们认为,平台的搭建将会进一步解决项目源问题,大大提高投资效率。十余年的投资实践,沉淀下来的是对投资"术"与"道"的思考,募资难是投资人面临的最大的共同挑战。我们会用谨慎、谦卑的态度和只争朝夕的紧迫感,应对当前的新形势。

8. 王 * 电气行业

在公司战略选择上,我们一直采用两条腿走路。一条腿是在国内市场先找大客户。公司先站稳西南市场,和大企业合作,2021 年与国内头部公司合作,将充电桩铺设在四川省的 100 余个高速公路服务区。除此之外,我们还与西南地区的大型国有企业展开积极合作,洽谈业务,与国内一家知名的汽车品牌的合作也在顺利推进。而因为华东、华南市场竞争太激烈,我们目前的能力不能触及。另一条腿是寻求跨出国门之道。在我们刚出海的时候,我们的经验得出,海外专业人工成本贵、零部件的供应链极具不确定性,我们凭借产品方面的硬实力、各方的协调沟通能力和极致的服务,冲出了重围,帮助了海外的合作伙伴更好地推广充电桩,获得更大的市场份额。

2020 年,我们的海外第一个订单来自德国慕尼黑,客户仅仅下单了 100 台。作为世界一流的制造业大国,德国制造声名远播。当 2021 年我们交付时,德国的客户反馈非常满意,对中国人的匠心非常有信心,于是持续下单超过了 1 万台。获得德国市场认可后,我们为自己在欧洲建立了口碑,随后英国、法国的订单陆续而来。

充电桩产品的复杂程度在于售前、售中和售后要全负责。不同国家有不同的产品标准要求,接口、电流、材料、规格以及烦琐复杂的认证,这往往意味着进入一个国家就是定制一个全新的标准。但是在海外市场也有可把握的规律,一旦走通，你就掌握了打开这个国家市场的钥匙。我们不仅仅是挑战新业务，也是新的管理模式的尝试。我们从中国的西部出发，但其未来征程将是全球化。我们会持续努力，也坚信，只要努力下去，我们的前景会如同星辰大海。

第二节　解读 CEO 认知能力

认知能力是一个人最底层的能力。在传统的组织管理理论中，CEO 最重要的职能是充当组织决策者的角色。而 CEO 决策的重要来源是其认知能力。这种认知能力既有来源于自身动机、知识、经验和创业想象力等内生性认知能力，也有对无法改变的外部环境的外生性认知能力。外生性的认知能力决定了他们的行为决策当中需要把环境作为既定现实，结合内生性的认知能力才能达到精准、高效的组织目标。CEO 将两者相结合才能达到深思熟虑的战略结果，这也是 CEO 认知能力高的具体体现。

西点军校对于领导力发展的诠释是：领导者最重要的能力是认识自己的能力，以及多视角看待世界的能力。它要求你多视角去看待问题，如果只是单向视角看，你就不会成为一个领导者。谢博德博士提出了一个"认知半径"原理，他把人的认知范围比作一个圆圈，认知的半径越大，人的认知范围也就越大。认知半径，决定了一个人能力的大小。公司的发展是无数次选择的结果，选择的好坏直接造成了公司最终的业绩结果。而大部分的选择，都没有一个准确的答案，只能靠公司掌舵人的认知能力去判断。世界上存在认知壁垒，在一个治理成熟的公司，CEO 之间的认知、思维模式和理解能力的差距会完全拉开公司之间的业绩差距。

认知能力给处在变革时代的 CEO 带来创新的思路和法则，卓越的企业 CEO 只有通过认知改变战略，进而把个人思考变成一个组织的共同追求。通过创新创造市场的不均衡，通过引入新产品、新的生产方式等，包括发现新的原材料、开辟新的市场、设计出新的组织形式，打破原来的均衡，创造新的潜在均衡点，实现超大规模可扩展性，进一步转化为企业的核心竞争力。本小节聚焦"认知能力"这一主题，结合 CEO 们的亲身经历，针对"CEO 对外部竞争环境的感知、对创新策略的选择以及创新资源的配备"等问题进行了深度访谈。

访谈问题：受疫情和国际形势影响，目前中国市场的竞争越来越激烈。你认为本公司在行业中的竞争优势是什么？近三年公司在战略设定上有何变化？为此，公司是否调整了管理模式和组织模式？本小节采用半结构化访谈的方式针对"CEO 对外部竞争的感知、对创新策略的选择以及创新资源的配备"的问题进行了深度访谈。

1. 罗 ** 生物医药行业

我所在的行业确实非常激烈。但同时竞争与机遇并存。我对市场始终保持敬畏之心，对环境变化充满了危机感。

我所在的公司已经创立 20 多年。回顾公司的发展历程就会发现，我们所有的辉煌时刻都离不开突破性创新发明。这 20 多年来，我们在生物制药领域取得的领先技术是这些年我这个企业成长的源泉。我们失败了很多次，但我们始终没有放弃探索科学技术研究。十年磨一剑，最终成功研制出了今天人们所知道的某个具有突破性意义的药物。

近三年，我们一直根据市场发展趋势迅速不断调整自身的经营模式。在组织结构管理上，我们减少了传统的线框式的管理，抽掉了部分中间层级，把组织扁平化。在公司的管理制度上特别提倡"权力下放"，我们给予员工充分的自由，鼓励员工的自主创新。鼓励员工要敢于冒险，敢于试错，容忍试错。

一直以来，对研发高投入是我们企业的坚持，如今已经固化为我们企业的战略核心。我们相信，没有创新的企业注定会失败。

2. 张 ** 软件服务行业

我的公司正在积极进行战略转型。疫情以来，受到市场不可抗力影响，公司近几年业绩出现大幅度下滑，目前面临着巨大挑战。

我接任 CEO 时曾再三思考，究竟怎样才能使企业在复杂激烈的竞争环境中卓尔不群。第一步就是要确定转型到哪个领域，要"踢足球"还是"打篮球"，鱼和熊掌不可兼得。紧接着第二个问题就是"如果要打篮球，怎么打才能赢"。科技公司的核心竞争优势是创造适合市场需求的尖端科技。在技术方面，我们必须形成真正的竞争优势，而技术领先的源头来自于认知能力的突破。认知能力决定了做正确的事，这比正确地做事要重要 100 倍。因此，我们在近期战略设定上，把持续更新员工知识结构和培养员工创新能力作为公司战略重点。科技公司尽管力争在技术竞争中不落后，但也未必能远远超出对手。

我坚信公司创新是个自下而上的过程。我们公司有不少科研和相关领域的杰出人才。在创新过程中思路清晰是关键。我发现，哪怕是最费解的科学问题，科研人员如果了解得足够透彻，总能让非专业人员也听得明白。我有时去实验室和各个专业的人才聊聊也会有突破性发展的思路。当然我也会集思广益，畅通信息渠道，与各公司部门员工交流获取信息。

3. 俞** 建筑业

我的公司是一家工程公司。经过多年的工程建设项目经验积累，目前已经大幅度提升了公司的专业性和建设效率。近几年，我们也承接了一些海外项目，与其他国家的同行相比，我们的工程建设在保持国际建设质量标准的前提下，成本更低，速度更快。在国际市场上，中国的工程建设具有一定的比较优势。

在海外市场，中国的劳动力极具成本优势几乎是行业共识。然而，单从工资水平来看，近几年来中国的优势已不如之前明显。第三国劳务合作类型逐渐增多，工程公司为了降低劳动力成本，正在从工资更低的越南、柬埔寨、孟加拉国等国招收外籍务工人员。但事实上，工程实施成本由三部分构成：劳动力成本、供应行业结构，以及原材料成本，三者共同导致了地区间的施工成本差异。在我们的实际项目中，中国承包商的价值很少能够得到完整体现。究其根本原因，是中国工程承包商和国际领先工程公司在组织能力和项目管理上存在一定差距。

近几年，我们在积极进行战略转型和调整。我们把重点放在如何提升自身盈利能力，寻优降本，形成新的竞争优势上。为此，我们聚焦在盈利能力和长期精益运营能力的提升上，以此来减少漏损。并前瞻性地利用精益施工方法和 AI 工具，助力工程公司实现项目降本和工期优化。

4. 李** 对外贸易行业

在过去很长一段时间中，中国对外贸易是在国际经济大环境的顺流区段的高风激浪中勇进。得益于国际市场体系的发展，我们公司的外贸业务稳步增长，市场规模不断扩大。但自从疫情暴发加上俄乌冲突以来，多种因素叠加，引发了进一步逆全球化，给我们的业务体系带来了很大的冲击，今年以来货物出口总额收窄了 2.4 个百分点。

基于对全球价值链变化的判断，目前"境内关外"的保税运营方式所到之地，已经梯度式地产生一些在国际市场上具有竞争力的产业集群。中国面向出口的制造业在这样的集群群落中，接轨了国际一流公司先进的生产技术、管理技术和市场营销理念，以超常的速度和质量生长。中国制造业已经搭上了全球价值链的列车。针对中国的制造业能力崛起，产品出口总额巨大。接下来，我们会利用中国制造业在对外开放中的发展机遇进一步拓展业务范围，提升市场地位。

在外贸行业，创新的突破点往往是从业的多数人不敢想、不在意、不重视之处，所以包容公司内部思想的多元化大有裨益。每当公司有人愿意谈出突破性想法时，我都会喜出望外，因为我知道这里有突破的空间。在我们的公司有包容创新的文化：我们实行权力下放，辅之以针对性的政策，从多个维度促进多元化。同时，我们将高管职位中的女性比例逐步扩大。最近，我们还计划继续扩大，此举一方面是考虑到公司转型升级日益重要，另一方面也是因为我们认识到目前高层以男性为主，缺乏女性的视角，但事实上女性的直觉会更加准确。我们对公司业务转型的了解应不仅限于战略层面，还应融入各个职能部门的操作视角。

5. 王** 货代行业

新冠疫情暴发以来，供应链困境直接导致了海运和空运的运费不断上涨，我们企业的盈利水平也创下了新高。运价是影响货代企业毛利率的直接因素。我们的企业收入的60%~90%会用于运力采购。在过去的两年里，船公司、航空公司运价显著上升，特别是海运，运价甚至上升了 5~7 倍。尽管利润率下降，但是整体利润额仍然大幅提升。

尽管近两年我们的收益十分可观，但此前的运费处于历史高位的运价水平不可能长期持续。在今年上半年运价已经出现明显的下行态势。我预计未来几年运价还将进一步下降。尽管长期价格相较于疫情前可能会有所提升，但新冠疫情暴发到 2021 年底的兴旺景象难以再现，预测接下来公司的利润水平可能会进入下行空间。

货代行业进入门槛不高，公司间的竞争非常激烈，而且市场份额较为分散。每个公司需要制定适合自己并且与同行具有差异性的战略，才能确保在竞争中立于不败之地。针对传统货代行业服务同质化问题严重，但客户需求差异化越来越大的现象，我的公司确定了在"端到端服务能力、产品服务、网络化协作"等三方面寻求打造差异化的战略竞争力的大的转型方向，特别是为工程设备、生鲜、医药等行业推出专属解决方案。

为推动转型，我们做好了数字化创新的提前部署，将数字化作为我们创新的驱动力和竞争力核心，并以此来寻找新的利润增长点。未来布局数字化，我们成立了专门的部门开拓数字化新业务，目前已经招募了技术人员，为建立新的生态平台做好了充分准备。

6. 程**　医疗科技行业

在中国，慢性病主要采用生活方式干预的治疗方式，但这种治疗颇费周折，需要医护人员的定期指导，医疗费用支出成本高，价格长期居高不下。十多年前，在我们这个行业起步前，市场上几乎没有公司可以提供高效、可负担、个性化的社会服务方式进行干预医疗。我们公司当初创办就是为了解决这一社会难题而创办的。

2020 年新冠疫情暴发以来，安全地提供医疗服务更加成为迫切需求，数字医疗技术的应用也进一步提速，并且逐步得以在全国范围内有序推进。对于承担新冠肺炎患者治疗和康复重任的一线医护人员，如何保障他们的安全，也成为医疗系统的重中之重。为应对危机，监管已经迅速出台支持远程医疗发展的政策。

我们抓住数字医疗从边缘走向主流的风口，同时整合了资本的力量，推动医疗数字化技术加速发展。在我们的医疗行业，创新的最大障碍也是最大的机遇。但医疗行业传统上比较保守。我们在这方面积极开拓空缺市场，把数字医疗视为医疗实践的延伸，尽快弥补上了传统诊疗的短板。

未来 10 年，我们计划进一步瞄准数字医疗的大好机遇，加大资本和研发的投入力度。从更多的大方向，比如医疗保健、疾病预防、护理协调、健康管理精准发力，致力于服务患者，降低患者的支出。在努力提升公司绩效的同时，推动医疗保健行业整体服务水平的提高。同时，通过进一步推动数字医疗产品，大幅减轻医疗人员的工作量，提高医疗效率，降低入院率、再入院率和减少不必要的急诊就诊。我们相信，我们的努力会对数字医疗的整个行业有所贡献，可以让我们在提高医疗质量、扩大服务覆盖范围的同时控制、降低医疗支出，这一点能够对中国目前医疗资源相对匮乏的情况大有裨益。

7. 费 ** 化妆品制造行业

23 年前刚进入中国时，中国的彩妆市场并没有成形，我们当时的目标是让每位中国女性都拥有一支口红。但如今中国已经发展成为全球第二大化妆品消费市场，为了充分满足中国的消费者，我们扩建了事业部，定制了更多子品牌。

2020 年疫情暴发以来，公司所面对的市场愈发错综复杂：全球化和逆全球化、经济放缓和新增长引擎、消费升级和消费分级、市场细分和市场聚合、线上与线下、保护主义和国货崛起等。我在复杂的环境和重重矛盾中进行决策和取舍并非易事。

化妆品是由创新驱动的行业，这并非只是与年轻或年长消费者沟通的营销手段，而是要通过创新为品牌开发新品来真正回应消费者的需求。随着疫情的发展，当初的"口红经济"逐渐转变成"口罩经济"。中国的化妆品市场规模非常庞大，而且动态性很强，不断有新的消费者加入，也不断有原有的客户流失。现在的消费者更愿为品质、安全性和创新的产品买单。为此，我的公司部署了最新的战略规划，以拓宽视野、链接你我为视野，充分满足中国消费者对美的渴望。这个战略转型为企业保持已有优势，实现新的可持续增长奠定了基础。

我的公司规模比较庞大。通常都认为，规模大的公司敏捷性会比较低。但是我们扁平化的组织架构安排和数字化协作能力让我们总能在创新中快人一步。目前，我们平台的高新技术也让我们能够以精准、个性化的方式与消费者互动。例如，我们只花了一个多月，就捕捉了消费者对口罩妆容的真实期待，成功地开发了新产品。

8. 张 ** 纺织代工行业

我工作的这家公司从事品牌服装代工，目前业绩很好，每年的毛利润都在增长，而且净资产收益率很高。因为我们从来不并购，没有作为商誉的无形资产，资产负债也几乎没有。我们的定位清晰，追求做一个稳健、盈利能力强、核心竞争力强的公司。尽管市场关于纺织代工的竞争激烈，员工流失率也很高，但我们一直抓住服务好公司的人力资本这一关键，默默地把针织行业做大。

2005 年，我们公司为了降低人工成本在柬埔寨开厂。另外，我们对专利和研发投入非常重视，在企业内做了很多现代化、智能化的提升，这些举措直接关系到我们的人均效益比同类公司要好得多。公司一直把注意力投放在如何满足员工的需求上，如果你来我们公司的食堂参观，会发现比外面的餐厅都要好。而且每年春节的时候，公司会用大巴把所有员工送回老家。另外，从社会责任角度看，我们对环保的要求很高，甚至我们的污水处理池里能够养鱼。公司发展到现在跟员工的流失率低、忠诚度高有很大的关系。

对于未来，我们期待能将公司做到"个人价值、企业价值、社会价值"三赢的企业。从员工的角度看，我们期待通过管理创新让他们过上中产阶级的生活，且每年都涨工资的预期。而对于我们的企业发展，我们会专注于自身技术发展的核心，用心在行业里找准发展机会。一个企业要做大做强，不仅仅要关心各种发展中的变量，实际上要把一个企业真正做好，应该关注的恰是自己的常量。

附　录

调查问卷 1

企业经营情况调查

尊敬的女士/先生：您好！

感谢您在百忙之中参与我们的调查。您的回答仅用于科学研究，绝不对外公开，因此不会对您的工作有任何影响。您的真实回答对我们的科学研究极为重要，恳请您的支持与理解。请放心填答！敬祝健康快乐。

第一部分　基本问题

Q1 以下是对您个人的描述，您对下列说法的赞同程度是：（每行限选一项）

	非常 不同意	不 同意	有点 不同意	一般	有点 同意	同意
（1）我认为自己很有创造力	1	2	3	4	5	6
（2）我认为自己很有创新精神	1	2	3	4	5	6
（3）我在工作中表现出独创性	1	2	3	4	5	6
（4）我喜欢原创作品	1	2	3	4	5	6
（5）人们说我很有艺术性	1	2	3	4	5	6
（6）富有创造力是我特质的很大一部分	1	2	3	4	5	6
（7）从别人的角度看事情对我来说很容易	1	2	3	4	5	6
（8）我总是努力通过别人的眼睛看世界	1	2	3	4	5	6
（9）我很理解为什么人们会这样做	1	2	3	4	5	6
（10）我能很好地理解别人的感受	1	2	3	4	5	6

续表

	非常不同意	不同意	有点不同意	一般	有点同意	同意
(11) 我可以从人们的面部表情中读出他们的情绪	1	2	3	4	5	6
(12) 我擅长看人	1	2	3	4	5	6
(13) 我擅长项目管理	1	2	3	4	5	6
(14) 我能够描绘出一个系统的瓶颈	1	2	3	4	5	6
(15) 在我面对新情况之前，我想象一下我可能遇到的问题并做出相应的计划	1	2	3	4	5	6
(16) 我能看到看似无关的信息之间的联系	1	2	3	4	5	6
(17) 形成心理图像有助于我解决问题	1	2	3	4	5	6
(18) 我从现有方法进行外推来解决新问题	1	2	3	4	5	6

Q2 请根据对以下句子的同意程度做出相应的选择：(每行限选一项)

	非常不同意	不同意	有点不同意	有点同意	同意	非常同意
(1) 我的工作职责包括寻找新的技术和方法	1	2	3	4	5	6
(2) 将新想法引入公司是我工作的一部分	1	2	3	4	5	6
(3) 我必须通过创新来满足我的工作要求	1	2	3	4	5	6
(4) 我的工作要求我尝试新的方法来解决问题	1	2	3	4	5	6
(5) 提出新的想法是我工作职责的一部分	1	2	3	4	5	6
(6) 当同事需要新的想法时，他们会来找我	1	2	3	4	5	6
(7) 公司中的其他人经常希望我贡献创新的想法	1	2	3	4	5	6

Q3 请评估去年你在多大程度上参与了以下与工作相关的活动：（每行限选一项）

	程度 非常小	程度小	程度 比较小	一般	程度 比较大	程度大	程度 非常大
（1）寻找关于产品/服务、流程或市场等可能的新机会	1	2	3	4	5	6	7
（2）评估关于产品/服务、流程或市场等方面多样化的选择	1	2	3	4	5	6	7
（3）集中精力于产品/服务或流程的大力更新	1	2	3	4	5	6	7
（4）产量和成本尚不明确的活动	1	2	3	4	5	6	7
（5）对你的适应性有相当要求的活动	1	2	3	4	5	6	7
（6）要求你学习新技能或新知识的活动	1	2	3	4	5	6	7
（7）现有公司政策尚未清晰规定的活动	1	2	3	4	5	6	7
（8）那些你已经积累了大量经验的活动	1	2	3	4	5	6	7
（9）你执行起来好像是例行公事一样的活动	1	2	3	4	5	6	7
（10）通过现存的产品/服务满足现有（内部）顾客的活动	1	2	3	4	5	6	7
（11）对你来说操作程序是很明确的活动	1	2	3	4	5	6	7
（12）主要关注实现短期目标的活动	1	2	3	4	5	6	7
（13）利用你现有知识可以正确执行的活动	1	2	3	4	5	6	7
（14）明确符合公司现有政策的活动	1	2	3	4	5	6	7

Q4 您所在的组织在多大程度上符合以下说法？（每行限选一项）

	完全不同意	不同意	一般	同意	完全同意
（1）这个组织的管理体系中，各部门能协调一致地开展工作，共同支持组织的总体目标	1	2	3	4	5
（2）这个组织的管理体系不协调，使各部门在毫无效益的事情上浪费大量资源	1	2	3	4	5
（3）员工在工作中做出背道而驰的事通常是由于这个组织的管理体系不协调，各部门的目标相互冲突	1	2	3	4	5
（4）这个组织的管理体系鼓励员工挑战一些过时的传统、实践以及貌似神圣不可改变的事情	1	2	3	4	5
（5）这个组织的管理体系足够灵活，允许我们对市场变化迅速做出反应	1	2	3	4	5
（6）随着组织工作重心的转变，这个组织的管理体系也随之快速演进	1	2	3	4	5

Q5 请对您所在的组织在以下产品/服务创新方面的能力打分：（每行限选一项）

	低于行业平均水平	←	←	等于行业平均水平	→	→	高于行业平均水平
（1）加强主打产品/服务的创新活动	1	2	3	4	5	6	7
（2）加强主打产品/服务已有专业知识的创新活动	1	2	3	4	5	6	7
（3）加强现有竞争力的创新活动	1	2	3	4	5	6	7
（4）淘汰主打产品/服务的创新活动	1	2	3	4	5	6	7
（5）根本上改变主打产品/服务的创新活动	1	2	3	4	5	6	7
（6）淘汰主打产品/服务已有的专业知识的创新活动	1	2	3	4	5	6	7

Q6 请您结合过去三年组织承担的创新项目，评价以下描述在你组织创新战略中的重要程度：（每行限选一项）

	非常不重要	不重要	一般	重要	非常重要
（1）介绍新一代产品	1	2	3	4	5
（2）拓展产品范围	1	2	3	4	5
（3）开发新市场	1	2	3	4	5
（4）进入新的技术领域	1	2	3	4	5
（5）提高现有产品的质量	1	2	3	4	5
（6）提高生产灵活性	1	2	3	4	5
（7）减少生产成本	1	2	3	4	5
（8）提高产量或降低材料消耗	1	2	3	4	5

Q7 针对企业的具体情况，您在多大程度上同意或不同意以下相关描述：（每行限选一项）

	非常不同意	不同意	有点不同意	有点同意	同意	非常同意
（1）在我们企业，即使是小事情也要请示层级较高的经理才能得到最终的答案	1	2	3	4	5	6
（2）在我们企业，员工做任何事情之前都要先请示其直属领导	1	2	3	4	5	6
（3）在我们企业，员工做任何决定都要有其直属领导的批准	1	2	3	4	5	6
（4）在我们企业，未经上司批准不能采取具体的行动	1	2	3	4	5	6
（5）在我们企业，那些想要自己做决定的员工会很快感到气馁	1	2	3	4	5	6
（6）在我们企业，做事情的方式是由具体做此项工作的员工来决定的	1	2	3	4	5	6
（7）在我们企业，绝大部分员工在工作中制定他们自己的规则	1	2	3	4	5	6
（8）在我们企业，我们经常检查员工是否违反规则	1	2	3	4	5	6
（9）在我们企业，员工有明确的角色分工和职责	1	2	3	4	5	6

Q8 请评估下列题项对单位所在行业环境的特征描述的准确程度：（每行限选一项）

	非常不准确	不准确	有点不准确	有点准确	准确	非常准确
（1）在我们行业，顾客的需要和产品偏好变化得相当快	1	2	3	4	5	6
（2）在我们行业，潜在顾客的需求与我们现有顾客的需求是不同的	1	2	3	4	5	6
（3）在我们行业，竞争对手经常改变他们的策略	1	2	3	4	5	6

第二部分 企业经营

Q9 贵企业目前所处的发展阶段是：（限选一项）

（1）创业期　　　（2）成长期　　　（3）成熟期　　　（4）衰退期

Q10 贵企业登记注册类型：（限选一项）

（1）国有独资/控股企业　　　（2）集体企业　　　（3）私营企业

（4）股份合作企业　　　（5）股份有限企业　　　（6）有限责任企业

（7）其他内资企业　　　（8）外商及港澳台投资企业

Q11 贵企业目前职工人数为_____人，女性职工比例为_____%；

目前企业高管人数为_____人，中高层管理人员中女性比重为_____%

Q12 贵企业 2018 年研发人员占总员工的比重约为_____%；

研发投入占年销售额的_____%；新产品的销售收入占年销售额的_____%

Q13 贵企业成立于_____年；2019 年上半年企业销售利润率大约为_____%

Q14 贵企业有下列哪项书面的企业发展战略规划？（限选一项，请选时间最长的那项）

（1）没有　　　（2）1 年以内计划　　　（3）3 年以内规划

（4）5 年以内规划　　　（5）10 年以内规划　　　（6）10 年以上规划

Q15 贵企业的资产总额（注册资本）为：（限选一项）

（1）500 万元以下　　　（2）501 万~1000 万元　（3）1001 万~3000 万元

（4）3001 万~5000 万元 （5）5001 万~1 亿元　　（6）1 亿元以上

第三部分　基本信息

Q16 您的年龄为_____岁，在本企业工作的总时间为_____年，您担任现职的时间共_____年

Q17 您的文化程度：（限选一项）

（1）初中或以下　　　（2）中专、高中　　　（3）大专

（4）大学本科　　　　（5）硕士　　　　　　（6）博士

Q18 您所学主要专业：（限选一项）

（1）文史哲法律　　　（2）经济　　　　　　（3）管理

（4）理工农医　　　　（5）其他（请说明）_____

Q19 您的现任职务：（可多选）

（1）董事长　　　　　（2）总经理　　　　　（3）厂长

（4）党委书记　　　　（5）公司创始人　　　（6）其他（请说明）_____

Q20 您的婚姻状况：（限选一项）

（1）已婚　　　　　　（2）未婚　　　　　　（3）离异　　　（4）保密

Q21 您现任职位的就职方式：（限选一项）

（1）自己创业　　　　（2）家族传承　　　　（3）主管部门任命

（4）董事会任命　　　（5）职代会选举　　　（6）企业内部竞聘

（7）企业外部招聘　　（8）其他（请说明）_____

Q22 您是否持有贵企业股份？（限选一项）

（1）没有　　　　　　（2）10% 及以下　　　（3）11%~30%

（4）31%~50%　　　　（5）51%~99%　　　　（6）100%

Q23 您家人对您的事业：（限选一项）

（1）非常支持　　　　（2）比较支持　　　　（3）一般

（4）不太支持　　　　　（5）很不支持

Q24 总的来说，您感觉自己：（限选一项）

（1）压力很大　　　　（2）压力较大　　　　　（3）压力较小

（4）没有压力

Q25 您父母有_____（填数字）子女，_____（填数字）儿子，_____（填数字）女儿，您在家里排行第_____（填数字）。

Q26 贵企业经营范围涉及的行业包括：（可多选）

（1）农、林、牧、渔业　　　　（2）采矿业

（3）制造业　　　　　　　　　（4）电力、热力、燃气及水的生产和供应业

（5）建筑业　　　　　　　　　（6）交通运输、仓储和邮政业

（7）信息传输、软件和信息技术服务业

（8）批发和零售业　　　　　　（9）住宿和餐饮业

（10）金融业　　　　　　　　（11）房地产业

（12）租赁和商务服务业　　　（13）科学研究和技术服务业

（14）水利、环境和公共设施管理业

（15）居民服务、修理和其他服务业

（16）教育　　　　　　　　　（17）卫生和社会工作

（18）文化、体育和娱乐业　　（19）公共管理、社会保障和社会组织

（20）医疗、美容、健康服务业

其中，主营业务是_____（限选一项，请填写序号）

调查问卷 2

中国企业发展战略与企业家特质问卷调查（A）

尊敬的女士/先生：

您好！非常感谢您在百忙之中抽出时间填写有关企业发展战略与企业家特质

的调查问卷！本次调研采用匿名方式填写，所涉及的一切信息仅供学术研究，并向您郑重承诺，填写内容将得到严格保密，绝不会用于任何商业目的，请您放心填答！

您的参与对于本次研究至关重要，希望您可以按照自己的真实想法填写问卷。如果贵公司需要，我们会及时将问卷调查的分析结果予以反馈，衷心感谢您的支持与合作！

问卷填写说明：

1. 问卷中的题项恳切希望贵公司的董事长或总经理基于公司实际情况及个人感受作答；

2. 问卷中每题均请作答，在相应处画√或在＿＿＿＿＿＿＿处填写；

3. 如无特殊说明，题项均为单选。

第一部分：公司基本信息

1. 贵公司名称：＿＿＿＿＿＿＿＿＿

（此信息仅用于数据匹配使用，若不方便填写，可使用完整首字母缩写，如苏宁易购：SNYG）

2. 贵公司的所有权性质：

☐国有及国有控股　　　☐集体和股份合作　　　☐私营/民营控股

☐港澳台和外商投资　　☐个人独资/合伙　　　☐其他

3. 贵公司的成立年限：

☐1 年及以下　　　　☐2~5 年　　　　　☐6~10 年

☐11~15 年　　　　☐16~20 年　　　　☐21 年及以上

4. 贵公司现有员工数：

☐1~50 人　　　☐51~100 人　　　☐101~500 人　　　☐501~1000 人

☐1001~1500 人　☐1501~2000 人　☐2001 人以上

5. 贵公司所在地区：☐东部地区　　　☐中部地区　　　☐西部地区

6. 贵公司所属行业：

□高科技　　　　　□传统制造　　　　□建筑/房产

□商贸/服务　　　□其他

7. 贵公司所处发展阶段：

□创业初期：企业新创，尚未形成稳定的利润来源，效益不稳定

□成长阶段：企业产品和服务结构基本确定，经营步入正轨，效益稳步快速提升

□成熟阶段：企业产品和服务结构稳定，销售额和利润增长速度趋缓

□转型阶段：企业产品和服务市场萎缩，通过业务转型寻求再次腾飞

第二部分：企业家基本信息

1. 您的性别：□男　□女

2. 您的年龄：

□25 岁以下　　　□26～35 岁　　　　□36～45 岁

□46～59 岁　　　□60 岁以上

3. 您的个人职务：_____

4. 您的受教育水平：

□专科及以下　　　□本科　　　　　□硕士研究生　　　　□博士研究生

5. 您的专业背景：

□技术类　　　　□经济、管理类　　□其他_____

6. 您作为高层管理者已有多长时间：

□1 年及以下　　　□2～5 年　　　　□6～10 年

□11～15 年　　　□16～20 年　　　□20 年及以上

7. 您是否是本公司的创始人：□是　　　□不是

第三部分：变量测量

填写说明：请您根据个人感知或经历圈选最合适的数字来反映您对下列陈述的同意程度。

编号	问题陈述	完全 不同意	基本 不同意	一般	比较 同意	完全 同意
	A 您认为公司的经营环境……					
1-1	公司营销策略变动的频率较快	1	2	3	4	5
1-2	公司的产品或服务更新的速度较快	1	2	3	4	5
1-3	竞争对手的行动可预测的程度较难	1	2	3	4	5
1-4	客户需求或偏好可预测的程度较难	1	2	3	4	5
1-5	公司产品或服务的技术发展变化的程度较高	1	2	3	4	5
1-6	外部经营环境面临的风险很大	1	2	3	4	5
1-7	外部环境中经济、政治或技术因素的影响很大	1	2	3	4	5
1-8	公司所在行业失败率很高	1	2	3	4	5
1-9	公司所在行业的竞争非常激烈	1	2	3	4	5
1-10	公司所在行业的客户忠诚度非常低	1	2	3	4	5
1-11	公司所在行业的利润率非常低	1	2	3	4	5
1-12	地方政府经常出台新的行业法律法规	1	2	3	4	5
	B 您的自我评价和体验……					
2-1	在做那些对你很重要的事情时，你发现自己的表现没有想象中想做的那么好	1	2	3	4	5
2-2	你经常会完成一些让你精神振奋从而更加努力工作的事情	1	2	3	4	5
2-3	你经常尝试将不同的事情都做得很好	1	2	3	4	5
2-4	和大多数人相比，你是不是常常无法从生活中得到你想要的东西	1	2	3	4	5
2-5	我觉得我在生活中正向着成功不断迈进	1	2	3	4	5
2-6	生活中，我发现很少有什么爱好或者活动能够吸引我投入其中	1	2	3	4	5
2-7	在成长过程中，你曾"越界"做过一些你父母不能容忍的事情	1	2	3	4	5
2-8	在成长过程中，你经常做过一些让父母头疼不已的事情	1	2	3	4	5
2-9	粗心大意曾让你多次陷入麻烦之中	1	2	3	4	5
2-10	在成长过程中，你曾以令你父母感到反感的方式做事	1	2	3	4	5

中国企业发展战略与企业家特质问卷调查（B）

尊敬的女士/先生：

您好！非常感谢您在百忙之中抽出时间填写南京大学商学院有关企业发展战略与企业家特质的调查问卷！本次调研采用匿名方式填写，所涉及的一切信息仅供学术研究，并向您郑重承诺，填写内容将得到严格保密，绝不会用于任何商业目的，请您放心填答！

您的参与对于本次研究至关重要，希望您可以按照自己的真实想法填写问卷。如果贵公司需要，我们会及时将问卷调查的分析结果予以反馈，衷心感谢您的支持与合作！

南京大学商学院

战略管理研究课题组

问卷填写说明：

1. 问卷中的题项恳切希望贵公司的高层管理者（副总或部门总监）基于公司实际情况作答；

2. 问卷中每题均请作答，在相应处画√或在＿＿＿＿＿＿＿处填写；

3. 如无特殊说明，题项均为单选。

第一部分：基本信息

1. 贵公司名称：＿＿＿＿＿＿

（此信息仅用于数据匹配使用，若不方便填写，可使用完整首字母缩写，如苏宁易购：SNYG）

2. 您的性别：□男　□女

3. 您的年龄：

□25 岁以下　　　　□26~35 岁　　　　□36~45 岁

□46~59 岁　　　　□60 岁以上

4. 您的个人职务：＿＿＿＿＿＿

5. 您的受教育水平：

□专科及以下　　　　□本科　　　　□硕士研究生　　　　□博士研究生

6. 您的专业背景：

□技术类　　　　□经济、管理类　　　　□其他＿＿＿＿＿＿

第二部分：企业发展状况

填写说明：请您根据贵公司实际情况圈选最合适的数字来反映您对下列陈述的同意程度。

编号	问题陈述	完全不同意	基本不同意	一般	比较同意	完全同意
1-1	本公司在现有工艺和产品改进方面会有更多投入	1	2	3	4	5
1-2	本公司研发活动的主要目标是提高效率、降低成本	1	2	3	4	5
1-3	本公司会持续完善现有技术和产品，扩大市场份额	1	2	3	4	5
1-4	与竞争对手相比，本公司产品的生命周期更长，样式更多	1	2	3	4	5
1-5	本公司在新产品与新技术的开发和探索上会有更多投入	1	2	3	4	5
1-6	与竞争对手相比，本公司开发创造了更多新技术和新产品	1	2	3	4	5
1-7	只有开发新产品才能使本公司占有更持久的竞争优势	1	2	3	4	5
1-8	本公司会定期开展有关新技术和新知识的学习和讨论	1	2	3	4	5
1-9	本公司鼓励员工学习了解新技术和新知识	1	2	3	4	5
2-1	当高管团队中某位成员工作很忙时，团队中的其他成员会主动地帮忙分担一些任务	1	2	3	4	5

编号	问题陈述	完全 不同意	基本 不同意	一般	比较 同意	完全 同意
2-2	高管团队的成员为了让工作变得更为简单，能够灵活地转变职责	1	2	3	4	5
2-3	高管团队的成员在完成工作任务时非常愿意互相帮助	1	2	3	4	5
2-4	在过去的工作决策过程中，高管团队的成员之间能够就一些想法互相交流	1	2	3	4	5
2-5	在过去的工作决策过程中，高管团队的成员之间能够就一些高质量的问题解决方案进行交流	1	2	3	4	5
2-6	在过去的工作决策过程中，高管团队的成员之间的交流催生了一些高水平的创意和创新行为	1	2	3	4	5
2-7	当高管团队中某位成员的行为会影响到另一位团队成员时，他们通常会让对方知道	1	2	3	4	5
2-8	高管团队的成员对于需要合作解决的问题以及其他团队成员的需求拥有较为清晰的认知	1	2	3	4	5
2-9	高管团队的成员之间经常会讨论他们对彼此的期望和需要	1	2	3	4	5

参考文献

［1］ 安玉红. 企业高管团队管理自主权对团队决策效果的影响研究［D］. 天津：河北工业大学，2016.

［2］ 卜婷婷，吴玉彬，杨玉婷. 企业创新行为的影响因素：动力、能力与行动——基于扎根理论的研究［J］. 商展经济，2021（19）：110-113.

［3］ 蔡雪玲，杨瑚. 组织资本、环境不确定性与企业创新绩效——基于企业与地区异质性的视角［J/OL］. 科学与管理：1-9，2022-10-23.

［4］ 陈国权，向姝婷，王婧懿. 个体感知的组织创新对探索式活动和利用式活动影响的实证研究［J］. 技术经济，2017，36（6）：1-9.

［5］ 陈琳，谢宗晓，甄杰. "广泛撒网"还是"重点培养"？资源配置与创新绩效：行业和依托单位的调节效应［J］. 预测，2019，38（6）：9-16.

［6］ 陈权. 情绪智力对高管团队冲突、行为整合及战略决策绩效影响研究［D］. 镇江：江苏大学，2013.

［7］ 成瑾，白海青，刘丹. CEO 如何促进高管团队的行为整合——基于结构化理论的解释［J］. 管理世界，2017（2）：159-173.

［8］ 常建新. 企业要素错配、技术错配与全要素生产率［D］. 西安：西北大学，2015.

［9］ 崔荣芳. 创新经济学的理论意义与现实启示［J］. 求索，2011（04）：44-45+156.

［10］ 曹元坤，徐红丹. 调节焦点理论在组织管理中的应用述评［J］. 管理学报，2017，14（08）：1254-1262.

［11］ 崔月慧，葛宝山，董保宝. 双元创新与中小企业绩效：基于多层级网络结

构的交互效应模型［J］. 外国经济与管理，2018（8）：45-57.

［12］ 董静，邓浩然. 董事长军旅背景、管理自主权与战略变革——来自 A 股上市公司的证据［J］. 管理工程学，2021，35（04）：29-39.

［13］ 古家军，王行思. 企业高管团队内部社会资本、团队行为整合与战略决策速度的关系研究［J］. 科研管理，2016，37（8）：123-129.

［14］ 洪峰. 高管自主权、期望差距与企业风险承担——治理效应的长周期观察［J］. 现代财经：天津财经大学学报，2018，339（4）：88-102.

［15］ 何钰子，汤子隆，常曦，曹铭. 地方产业政策如何影响企业技术创新？——结构特征、影响机制与政府激励结构破解［J］. 中国软科学，2022（04）：45-54.

［16］ 蒋春燕. 中国新兴企业自主创新陷阱突破路径分析［J］. 管理科学学报，2011（04）：40-55.

［17］ 焦豪. 双元型组织竞争优势的构建路径：基于动态能力理论的实证研究［J］. 管理世界，2011（11）：76-91+188.

［18］ 金丽. 基于吸收能力的创业导向与企业绩效［M］. 北京：机械工业出版社，2018.

［19］ 李桦，储小平，郑馨. 双元性创新的研究进展和研究框架［J］. 科学学与科学技术管理，2011，32（4）：58-65.

［20］ 李华晶，张玉利. 高管团队特征与企业创新关系的实证研究——以科技型中小企业为例［J］. 商业经济与管理，2006，（05）：9-13.

［21］ 李琦. 资源主导型区域技术创新模式选择与评价指标体系构建［J］. 山西财经大学学报，2006（S2）：21-22.

［22］ 李瑞雪，彭灿，杨晓娜. 双元创新与企业可持续发展：短期财务绩效与长期竞争优势的中介作用［J］. 科技进步与对策，2019，36（17）：81-89.

［23］ 李小青，孙银风. CEO 认知特征对企业技术创新影响研究——基于我国高科技行业上市公司的经验证据［J］. 科技进步与对策，2013（22）：147-151.

［24］ 李有根，赵锡斌. 国外经理自主权研究及测量［J］. 外国经济与管理，2003（12）：2-6.

［25］ 李月起. 创新驱动我国汽车产业升级的经济学分析［D］. 成都：四川大学，2021.

［26］ 林筠，高霞，张敏. 利用性与探索性创新对知识型企业创新绩效的双元驱动［J］. 软科学，2016，30（5）：59-63.

［27］ 林筠，刘江. 双元创新驱动机制：智力资本整合的视角［J］. 科技管理研究，2016，036（012）：18-23+29.

［28］ 刘兵，刘佳鑫，李奕芳. 高管团队异质性与企业绩效的关系——管理自主权的调节作用［J］. 科技管理研究，2015（11）：154-160.

［29］ 刘家国，周媛媛，石倩文. 组织公民行为负效应研究——整合广义交换、印象管理和进化心理学的分析［J］. 管理评论，2017，29（07）：163-180.

［30］ 刘兰剑. 渐进、突破与破坏性技术创新研究述评［J］. 软科学，2010，24（3）：10-14.

［31］ 刘月，葛玉辉，姚莹莹. TMT 管理自主权对双元性创新战略的影响研究——组织承诺的中介作用［J］. 科技与经济，2017，30（2）：11-15.

［32］ 罗东亚，张向群. 转型背景下制造业企业高管团队异质性对战略双元的影响研究——基于管理自主权的调节作用［J］. 科技与经济，2017，30（5）：86-90.

［33］ 罗胜强，姜嬿. 管理学问卷调查研究方法［M］. 重庆：重庆大学出版社，2014.

［34］ 马蜜. 基于调节焦点理论的变革型领导对员工组织承诺的影响研究［D］. 天津：河北工业大学，2015.

［35］ 苗龙，文炳勋，文倩雅. 中国地方财政教育投入与经济发展水平的时空耦合协调关系研究［J］. 经济地理，2021，41（12）：149-157.

［36］ 欧阳新年. 企业技术创新动力与利益激励机制［J］. 科学管理研究，2004（03）：21-25.

［37］ 潘子成，易志高. 内部薪酬差距、高管团队社会资本与企业双元创新［J/OL］. 管理工程学报：1-16，2022-10-23.

［38］ 钱佳蓉，蒋春燕. 创业情境下的想象力：内涵、测量与未来展望［J］. 南大商学评论，2020（03）：68-80.

［39］ 钱佳蓉，栾贞增. 心之所想，行之所往：CEO创业想象力对企业双元创新的影响研究［J］. 中国人力资源开发，2022，39（03）：23-35.

［40］ 史会斌，杨东. 权力配置对企业双元创新的影响研究［J］. 软科学，2017，031（011）：49-51+61.

［41］ 孙凯，刘祥，谢波. 高管团队特征、薪酬差距与创业企业绩效［J］. 科研管理，2019，40（02）：118-125.

［42］ 孙永风，李垣. 转型经济下中国企业创新选择的实证研究：环境与组织因素［J］. 管理工程学报，2007，021（1）：41-46.

［43］ 孙永磊，陈劲，宋晶. 企业创新方式选择对商业模式创新的影响研究［J］. 管理工程学报，2018，32（2）：1-7.

［44］ 谭乐，宋合义，杨晓. 基于认知视角探讨环境不确定性对领导有效性的影响机制［J］. 心理科学进展，2016，24（9）：1339-1352.

［45］ 唐柳. 创新网络特征对企业双元创新的影响研究［D］. 泰安：山东农业大学，2022.

［46］ 王洪波，刘艳，肖凤军. CEO调节焦点、绿色创新与企业绩效研究［J］. 科技进步与对策，2017，34（7）：82-87.

［47］ 王金凤，蔡豪，冯立杰，岳俊举. 外部环境不确定性、网络惯例与双元创新关系研究［J/OL］. 科技进步与对策：1-9.

［48］ 王金营. 人力资本在技术创新、技术扩散中的作用研究［J］. 科技管理研究，2000（01）：12-14+29.

［49］ 王琳琳. CEO情绪特质对企业战略决策影响的实证研究［D］. 合肥：中国科学技术大学，2018.

［50］ 巫景飞，何大军，林日韦，王云. 高层管理者政治网络与企业多元化战

略：社会资本视角——基于我国上市公司面板数据的实证分析 [J]. 管理世界, 2008 (008): 107-118.

[51] 夏爽, 王浩. 企业技术创新与核心竞争力互促机制研究 [J]. 科学管理研究, 2015, 33 (02): 61-64.

[52] 谢会强, 封海燕, 马昱. 空间效应视角下高技术产业集聚、技术创新对经济高质量发展的影响研究 [J]. 经济问题探索, 2021 (04): 123-132.

[53] 谢婉赢. 组织动机氛围对员工知识隐藏行为的影响研究 [D]. 西安: 西安建筑科技大学, 2021.

[54] 邢霖, 陈东, 张红梅. 环境不确定性对企业"脱实向虚"的影响——来自中国上市企业的经验证据 [J]. 工业技术经济, 2022, 41 (10): 124-131.

[55] 徐燕, 陈怡, 田遇春. 调节焦点在组织管理中的应用综述与展望 [J]. 当代经济, 2022, 39 (06): 94-102.

[56] 杨菲, 安立仁, 史贝贝, 高鹏. 知识积累与双元创新能力动态反馈关系研究 [J]. 管理学报, 2017, 14 (11): 1639-1649.

[57] 杨林, 顾红芳, 李书亮. 高管团队经验与企业跨界成长战略: 管理自主权的调节效应 [J]. 科学学与科学技术管理, 2018, 39 (09): 103-121.

[58] 于长宏, 原毅军. CEO 过度自信与企业创新 [J]. 系统工程学报, 2015, 30 (5): 636-641.

[59] 余红剑. 基于资源获取与组织学习视角的新创企业内部能力提升战略选择研究 [J]. 科学管理研究, 2009, 27 (3): 86-90.

[60] 余秀江, 王浩, 龙彦熹. "民工荒"现象的经济学解释——基于劳动力供需双方知觉的分析 [J]. 华南农业大学学报 (社会科学版), 2007 (02): 32-39.

[61] 张宸璐, 沈灏, 张洁, 黄越. 闲置资源、双元创新与持续竞争优势——基于资源拼凑视角 [J]. 华东经济管理, 2017 (12): 126-135.

[62] 张建君, 李宏伟. 私营企业的企业家背景、多元化战略与企业业绩 [J]. 南开管理评论, 2007, 10 (5): 12-25.

［63］ 张敏，张一力，凡培培. 企业家"主我"认知与"宾我"认知的博弈：对双元创新路径的认知新解［J］. 外国经济与管理，2016，38（2）：4-16.

［64］ 张三保，张志学. 区域制度差异，CEO 管理自主权与企业风险承担——中国 30 省高技术产业的证据［J］. 管理世界，2012（004）：101-114.

［65］ 郑鹏，陈玲，熊玮. 高管团队异质性、管理自主权与企业创新绩效——基于沪深 A 股上市公司的实证研究［J］. 保定学院学报，2022，35（01）：1-8.

［66］ 钟春平，徐长生. 技术（产品）替代、创造性破坏与周期性经济增长［J］. 经济学（季刊），2005（03）：865-890.

［67］ 钟熙，陈伟宏，宋铁波，翁艺敏. CEO 过度自信、管理自主权与企业国际化进程［J］. 科学学与科学技术管理，2018，39（11）：87-100.

［68］ 朱慧明，张中青扬，吴昊，邹凯. 创新价值链视角下制造业技术创新效率测度及影响因素研究［J］. 湖南大学学报（社会科学版），2021，35（06）：37-45.

［69］ Abebe, M. A., Angriawan, A. Organizational and Competitive Influences of Exploration and Exploitation Activities in Small Firms. Journal of Business Research, 2014, 67（3）：339-345.

［70］ Adams, R. B., Almeida, H., & Ferreira, D. Powerful CEOs and Their Impact on Corporate Performance. Review of Financial Studies, 2005, 18（4）：1403-1432.

［71］ Aghion, P., Van Reenen, J., & Zingales, L. Innovation and Institutional Ownership. American Economic Review, 2013, 103（1）：277-304.

［72］ Agnihotri, A.（2015）. Low cost innovation in emerging markets. Journal of Strategic Marketing, 22, 399-411.

［73］ Alexander M. Danzer, Robert Grundke. Export price shocks and rural labor markets：The role of labor market distortions［J］. Journal of Development Economics, 2020, 145（prepublish）.

［74］ Aldrich, H. Organizations and environments. Englewood Cliffs, NJ：Prentice-

Hall, 1979. Aldrich, H. Organizations and environments. Stanford University Press, 2008.

[75] Alpaslan iSAGiLLER. INCOME DISTRIBUTION AND ECONOMIC GROWTH [J]. Journal of Business Administration and Social Studies, 2021, 1 (1).

[76] ALPKAN L, GEMICI E. Disruption and ambidexterity: how innovation strategies evolve? [J]. Procedia, Social and Behavioral Sciences, 2016, 235: 782-787.

[77] Alvarez, S. A., Barney, J. Discovery and Creation: Alternative Theories of Entrepreneurial Action. Strategic Entrepreneurship Journal, 2007, 1 (1-2): 11-26.

[78] Alvarez, S. A., Busenitz, L. W. The Entrepreneurship of Resource-Based Theory [J]. Journal of Management, 2001, 27 (6): 755-775.

[79] Anderson, N., Potočnik, K. & Zhou, J. (2014). Innovation and creativity in organizations: a state-of-the-science review, prospective commentary, and guiding framework. Journal of Management, 40 (5), 1297-1333.

[80] Andrews, K. The Concept of Corporate Strategy. Homewood, IL: R. D. Irwin, 1971.

[81] Anselmo Ferreira Vasconcelos. The contemporary experience of work: older workers' perceptions [J]. Management research review, 2015, 38 (4).

[82] Aouad, G., Ozorhon, B., & Abbott, C. Facilitating Innovation in Construction: Directions and Implications for Research and Policy [J]. Construction Innovation Information Process Management, 2010, 10 (4): 374-394.

[83] Aryaningsih, Ni Nyoman, Arsana, Made. Marsa, Irianto, Ketut. Development of Business Competencies Based on Entrepreneurship in the Area of Urban Sprawl [J]. Advanced Science Letters, 2017, 23 (12).

[84] Audretsch David Bruce, Belitski Maksim, Guerrero Maribel. The dynamic contribution of innovation ecosystems to schumpeterian firms: A multi-level analysis [J]. Journal of Business Research, 2022, 144.

［85］ Audia, P. , Greve, H. Less Likely to Fail: Low Performance, Firm Size, and Factory Expansion in the Shipbuilding Industry. Management Science, 2006, 52 (1): 83-94.

［86］ Auh, S. , & Menguc, B. (2005). Balancing exploration and exploitation: The moderating role of competitive intensity. Journal of Business Research, 58 (12), 1652-1661.

［87］ Bailyn L. Freeing work from the constraints of location and time ［J］. New Technology Work & Employment, 2010, 3 (2): 143-152.

［88］ Bantel, K. A. , Jackson, S. E. Top Management and Innovations in Banking: Does the Composition of the Top Team Make a Difference? Strategic Management Journal, 1989, 10 (S1): 107-124.

［89］ Barker, V. L. , III, Mueller, G. C. CEO Characteristics and Firm R&D Spending. Management Science, 2002, 48: 782-801.

［90］ Barnes. A Review of the Rise of the Hybrid Domain: Collaborative Governance for Social Innovation by Yuko Aoyama with Balaji Parthasarathy ［J］. Economic Geography, 2018, 94 (1).

［91］ Baron, R. A. , Ensley, M. D. Opportunity Recognition as the Detection of Meaningful Patterns: Evidence from Comparisons of Novice and Experienced Entrepreneurs ［J］. Management Science, 2006, 52 (9): 1331-1344.

［92］ Baron, R. A. , Ward, T. Expanding Entrepreneurial Cognition's Toolbox: Potential Contributions from the Field of Cognitive Science. Entrepreneurship Theory and Practice, 2004, 28 (6): 553-573.

［93］ BARRICK M. R. , MOUNT M. K. Yes, Personality Matters: Moving on to More Important Matters ［J］. Human Performance, 2005, 18 (2) : 359~372

［94］ Barron, D. N. , West, E. , & Hannan, M. T. A Time to Grow and a Time to Die: Growth and Mortality of Credit Unions in New York City, 1914 -1990. American Journal of Sociology, 1994, 100 (2): 381-421.

［95］ Baumol W. J. Stimulating growth amid recession：Entrepreneurship, innova-tion, and the Keynesian revolution ［J］. Journal of Policy Modeling, 2014, 36 (4)：629-635.

［96］ Bourgeois, L. J. On the Measurement of Organizational Slack. Academy of Management Review, 1981, 6 (1)：29-39.

［97］ Boycko, M., Shleifer, A., & Vishny, R. W. A Theory of Privatisation. The Economic Journal, 1996, 106 (435)：309-319.

［98］ Boyd, B. K., Salamin, A. Strategic Reward Systems：A Contingency Model of Pay System Design. Strategic Management Journal, 2001, 22：777-792.

［99］ Brown T. Design thinking ［J］. Harvard Business Review, 2008, 86 (6)：84-92.

［100］ Buchholtz, A. K., Amason, A. C., & Rutherford, M. A. Beyond Re-sources：The Mediating Effect of Top Management Discretion and Values on Corporate Philanthropy. Business & Society, 1999, 38 (2)：167-187.

［101］ Burgelman, R. A., Floyd, S. W., Laamanen, T., Mantere, S., Vaara, E., & Whittington, R. Strategy Processes and Practices：Dialogues and In-tersections. Strategic Management Journal, 2018, 39 (30)：531-558.

［102］ Buyl, T., Boone, C., Hendriks, W., & Matthyssens, P. (2011). Top management team functional diversity and firm performance：the moderating role of ceo characteristics. Journal of Management Studies, 48 (1), 151-177.

［103］ Byoungho Ellie Jin, Daeun Chloe Shin. Changing the game to compete：Inno-vations in the fashion retail industry from the disruptive business model ［J］. Business Horizons, 2020, 63 (3).

［104］ Cao, Q., Gedajlovic, E., & Zhang, H. Unpacking Organizational Ambi-dexterity：Dimensions, Contingencies, and Synergistic Effects ［J］. Organi-zation Science, 2009, 20 (4)：781-796.

［105］ Carpenter, M. A, Geletkanycz, M. A., & Sanders, W. G. Upper Echelons

Research Revisited: Antecedents, Elements, and Consequences of Top Management Team Composition [J]. Journal of Management, 2004, 30 (6): 749-778.

[106] Carpenter, M. A., Golden, B. R. Perceived Managerial Discretion: A Study of Cause and Effect. Strategic Management Journal, 1997, 18 (3): 187-206.

[107] CARVER C S, SCHEIER M F. On the Self-Regulation of Behavior [M]. New York: Cambridge University Press, 1998

[108] Chaganti, R. S., Mahajan, V., & Sharma, S. Corporate Board Size, Composition and Corporate Failures in Retailing Industry. Journal of Management Studies, 1985, 22 (4): 400-417.

[109] Campbell, J. T., Campbell, T. C., Sirmon, D. G., Bierman, L., & Tuggle, C. S. Shareholder Influence over Director Nomination via Proxy Access: Implications for Agency Conflict and Stakeholder Value. Strategic Management Journal, 2012, 33 (12): 1431-1451.

[110] Carver C. S., Scheier M. F. On the self-regulation of behavior [M]. Cambridge University Press, 2001.

[111] Chang, E. C., Wong, S. Managerial Discretion and Corporate Performance of China's Listed Companies. Unpublished working paper, University of Hong Kong, 2002.

[112] Chang, Y. Y., & Hughes, M. (2012). Drivers of innovation ambidexterity in small-to medium-sized firms. European Management Journal, 30 (1), 1-17.

[113] Chen, M. J. Competitor Analysis and Interfirm Rivalry: Toward a Theoretical Integration. Academy of Management Review, 1996, 21 (1): 100-134.

[114] Chen, J. X., Sharma, P., Zhan, W., Liu, L. (2019). Demystifying the impact of CEO transformational leadership on firm performance: Interactive roles of exploratory innovation and environmental uncertainty. Journal of Business Research, 96, 85-96.

[115] Child, J. Strategic Choice in the Analysis of Action, Structure, Organizations and Environment: Retrospect and Prospect. Organization Studies, 1997, 18 (1): 43-76.

[116] Chiles, T. H., Bluedorn, A. C., & Gupta, V. K. Beyond Creative Destruction and Entrepreneurial Discovery: A Radical Austrian Approach to Entrepreneurship [J]. Organization Studies, 2007, 28 (4): 467-493.

[117] Chiles, T. H., Tuggle, C. S., McMullen, J. S., Bierman, L., & Greening, D. W. Dynamic Creation: Extending the Radical Austrian Approach to Entrepreneurship [J]. Organization Studies, 2010, 31 (1): 7-46.

[118] Christopher, Pryor, R., Michael, Holmes, Jr., et al. (2019). Top Executive Goal Orientations' Effects on Environmental Scanning and Performance: Differences Between Founders and Nonfounders. Journal of Management, 45 (5): 1958-1986.

[119] Christine, S., Koberg, Dawn, R. Detienne, & Kurt, A. Heppard. (2003). An empirical test of environmental, organizational, and process factors affecting incremental and radical innovation. The Journal of High Technology Management Research, 14, 21-45.

[120] Clainos Chidoko. AN ECONOMIC ANALYSIS OF THE DETERMINANTS OF ENTREPRENEURSHIP: THE CASE OF MASVINGO INFORMAL BUSINESSES [J]. Russian Journal of Agricultural and Socio-Economic Sciences, 2013, 15 (3).

[121] Claudio Baltazar Correa de Mello, Eric Charles Henri Dorion, Vania Beatriz Merlotti Heredia. Entrepreneurship and Regional Economic Development: The Actions of the Industrial Entrepreneurs of Caxias Do Sul, Brazil (1950-1970) [J]. Academy of Entrepreneurship Journal, 2018, 24 (1).

[122] Cornelissen, J. P., Clarke, J. S. Imagining and Rationalizing Opportunities: Inductive Reasoning and the Creation and Justification of New Ventures [J].

Academy of Management Review, 2010, 35 (4): 539-557.

[123] Craig Morton, Jillian Anable, Godwin Yeboah, Caitlin Cottrill. The spatial pattern of demand in the early market for electric vehicles: Evidence from the United Kingdom [J]. Journal of Transport Geography, 2018, 72.

[124] Crossland, C., Hambrick, D. C. Differences in Managerial Discretion Across Countries: How Nation-level Institutions Affect the Degree to Which CEOs Matter [J]. Strategic Management Journal, 2011, 32 (8): 797-819.

[125] Crossland, C., Hambrick, D. C. How National Systems Differ in Their Constraints on Corporate Executives: A Study of CEO Effects in Three Countries. Strategic Management Journal, 2007, 28 (8): 767-789.

[126] Danneels, E. The Dynamics of Product Innovation and Firm Competences [J]. Strategic Management Journal, 2002, 23 (12): 1095-1121.

[127] Datta, D. K., Rajagopalan, N. Industry Structure and CEO Characteristics: An Empirical Study of Succession Events. Strategic Management Journal, 1998, 19 (9): 833-852.

[128] Daverth, G., Cassell, C., & Hyde, P. The Subjectivity of Fairness: Managerial Discretion and Work-Life Balance [J]. Gender Work & Organization, 2015, 23 (2): 89-107.

[129] Davidsson, P. Entrepreneurial Opportunities and the Entrepreneurship Nexus: A Re-conceptualization [J]. Journal of Business Venturing, 2015, 30 (5): 674-695.

[130] Demsetz, H., Lehn, K. The Structure of Corporate Ownership: Causes and Consequences. Journal of Political Economy, 1985, 93 (6): 1155-1177.

[131] DeSarbo, W., Grewal, R. Hybrid Strategic Groups. Strategic Management Journal, 2008, 29 (3): 293-317.

[132] Dess, G., Beard, D. Dimensions of Organizational Task Environments. Administrative Science Quarterly, 1984, 29 (1): 52-73.

[133] DiMaggio, P., Powell, W. The Iron Cage Revisited: Institutional Isomorphism and Collective Rationality in Organizational Fields. American Sociological Review, 1983, 48 (2): 147-160.

[134] Dimov, D. Beyond the Single-Person, Single-Insight Attribution in Understanding Entrepreneurial Opportunities [J]. Entrepreneurship Theory and Practice, 2007a, 31 (5): 713-731.

[135] Dimov, D. From Opportunity Insight to Opportunity Intention: The Importance of Person-Situation Learning Match [J]. Entrepreneurship Theory and Practice, 2007b, 31 (4): 561-583.

[136] Donaldson, L., Davis, J. H. Stewardship Theory or Agency Theory: CEO Governance and Shareholder Returns. Australian Journal of Management, 1991, 16 (1): 49-64.

[137] Dong, L., Greg, F., & Guoli, C. CEO Attributes and Firm Performance: A Sequential Mediation Process Model [J]. Academy of Management Annals, 2018, 12 (2): 789-816.

[138] Díaz-Fernández M. C., González-Rodríguez M. R., & Simonetti, B. The Moderating Role of Top Management Team Diversity in Strategic Change in a Multicultural Context [J]. European Management Review, 2018.

[139] Du ErLe, Ji Meng. Analyzing the regional economic changes in a high-tech industrial development zone using machine learning algorithms [J]. PloS one, 2021, 16 (6).

[140] Duncan, R. B. (1972). Characteristics of Organizational Environments and Perceived Environmental Uncertainty. Administrative Science Quarterly, 17 (3), 313-327.

[141] Eckhardt, J. T., Shane, S. A. Opportunities and Entrepreneurship [J]. Journal of Management, 2003, 29 (3): 333-349.

[142] Eggers, J. P., Kaplan, S. Cognition and Renewal: Comparing CEO and

Organizational Effects on Incumbent Adaptation to Technical Change. Organization Science, 2009, 20 (2): 461-477.

[143] ELLIOT A J, THRASH T M. Approach and Avoidance Temperament as Basic Dimensions of Personality [J]. Journal of Personality, 2010, 78 (3): 865-906

[144] Emsley, D., Nevicky, B., & Harrison, G. (2006). Effect of cognitive style and professional development on the initiation of radical and non-radical management accounting innovations. Accounting and Finance, 46 (2), 243 -264.

[145] Erich, N., Brockmann, & Paul, G. Simmonds. Strategic Decision Making: The Influence of CEO Experience and Use of Tacit Knowledge [J]. Journal of Managerial Issues, 1997, 9 (4): 454-467.

[146] E-Tory Higgins. Beyond pleasure and pain [J]. American Psychologist, 1997, 52 (12): 1280-1300.

[147] Fama, E. F. Agency Problems and the Theory of the Firm. Journal of Political Economy, 1980, 88 (2): 288-307.

[148] Ferrier, W. Navigating the Competitive Landscape: The Drivers and Consequences of Competitive Aggressiveness. Academy of Management Journal, 2001, 44 (4): 858-877.

[149] Finkelstein, S., Boyd, B. How Much Does the CEO Matter? The Role of Managerial Discretion in the Setting of CEO Compensation [J]. Academy of Management Journal, 1998, 41 (2): 179-199.

[150] Finkelstein, S., Hambrick, D. C. Top-Management-Team Tenure and Organizational Outcomes: The Moderating Role of Managerial Discretion. Administrative Science Quarterly, 1990, 35 (3): 484-503.

[151] Foo, M. D., Uy, M. A., & Baron, R. A. How Do Feelings Influence Effort? An Empirical Study of Entrepreneurs' Affect and Venture Effort [J].

Journal of Applied Psychology, 2009, 94 (4): 1086-1094.

[152] Frederickson, H. G. Ethics and the New Managerialism. Public Administration & Management, 1999a, 4 (2): 299-324.

Frederickson, H. G. Public Ethics and the New Managerialism. Public Integrity, 1999, 1 (3): 265-278.

[153] Gaglio, C. M. The Role of Mental Simulations and Counterfactual Thinking in the Opportunity Identification Process [J]. Entrepreneurship Theory and Practice, 2004, 28 (6): 533-552.

[154] Garcia Martinez, M, Zouaghi, F, & Garcia Marco, T. (2017). Diversity is strategy: the effect of R&D team diversity on innovative performance. R & D Management, 47 (2), 311-329.

[155] Garud, R. , Giuliani, A. P. Narrative Perspective on Entrepreneurial Opportunities [J]. Academy of Management Review, 2013, 38 (1): 157-160.

[156] Garud, R. , Tuertscher, P. , Van de Ven, A. H. (2013). Perspectives on innovation processes. Academy of Management Annals, 7 (1), 775-819.

[157] Garud, R. , Schildt, H. A. , & Lant, T. K. Entrepreneurial Storytelling, Future Expectations, and the Paradox of Legitimacy [J]. Organization Science, 2014, 25 (5): 1479-1492.

[158] Goll, I. , Johnson, N. B. , & Rasheed, A. A. Top Management Team Demographic Characteristics, Business Strategy, and Firm Performance in the US Airline Industry: The Role of Managerial Discretion. Management Decision, 2008, 46 (2): 201-222.

[159] GORMAN C A, MERIAC J P, OVERSTREET B L, et al. A Meta-Analysis of the Regulatory Focus Nomological Network: Work-Related Antecedents and Consequences [J]. Journal of Vocational Behavior, 2012, 80 (1) : 160~172

[160] Grégoire, D. A. , Shepherd, D. A. Technology-Market Combinations and the Identification of Entrepreneurial Opportunities: An Investigation of the Op-

portunity-Individual Nexus [J]. Academy of Management Journal, 2012, 55 (4): 753-785.

[161] Grimm, C., Lee, H., & Smith, K. Strategy as Action: Competitive Dynamics and Competitive Advantage. New York: Oxford University Press, 2006.

[162] Guillen, M. F. Structural Inertia, Imitation, and Foreign Expansion: South Korean Firms and Business Groups in China, 1987-1995 [J]. Academy of Management Journal, 2002, 45 (3): 509-525.

[163] Haleblian, J., Finkelstein, S. Top Management Team Size, CEO Dominance, and Firm Performance: The Moderating Roles of Environmental Turbulence and Discretion. Academy of Management Journal, 1993, 36 (4): 844-863.

[164] Hambrick, D. C. Upper Echelons Theory: An Update. Academy of Management Review, 2007, 32 (2): 334-343.

[165] Hambrick, D. C., Abrahamson, E. Assessing Managerial Discretion Across Industries: A Multimethod Approach. Academy of Management Journal, 1995, 38 (5): 1427-1441.

[166] Hambrick, D. C., Finkelstein, S., Cho, T. S., & Jackson, E. M. Isomorphism in Reverse: Institutional Theory as An Explanation for Recent Increases in Intraindustry Heterogeneity and Managerial Discretion. Research in Organizational Behavior, 2004, 26: 307-350.

[167] Hambrick, D. C., Geletkanycz, M. A., & Fredrickson, J. W. Top Executive Commitment to the Status Quo: Sometests of its Determinants. Strategic Management Journal, 1993, 14: 401-418.

[168] Hambrick, D. C., MacMillan, I. C., & Day, D. C. Strategic Attributes and Performance in the BCG Matrix—A PIMS-Based Analysis of Industrial Product Businesses. Academy of Management Journal, 1982, 25 (3): 510-531.

[169] Hambrick, D. C., Mason, P. A. Upper Echelons: The Organization as a

Reflection of Its Top Managers ［J］. Academy of Management Review, 1984, 9 (2): 193-206.

［170］ Hambrick, D. C., Quigley, T. J. Toward More Accurate Contextualization of the CEO Effect on Firm Performance ［J］. Strategic Management Journal, 2014, 35 (4): 473-491.

［171］ Hambrick, D. C. (2007). Upper Echelons Theory: An Update. Academy of Management Review, 32 (2), 334-343.

［172］ Hambrick, D. C., Cho, T. S., & Chen, M. J. (1996). The influence of top management team heterogeneity on firms' competitive moves. Administrative Science Quarterly, 41 (4), 659-684.

［173］ Hannan, M., Freeman, J. The Population Ecology of Organizations. American Journal of Sociology, 1977, 82 (5): 929-964.

［174］ Hannan, M., Freeman, J. Structural Inertia and Organizational Change. American Sociological Review, 1984, 49 (2): 149-164.

［175］ Harrigan K. R. Strategies for Declining Industries ［J］. The Journal of Business Strategy, 1980, 1 (2): 20-30.

［176］ Hart, O. Corporate Governance: Some Theory and Implications. The Economic Journal, 1995, 105 (430): 678-689. 137.

［177］ Haynie, J. M., Shepherd, D. A., & McMullen, J. S. An Opportunity for Me? The Role of Resources in Opportunity Evaluation Decisions ［J］. Journal of Management Studies, 2009, 46 (3): 337-361.

［178］ Henderson, R. M., & Clark, K. B. (1990). Architectural innovation: the reconfiguration of existing product technologies and the failure of established firms. Administrative Science Quarterly , 35 (1), 9-30.

［179］ Hambrick, D. C., & Mason, P. A. (1984). Upper Echelons: The Organization as a Reflection of Its Top Managers. Academy of Management Review, 9 (2), 193-206.

［180］ He, Z. L., Wong, P. K. Exploration vs. Exploitation: An Empirical Test of the Ambidexterity Hypothesis. Organization Science, 2004, 15 (4): 481-494.

［181］ He, Z. L., & Wong, P. K. (2004). Exploration vs. exploitation: An empirical test of the ambidexterity hypothesis. Organization Science, 15 (4), 481-494.

［182］ Helfat, C. E., Finkelstein, S., Mitchell, W., Peteraf, M., Singh, H., Teece, D., & Winter, S. G. Dynamic Capabilities: Understanding Strategic Change in Organizations. John Wiley & Sons, 2009.

［183］ Herrmann, P., Datta, D. K. CEO Successor Characteristics and the Choice of Foreign Market Entry Mode: An Empirical Study. Journal of International Business Studies, 2002, 33 (3): 551-569.

［184］ Higgins, E. T. (1997). Beyond pleasure and pain. American Psychologist, 52 (12), 1280-1300.

［185］ Higgins, E. T. (1998). Promotion and Prevention: Regulatory Focus as A Motivational Principle. Advances in Experimental Social Psychology, 30 (2), 1-46.

［186］ Higgins, E. T., Friedman, R. S., Harlow, R. E., et al. (2001). Achievement Orientations from Subjective Histories of Success: Promotion Pride versus Prevention Pride. European Journal of Social Psychology, 31 (1), 3-23.

［187］ Hill, R. C., Levenhagen, M. Metaphors and Mental Models: Sensemaking and Sensegiving in Innovative and Entrepreneurial Activities ［J］. Journal of Management, 1995, 21 (6): 1057-1074.

［188］ Hitt, M. A., Ireland, R. D. & Hoskisson, R. E. Strategic Management: Competitiveness and Globalization. Concepts & Cases: Google Books, 2004. Hitt, M. A., Ireland, R. D., & Hoskisson, R. E. Strategic Management: Concepts and Cases: Competitiveness and Globalization ［M］. Cengage Learning, 2016.

[189] Jansen, J. J. P. , Van Den Bosch, F. A. J. , & Volberda, H. W. Exploratory Innovation, Exploitative Innovation, and Performance: Effects of Organizational Antecedents and Environmental Moderators. Management Science, 2006, 52 (11): 1661-1674.

[190] Jansen, J. J. P. , Van Den Bosch, F. A. J. , & Volberda, H. W. (2006). Exploratory innovation, exploitative innovation, and performance: effects of organizational antecedents and environmental moderators. Management Science, 52 (11), 1661-1674.

[191] Janssen O. Job demands, perceptions of effort-reward fairness and innovative work behaviour [J]. Journal of Occupational & Organizational Psychology, 2000, 73 (3): 287-302.

[192] Jensen, M. C. , Meckling, W. H. Theory of the Firm: Managerial Behavior, Agency Costs and Ownership Structure. Journal of Financial Economics, 1976, 3 (4): 305-360.

[193] Jensen, M. C. , Ruback, R. S. The Market for Corporate Control: The Scientific Evidence. Journal of Financial Economics, 1983, 11: 5-50.

[194] Jocelyn Olivari. Entrepreneurial traits and firm innovation [J]. Eurasian Business Review, 2016, 6 (3).

[195] Kaya, Ç. , Ataman, G. & ElbaşI, i. H. (2018). Perceived Environmental Uncertainty and Innovation Adoption: Exploring the Turkish Context. Business & Management Studies: An International Journal, 6 (4), 770-789.

[196] Keats, B. , Hitt, M. A Causal Model of Linkages Among Environmental Dimensions, Macro Organizational Characteristics, and Performance. Academy of Management Journal, 1988, 31 (3): 570-598.

[197] Kesner, I. F. Directors' Stock Ownership and Organizational Performance: An Investigation of Fortune 500 Companies. Journal of Management, 1987, 13 (3): 499-507.

［198］ Key, S. Perceived Managerial Discretion: An Analysis of Individual Ethical Intentions. Journal of Managerial Issues, 2002, 14: 218-233.

［199］ Klein, P. G. Opportunity Discovery, Entrepreneurial Action, and Economic Organization ［J］. Strategic Entrepreneurship Journal, 2008, 2 (3): 175-190.

［200］ Kleysen F. R., Street C. T. Toward a multi-dimensional measure of individual innovative behavior ［J］. Journal of Intellectual Capital, 2001, 3 (2): 284-296.

［201］ Kier, A. S., McMullen, J. S. Entrepreneurial Imaginativeness in New Venture Ideation ［J］. Academy of Management Journal, 2018, 61 (6): 2265-2295.

［202］ Kim, E. H. Deregulation and Differentiation: Incumbent Investment in Green Technologies. Strategic Management Journal, 2013, 34 (10): 1162-1185.

［203］ Kirzner, I. M. Creativity and/or Alertness: A Reconsideration of the Schumpeterian Entrepreneur ［J］. Review of Austrian Economics, 1999, 11 (1): 5-17.

［204］ Lavie, D., Rosenkopf, L. Balancing Exploration and Exploitation in Alliance Formation. Academy of Management Journal, 2006, 49 (4): 797-818.

［205］ Lazear, E. P. Balanced Skills and Entrepreneurship ［J］. American Economic Review, 2004, 94 (2): 208-211.

［206］ Lechmann, D. S. J., Schnabel, C. Are the Self-employed Really Jacks-of-all-trades? Testing the Assumptions and Implications of Lazear's Theory of Entrepreneurship with German Data ［J］. Small Business Economics, 2014, 42 (1): 59-76.

［207］ LENNERTS S, SCHULZE A, TOMCZAK T. The asymmetric effects of exploitation and exploration on radical and incremental innovation performance: an uneven affair ［J］. European Management Journal, 2020, 38 (1): 121-134.

［208］ Leug, R., & Borisov, B. (2014). Archival or Perceived Measures of Environmental Uncertainty? Conceptualization and New Empirical Evidence. European Management Journal, 32 (4), 658-671.

[209] Levinthal, D. A., March, J. G. The Myopia of Learning. Strategic Management Journal, 1993, 14 (S2): 95-112.

[210] Lockwood P., Jordan C. H., Kunda Z. Motivation by positive or negative role models: regulatory focus determines who will best inspire us [J]. Journal of personality and social psychology, 2002, 83 (4): 854-864.

[211] Lotz, Peter. Demand as a driving force in medical innovation [J]. International Journal of Technology Assessment in Health Care, 1993, 9 (02): 174-188.

[212] Liem Viet Ngo, Tania Bucic, Ashish Sinha, & Vinh Nhat Lu. (2019). Effective sense-and-respond strategies: Mediating roles of exploratory and exploitative innovation. Journal of Business Research, 94, 154-161.

[213] Li, J., Tang, Y. CEO Hubris and Firm Risk Taking in China: The Moderating Role of Managerial Discretion [J]. Academy of Management Journal, 2010, 53 (1): 45-68.

[214] Lin, H. C., Shih, C. T. How Executive SHRM System Links to Firm Performance: The Perspectives of Upper Echelon and Competitive Dynamics [J]. Journal of Management, 2008, 34 (5): 853-881.

[215] Lin, H. C., Dang, T. T. H., & Liu, Y. S. (2015). CEO-TMT interplay in a dynamic environment: implications for firm performance. Academy of Management Annual Meeting Proceedings, 2015 (1), 11798-11798.

[216] Lockwood, P., Jordan, C. H., & Kunda, Z. (2002). Motivation by positive or negative role models: Regulatory focus determines who will best inspire us. Journal of Personality and Social Psychology, 83 (4), 854-864.

[217] Magnan, M. L., St. -Onge, S. Bank Performance and Executive Compensation: A Managerial Discretion Perspective. Strategic Management Journal, 1997, 18 (7): 573-581.

[218] Majumdar, S. K. The Hidden Hand and the License Raj to an Evaluation of

the Relationship between Age and the Growth of Firms in India. Journal of Business Venturing. 2004, 19 (1): 107-125.

[219] March, J. G. Exploration and Exploitation in Organizational Learning [J]. Organization Science, 1991, 2 (1): 71-87.

[220] Marchiori Danilo Magno, Rodrigues Ricardo Gouveia, Popadiuk Silvio, Mainardes Emerson Wagner. The relationship between human capital, information technology capability, innovativeness and organizational performance: An integrated approach [J]. Technological Forecasting & Social Change, 2022, 177.

[221] McClelland, P. L., Liang, X., & Barker, V. L. CEO Commitment to the Status Quo: Replication and Extension Using Content Analysis. Journal of Management, 2010, 36 (5): 1251-1277.

[222] McMullen, J. S. Entrepreneurial Judgment as Empathic Accuracy: A Sequential Decision-making Approach to Entrepreneurial Action [J]. Journal of Institutional Economics, 2015, 11 (3): 651-681.

[223] McMullen, J. S. Perspective Taking and the Heterogeneity of the Entrepreneurial Imagination [J]. Advances in Austrian Economics, 2010, 14: 113-143.

[224] McMullen, J. S., Dimov, D. Time and the Entrepreneurial Journey: The Problems and Promise of Studying Entrepreneurship as a Process [J]. Journal of Management Studies, 2013, 50 (8): 1481-1512.

[225] McMullen, J. S., Shepherd, D. A. Entrepreneurial Action and the Role of Uncertainty in the Theory of the Entrepreneur [J]. Academy of Management Review, 2006, 31 (1): 132-152.

[226] Messersmith, J., Lee, J., Guthrie, J. P., & Ji, Y. Turnover at the Top: Executive Team Departures and Firm Performance. Organization Science, 2013, 25 (3): 776-793.

[227] Meyer, J. P., Becker. T. E., & Vandenberghe, C. (2004). Employee Commitment and Motivation: A Conceptual Analysis and Integrative Model.

Journal of Applied Psychology, 89 (6), 991-1007.

[228] Michael Fritsch, Elisabeth Bublitz, Alina Sorgner, Michael Wyrwich. How much of a socialist legacy? The re-emergence of entrepreneurship in the East German transformation to a market economy [J]. Small Business Economics, 2014, 43 (2).

[229] Miles, R. E., Snow, C. C., Meyer, A. D., & Coleman, H. J. (1978). Organizational Strategy, Structure, and Process. Academy of Management Review, 3 (3), 546-562.

[230] Miller, D. & Friesen P. H. (1983). Strategy-making and environment: The third link, Strategic Management Journal, 4 (3), 221-235.

[231] Musteen, M., Barker, V. L., & Baeten, V. L. The Influence of CEO Tenure and Attitude Toward Change on Organizational Approaches to Innovation [J]. The Journal of Applied Behavioral Science, 2010, 46 (3): 360-387.

[232] Nadkarni, S., Herrmann, P. CEO Personality, Strategic Flexibility, and Firm Performance: The Case of the Indian Business Process Outsourcing Industry [J]. Academy of Management Journal, 2010, 53 (5): 1050-1073.

[233] Nelson, R., Winter, S. An Evolutionary Theory of Economic Change [M]. Cambridge, MA: Harvard University Press, 1982.

[234] Nguyen, M. A. T., Lei, H., Vu, K. D., & Le, P. B. (2019). The role of cognitive proximity on supply chain collaboration for radical and incremental innovation: a study of a transition economy. Journal of Business & Industrial Marketing. 34 (3), 591-604.

[235] Palmer, T., Wiseman, R. Decoupling Risk Taking from Income Stream Uncertainty: A Holistic Model of Risk. Strategic Management Journal, 1999, 20 (11): 1037-1062.

[236] Papadakis, V., Bourantas, D. The Chief Executive Officer as Corporate Champion of Technological Innovation: An Empirical Investigation. Technolo-

gy Analysis & Strategic Management, 1998, 10 (1): 89-109.

[237] Patriotta, G. Imagination, Self-Knowledge, and Poise: Jim March's Lessons for Leadership. Journal of Management Studies, 2019, 56 (8): 1753-1765.

[238] Penrose, E. T. The theory of the growth of the firm [M]. New York, NY: John Wiley, 1959.
Penrose, E., & Penrose, E. T. The Theory of the Growth of the Firm. Oxford university press, 2009.

[239] Piotr Misztal. Foreign Direct Investment, Production Factors Productivity and Income Inequalities in Selected CEE Countries [J]. TalTech Journal of European Studies, 2020, 10 (1).

[240] Podsakoff P. M., Mackenzie S. B., Lee J. Y., et al. Common Method Biases in Behavioral Research: A Critical Review of the Literature and recommended Remedies. [J]. Journal of Applied Psychology, 2003, 88 (5): 879-903.

[241] Ponomareva, Y. Dynamic of Managerial Discretion in Transition Economies, Special Issue: Management Trends in Emerging Markets, in: Asian Journal of Business Research, 2013: 1-14.

[242] Ponomareva Y. Dynamics of Managerial Discretion in Transition Economies [J]. Asian Journal of Business Research ISSN, 2013, 1178 (8933): 8933.

[243] Porter, M. E. Competitive strategy. New York: Free Press, 1980.

[244] Prahalad, C. K. Hamel, G. The Core Competence of the Corporation, Harvard Business Review, 1990, 68 (3): 275-292.

[245] Prasad, B. Junni, P. A Contingency Model of CEO Characteristics and Firm Innovativeness: The Moderating Role of Organizational Size [J]. Management Decision, 2017, 55 (1): 156-177.

[246] Preston, D. S., Chen, D., & Leidner, D. E. Examining the Antecedents and Consequences of CIO Strategic Decision-Making Authority: An Empirical Study. Decision Sciences, 2008, 39 (4): 605-642.

[247] Quigley, T. J., Hambrick, D. C. When the Former CEO Stays on as Board Chair: Effects on Successor Discretion, Strategic Change, and Performance. Strategic Management Journal, 2012, 33 (7): 834-859.

[248] Quigley, T. J., Hambrick, D. C. Has the "CEO Effect" Increased in Recent Decades? A New Explanation for the Great Rise in America's Attention to Corporate Leaders. Strategic Management Journal, 2015, 36 (6): 821-830.

[249] Richard, A. D., & MacMillan I. C. (1990). Crisis and the Content of Managerial Communications: A Study of the Focus of Attention of Top Managers in Surviving and Failing Firms. Administrative Science Quarterly, 35 (4), 634-657.

[250] Richard, C. M., William, L., Esther, P. Y. T., Antonio K. W. L. (2011). Analysis of sources of innovation, technological innovation capabilities, and performance: An empirical study of Hong Kong manufacturing industries. Research Policy, 40 (3), 391-402.

[251] Ries, E. The Lean Startup: How Today's Entrepreneurs Use Continuous Innovation to Create Radically Successful Businesses [M]. Currency, 2011.

[252] Roth, K. Implementing International Strategy at the Business Unit Level: The Role of Managerial Decision-Making Characteristics. Journal of Management, 1992, 18: 769-789.

[253] Roth, K., O'Donnell, S. Foreign Subsidiary Compensation Strategy: An Agency Theory Perspective. Academy of Management Journal, 1996, 39 (3): 678-703.

[254] Saidu, S. CEO Characteristics and Firm Performance: Focus on Origin, Education and Ownership [J]. Journal of Global Entrepreneurship Research, 2019, 9 (1).

[255] Sanders, W. G. & Hambrick, D. C. (2007). Swinging for the effects: the effects of CEO stock options on company risk taking and performance. Acade-

my of Management Journal, 50 (5), 1055-1078.

[256]　Sarasvathy, S. D. Causation and Effectuation: Toward a Theoretical Shift from Economic Inevitability to Entrepreneurial Contingency [J]. Academy of Management Review, 2001, 26 (2): 243-263.

[257]　Schumpeter J. Creative destruction [J]. Capitalism, socialism and democracy, 1942, 825: 82-85.

[258]　Scott S. G., Bruce R. A.. Determinants of innovative behavior: A path model of individual innovation in the workplace [J]. Academy of Management Journal, 1994, 37: 580-607.

[259]　Seelig, T. Insight out: Get Ideas out of Your Head and into the World [M]. New York, NY: HarperOne, 2015.

[260]　Sepideh Solhi, Emadeddin Rahmanian Koshkaki. The antecedents of entrepreneurial innovative behavior in developing countries, a networked grounded theory approach (case study Iran) [J]. Journal of Entrepreneurship in Emerging Economies, 2016, 8 (2).

[261]　Shackle, G. L. S. Imagination and the Nature of Choice [M]. Edinburgh University Press, 1979.

[262]　Shaker, A., & Zahra. (1996). Technology strategy and new venture performance: A study of corporate-sponsored and independent biotechnology ventures. Journal of Business Venturing, 11 (4), 289-321.

[263]　Shalley C. E., Gilson L. L. What leaders need to know: A review of social and contextual factors that can foster or hinder creativity [J]. Leadership Quarterly, 2004, 15 (1): 33-53.

[264]　Shane, S., Venkataraman, S. The Promise of Entrepreneurship as a Field of Research [J]. Academy of Management Review, 2000, 25 (1): 217-226.

[265]　Shane, S., Venkataraman, S. The Promise of Entrepreneurship as a Field of Research *. Entrepreneurship, 2007: 171-184.

[266] Shen, W., Cho, T. S. Exploring Involuntary Executive Turnover through a Managerial Discretion Framework [J]. Academy of Management Review, 2005, 30 (4): 843-854.

[267] Simcoe, T. S., Galasso, A. CEO Over-Confidence and Innovation. SSRN Electronic Journal, 2010.

[268] Simsek, Z., Heavey, C., & Veiga, J. F. The Impact of CEO Core Self-evaluation on the Firm's Entrepreneurial Orientation [J]. Strategic Management Journal, 2010, 31 (1): 110-119.

[269] Simsek, Z., Veiga, J. F., Dino, L. R. N. (2005). Modeling the Multi-level Determinants of Top Management Team Behavioral Integration. The Academy of Management Journal, 48 (1), 69-84.

[270] Singh, H., Harianto, F. Management-Board Relationships, Takeover Risk, and the Adoption of Golden Parachutes. Academy of Management Journal, 1989, 32 (1): 7-24.

[271] Suddaby, R., Bruton, G. D., & Si, S. X. Entrepreneurship through a Qualitative Lens: Insights on the Construction and/or Discovery of Entrepreneurial Opportunity [J]. Journal of Business Venturing, 2015, 30 (1): 1-10.

[272] Sumo, R., Valk, W. V. D., Weele, A. V. & Bode, C. (2016). Fostering incremental and radical innovation through performance-based contracting in buyer-supplier relationships. International Journal of Operations & Production Management, 36 (11): 1482-1503.

[273] Su Z., Xie E., Li Y. Entrepreneurial Orientation and Firm Performance in New Ventures and Established Firms. Journal of Small Business Management, 2011, 49 (4): 558-577.

[274] S. Weiss, D. Steger, Y. Kaur, A. Hildebrandt, U. Schroeders, O. Wilhelm. On the Trail of Creativity: Dimensionality of Divergent Thinking and Its Relation with Cognitive Abilities, Personality, and Insight [J]. European

Journal of Personality, 2020, 35 (3).

[275] Talke, K., Salomo, S., & Kock, A. Top Management Team Diversity and Strategic Innovation Orientation: The Relationship and Consequences for Innovativeness and Performance [J]. Journal of Product Innovation Management, 2011, 28 (6): 819-832.

[276] Tang C., Lu X., Naumann S. E. Intrinsic motivation and knowledge sharing in the mood-creativity relationship [J]. Journal of Management & Organization, 2020, (12): 1-13.

[277] Thompson, N. A. Imagination and Creativity in Organizations. Organization Studies, 2018, 39 (2-3): 229-250.

[278] Tsui, K. Y. (1995). Multidimensional Generalizations of the Relative and Absolute Inequality Indices: The Atkinson-Kolm-Sen Approach. Journal of Economic Theory, 67 (1), 251-265.

[279] Tumasjan, A., Braun, R. (2012). In the Eye of the Beholder: How Regulatory Focus and Self-Efficacy Interact in Influencing Opportunity Recognition. Social Science Electronic Publishing, 27 (6), 622-636.

[280] Tushman, M., Romanelli, E. Organizational Evolution: A Metamorphosis Model of Convergence and Reorientation. Research in Organizational Behavior, 1985.

[281] Tushman, M. L., Rosenkopf, L. Executive Succession, Strategic Reorientation and Performance Growth: A Longitudinal Study in the U. S. Cement Industry. Management Science, 1996, 42 (7): 939-953.

[282] Ulrich Jürgens, Martin Krzywdzinski. Competence development on the shop floor and industrial upgrading: case studies of auto makers in China [J]. The International Journal of Human Resource Management, 2015, 26 (9).

[283] Uzkurt, C., Kumar, R., Kimzan, H. S., & Sert, H (2012). The impact of environmental uncertainty dimensions on organisational innovativeness: an empirical study on smes [J]. International Journal of Innovation Manage-

ment，16（02），1-23.

[284] Vaccaro，I. G.，Jansen，J. J. P.，Van Den Bosch，F. A. J.，& Volberda，H. W. Management Innovation and Leadership：The Moderating Role of Organizational Size［J］. Journal of Management Studies，2012，49（1）：28-51.

[285] Van den Ende，J.，Frederiksen，L.，& Prencipe，A. The Front End of Innovation：Organizing Search for Ideas［J］. Journal of Product Innovation Management，2015，32（4）：482-487.

[286] V. I. Golik，Z. M. Khasheva，L. P. Shulgaty. ECONOMIC MECHANISM OF CONVERSION OF THE MINING INDUSTRY OF DEPRESSIVE REGIONS OF THE SOUTH OF RUSSIA［J］. Научный вестник Южного института менеджмента，2016，1（3）.

[287] Wally，S.，Baum，J. R. Personal and Structural Determinants of the Pace of Strategic Decision Making. Academy of Management Journal，1994，37（4）：932-956.

[288] Wangrow，D. B.，Schepker，D. J.，& Barker，V. L. Managerial Discretion：An Empirical Review and Focus on Future Research Directions［J］. Journal of Management，2015，41（1）：99-135.

[289] Wasim Abbas，Weiwei Wu. The moderating role of intrapreneurial personality in relation between leader humility and innovative behavior［J］. Human Systems Management，2019，38（4）.

[290] Ward，T. B. Cognition，Creativity，and Entrepreneurship［J］. Journal of Business Venturing，2004，19（2）：173-188.

[291] Weick，K. E. Organizational Redesign as Improvisation［J］. Organizational change and redesign：Ideas and insights for improving performance，1993：346-379.

[292] Williamson，O. E. Managerial Discretion and Business Behavior. American Economic Review，1963，53（5）：1032-1057.

［293］ Wiseman, R., Bromiley, P. Toward a Model of Risk in Declining Organiza-tions: An Empirical Examination of Risk, Performance and Decline. Organi-zation Science, 1996, 7 (5): 524-543.

［294］ Witt, U. Firms as Realizations of Entrepreneurial Visions ［J］. Journal of Management Studies, 2007, 44 (7): 1125-1140.

［295］ Xiao Hongjun, Yang Zhen, Hu Yelin. Influencing mechanism of strategic flexibility on corporate performance: the mediating role of business model in-novation ［J］. Asia Pacific Business Review, 2021, 27 (3).

［296］ Xie, Q. CEO Tenure and Ownership Mode Choice of Chinese Firms: The Moderating Roles of Managerial Discretion ［J］. International Business Re-view, 2014, 23 (5): 910-919.

［297］ Zahra, S. A., Sapienza, H. J., & Davidsson, P. Entrepreneurship and Dynamic Capabilities: A Review, Model and Research Agenda. Journal of Management Studies, 2006, 43 (4): 917-955.

［298］ Zahra, S. A., Stanton, W. W. The Implications of Board of Directors' Com-position for Corporate Strategy and Performance. International Journal of Ma-nagement, 1988, 5 (2): 229-236.

［299］ Zaruchnikova N. O., Glukhov V. V. System for managing intellectual capital in research and production organizations and clusters under digital transforma-tion of economy ［J］. St. Petersburg State Polytechnical University Journal. Economics, 2020, 12 (None).

［300］ Zhao, X. P., Chu, P. Y., & Chen, C. Y. Perceived Managerial Discretion and Firm Performance: The Moderating Role of Market Competition ［J］. So-cial Behavior and Personality, 2010, 38 (2): 145-157.

［301］ Zhou, K. Z., Li, C. B. How Knowledge Affects Radical Innovation: Know-ledge Base, Market Knowledge Acquisition, and Internal Knowledge Sharing. Strategic Management Journal, 2012, 33 (9): 1090-1102.

后　记

2022 年注定是不同寻常的一年，严峻复杂的国际形势和新冠疫情的持续蔓延对经济社会的可持续发展提出了严峻的挑战。事实上，自 2020 年新冠疫情大规模暴发以来，置身于世界百年未有之大变局的中小企业都在反思自己的转型方向和管理模式，而且，实践也证明想要克服疫情带来的诸多不确定性，创新是最可靠的选择。黑格尔认为：凡是现实的都是理性的，凡是理性的都是现实的。他充分肯定了人的内心世界理性与感性的统一。这个观点指引了我去深入了解企业创新的真正内在驱动因素。本研究怀着找到企业做出每一个创新选择真正原因的初心，我们通过一年多的调研和访谈，收集和掌握了大量的一手资料，把它呈现给热爱和正在探究此话题的人。

在这里，我首先要感谢我的博士导师蒋春燕教授，她是使我养成知行合一行动习惯的引路人。蒋老师深厚的学术造诣、严谨的治学方法、开阔的思维和善于观察社会现实并能做出解决实际问题高水平研究的能力使我对学术研究有了更加深刻的理解。我这篇专著的选题，到后来的问卷设计一直到最终定稿，蒋老师在全过程中都不遗余力地启发我、指导我。其次，我要感谢我的博士后合作导师马野青教授。在博士后研修期间，马老师对经济学理论与中国企业实践的观察、诠释以及围绕企业实际去发展理论的深厚功底使我受益匪浅，他教会了我"经济学的科研工作是为了回归实践，解决实际问题"的真理。当然，我要感谢我的合作团队，在整本书的撰写过程中，张少峰重点负责了第一至第四章的撰写和审稿，李菲菲是调研小组的组长，他们字里行间都透露着对学术的热爱和严谨；感谢陈於婷、林丽、周磊、郑应梅对本研究的参与和支持，我相信他们也都从本研究中体会到了追求知识的快乐、责任和自我感。

感谢辽宁人民出版社细致的编校工作，当然，与专业知识相关的知识、数据等文责自负。

最后，感谢我的家人。是他们的充分理解、支持与包容使我有机会全身心地投入到学术研究中，让我有机会聆听内心的声音，追求自我价值。

钱佳蓉

2022 年 10 月 20 日于南通大学啬园校区